Rudolf Miller
Erwachsene im Studium

D1699951

Rudolf Miller

Erwachsene im Studium

Eine sozialpsychologische Analyse ihrer
Lebens- und Studienbedingungen

Roland Asanger Verlag Heidelberg 1991

Der Autor:
Rudolf Miller, Dr. phil., ist Akad. Oberrat im Arbeitsbereich Psychologie:
Schwerpunkt Psychologie sozialer Prozesse, an der Fernuniversität in Hagen.

Die empirischen Untersuchungen zu dieser Arbeit wurden mit Mitteln des
Ministers für Wissenschaft und Forschung des Landes Nordrhein-Westfalen im
Rahmen des Projektes "Studienprobleme von Fernstudenten" gefördert.

Die Deutsche Bibliothek – CIP-Einheitsaufnahme

Miller, Rudolf:
Erwachsene im Studium : eine sozialpsychologische Analyse
ihrer Lebens- und Studienbedingungen / Rudolf Miller. –
Heidelberg : Asanger, 1991
  (Forschung)
  Zugl.: Hagen, Fernuniv., Habil.-Schr., 1990
  ISBN 3-89334-519-1

Umschlaggestaltung: Doris Bambach
Printed in Germany
ISBN 3-89334-519-1

Inhaltsverzeichnis

1. Einführung

Auf der Basis einer mehrjährigen Berufserfahrung des Autors sowie empirischer Daten, leistet diese Arbeit eine Reflexion über die Situation von Erwachsenen, die an der einzigen Fernuniversität im deutschsprachigen Raum ein akademisches Studium absolvieren. Gleichzeit wird eine Bewertung der Möglichkeiten und Grenzen der Wissenschaft Psychologie unter der Zielsetzung versucht, aus grundlagenwissenschaftlicher Perspektive ein eher bildungspolitisches Thema zu behandeln.

Die Komplexität des zu behandelnden Problems verlangt eine adäquate Herangehensweise. So werden in der Arbeit drei Betrachtungsebenen parallel nebeneinander geführt. Dieses ist zum einen die pragmatische, bildungspolitische Ebene. Hier geht es primär um Antworten u. a. auf Fragen nach der Lebenssituation von Fernstudierenden, der Integration des Studiums in das bisherige Leben oder der Entwicklung einer studentischen Identität. Zum anderen wird versucht, diese Fragen in die psychologische Theoriesprache zu überführen und mit den einschlägigen Forschungsergebnissen - insbesondere der Sozialpsychologie und Sozialisationsforschung - zu verbinden. Des weiteren werden die Antworten der befragten Fernstudierenden ausgewertet und diskutiert. Dabei stehen die subjektiven Theorien der Befragten im Mittelpunkt der Darstellung.

Alle drei Ebenen sind miteinander verwoben. Daraus erwächst der anspruchsvolle Versuch, einer häufig erhobenen programmatischen Forderung in der Psychologie nachzukommen und sowohl in der Theorie als auch in der Empirie eine komplexere - oder ansatzweise ökologische - Perspektive durchzuhalten. Diese ökologische Perspektive bezieht sich auf relevante Teilumwelten der Fernstudierenden wie Beruf, Familie, Studium und Freizeit.

1.1 Die Fernuniversität

Seit dem 1. Dezember 1974 arbeitet in Hagen (Nordrhein-Westfalen) die einzige bundesdeutsche Fernuniversität.[1] An ihr studierten zum Zeitpunkt des Be-

---

[1] Zum Zeitpunkt der Veröffentlichung der Ergebnisse im Studienjahr 1989/90 liegt die Zahl bei über 40.000 Studierenden.

9

ginns der hier vorgelegten Untersuchungen über 30.000 Studierende in den Fachbereichen:

- WIRTSCHAFTSWISSENSCHAFT
- RECHTSWISSENSCHAFT
- MATHEMATIK und INFORMATIK
- ELEKTROTECHNIK
- ERZIEHUNGS- und SOZIALWISSENSCHAFTEN

Die Fernuniversität ermöglicht je nach Studiengang den Abschluß des Studiums mit einem Diplom, einem Magister Artium oder dem Staatsexamen. Zusätzlich werden in einzelnen Fächern spezifische Weiterbildungsstudiengänge angeboten. Das Studienangebot richtet sich primär an solche Interessenten, die aufgrund ihrer Berufstätigkeit oder aus anderen Gründen verhindert sind, ein Präsenzstudium durchzuführen.

Tabelle 1: Verschiedene Studienformen der Fernuniversität in Hagen[2]

Vollzeitstudent	Zulassungsvoraussetzg.	Hochschulzugangsberechtig.
	Hochschulabschluß	ja
	Studiendauer	3 bis 4 Jahre
	Norm-Stunden	40 pro Woche
Teilzeitstudent	Zulassungsvoraussetzg.	Hochschulzugangsberechtig.
	Hochschulabschluß	ja
	Studiendauer	6 bis 8 Jahre
	Norm-Stunden	20 pro Woche
Zweithörer	Zulassungsvoraussetzg.	Einschreibung an anderer HS
	Hochschulabschluß	ja
	Studiendauer	6 bis 8 Jahre
	Norm-Stunden	20 pro Woche
Gasthörer	Zulassungsvoraussetzg.	keine
	Hochschulabschluß	nein
	Studiendauer	unbeschränkt
	Norm-Stunden	frei

---

[2] Vergl. Personal und Kursverzeichnis, 1986, S. 26.

1.2 Kurzfassung der Problemstellung

Abbildung 1: Modell der Wechselwirkungen zwischen Fernstudenten und ausgewählten Teilumwelten

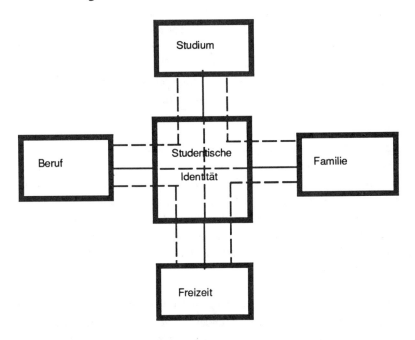

Das dieser Studie zugrundeliegende Ausgangsmodell postuliert ein Handeln
der Erwachsenen in unterschiedlichen räumlichen und sozialen Umwelten.
Dieses Handeln kann in zeitlicher Aufeinanderfolge (z. B. Beruf - Familie -
Studium) oder aber gleichzeitig (Studium und Familie) erfolgen. Gleichzeiti-
ges Handeln kann nur in unterschiedlichen sozialen Umwelten stattfinden. Eine solche „Überlappung" läßt in der Regel intraindividuelle Konflikte entstehen, so z. B. bei Frauen als Mütter und Fernstudierende. Zeitlich aufeinander-
folgendes Alltagshandeln findet häufig in Umweltbereichen mit großer räumlicher und/oder psychischer Distanz statt. Das Schaubild erläutert die im Rahmen dieser Untersuchung als besonders relevant angesehenen Teilumwelten
im Alltagsgeschehen der erwachsenen Fernstudierenden[3] und verdeutlicht

---

3 Die vorläufige Festlegung relevanter Teilumwelten ist nicht ausschließlich
   theoretisch begründet, sondern ist das Ergebnis mehrjähriger konkreter Erfah-

durch die Linien zwischen diesen „Ausschnitten" die Grundannahme einer Wechselbeziehung zwischen den ausgewählten Teilumwelten durch das Handeln der Fernstudierenden.

Das Interesse dieser Untersuchung richtet sich auf die große und für die Fernuniversität besonders typische Gruppe der Teilzeitstudenten[4], da diese mit dem Ziel studieren, einen Hochschulabschluß zu erlangen. Dabei üben sie in der Mehrzahl der Fälle gleichzeitig einen Beruf aus. Durch den rechnerisch festgelegten Umfang von 2O Stunden Studium pro Woche erstreckt sich das Teilzeitstudium eines üblichen akademischen Studienganges über einen Zeitraum von mindestens acht Jahren.

Für die Festlegung auf die Zielgruppe der Teilzeitstudierenden sind somit zwei Gründe ausschlaggebend: Erstens stellt diese Gruppe - neben den Vollzeitstudenten - diejenigen Studierenden, die mit dem Ziel, einen anerkannten Hochschulabschluß zu erlangen (Magister Artium, Diplom oder Staatsexamen), ihr Fernstudium betreiben. Sie sind damit vermutlich eine vergleichsweise grössere subjektive Verpflichtung eingegangen als Gast- oder Zweithörer. Diese müssen keine Prüfungen ablegen und können jederzeit ohne größere Konsequenzen ihr Studium abbrechen.

Zweitens - als besondere Unterscheidung zu den Vollzeitstudenten - studieren die Teilzeitstudierenden mit einem Stundensoll von 2O - oder in einigen Fällen auch 3O - Stunden pro Woche. Dieses ist eine andere Situation, als sie bei „typischen" Vollzeitstudenten gegeben ist, die ohne eine volle berufliche Verpflichtung fernstudieren. Selbstverständlich gibt es in der Praxis Abweichungen von diesen Idealformen. Das Augenmerk der Untersuchung richtet

---

rungen des Autors mit den Lebensbedingungen vieler Fernstudierender. Eine solche, an Alltagserfahrungen orientierte Strukturierung der Problemstellung, ist bei der vorgegebenen Fragestellung nicht nur zulässig, sondern notwendig.

[4] Diese Gruppe der Studierenden stellt nicht nur an der Fernuniversität den größten Anteil, bezogen auf die Gesamtzahl aller Studierenden, sondern repräsentiert insbesondere im Vergleich mit den Präsenzuniversitäten die besondere Form des Studiums. Während es den Typus des Gast- und Zweithörers sowie des Studierenden mit Nebenerwerb auch an anderen Universitäten gibt, ist die Möglichkeit der zeitlichen Streckung des Studiums mit entsprechend reduzierter Studienleistung pro Woche nur an der Fernuniversität möglich.

sich somit, zusätzlich zu der Deskription der Wechselwirkungen zwischen den einzelnen Teilumwelten, auf die besondere psychosoziale Situation dieser Teilgruppe.

Um vor allen Dingen solche Fernstudierenden zu erreichen, die im „normalen" Studienalltag nicht in Erscheinung treten und um gleichzeitig eine möglichst hohe Repräsentativität der Untersuchungsergebnisse zu erreichen, wurden die zum Untersuchungszeitpunkt wichtigsten drei Fachbereiche für die empirischen Untersuchungen vorgesehen. Diese sind:

- MATHEMATIK UND INFORMATIK
- ERZIEHUNGS- und SOZIALWISSENSCHAFTEN[5]
- WIRTSCHAFTS- und RECHTSWISSENSCHAFTEN

Vor dem Hintergrund der kurzen Ausführungen zur Struktur des Fernstudiums und der besonderen Alltagssituation der Fernstudierenden ergeben sich auf verschiedenen Komplexitätsebenen die folgenden globalen Fragestellungen:

- *Lassen sich im Alltag der Fernstudierenden Wechselwirkungen zwischen den einzelnen Teilumwelten beschreiben und ist die Richtung der Wirkungen zu ermitteln?*

- *Welche subjektive Bedeutung hat das Fernstudium für die Studierenden in Relation zu den anderen Teilumwelten Familie und Beruf?*

- *Gibt es Zusammenhänge zwischen der räumlichen Distanz zwischen den Fernstudierenden und der Fernuniversität sowie dem subjektiven Bild der Fernuniversität?*

- *Lassen sich bei Fernstudierenden Aspekte einer studentischen Identität nachweisen?*

Die ausgewählten Teilumwelten wie Beruf, Familie und Studium, in einigen wenigen Fällen auch Freizeit, bilden alltägliche Erfahrungs- und Handlungsbereiche. Die Berücksichtigung dieses sozialisatorischen Kontextes ist deshalb

---

[5] Mit dem fortschreitenden Ausbau des Fachbereichs wurde diese umbenannt in Erziehungs-, Sozial- und Geisteswissenschaften

erforderlich, weil das Erleben der Individuen in ihrer unmittelbaren Lebenswelt in die Art ihrer Informationsverarbeitung, also in den Sozialisationsprozeß selbst, d. h. den Prozeß der Veränderung ihrer Persönlichkeit über die Zeit und der möglichen Herausbildung einer studentischen Identität mit eingeht. Verwertbare Hypothesen über sozialisationsrelevante Umweltbedingungen müssen daher so beschaffen sein, daß die von ihnen beschriebenen Sozialisationseffekte gleichzeitig psychologische Tatbestände bezeichnen bzw. als solche zu interpretieren erlauben. Viele der bekannten Theorieansätze (vgl. insbes. Hurrelmann und Ulich, 1980) verkürzen entweder die persönlichkeitstheoretische Seite oder die Theorie der Sozialisationsbedingungen. Eine Schwierigkeit bei der umfassenden Bestimmung des Prozesses scheinen häufig soziologische und psychologische Paradigmen zu sein, die sich zum Teil gegenüber stehen.

Für die methodische Orientierung dieser Arbeit muß darauf hingewiesen werden, daß ein ausschließliches Festhalten an der Tradition der naturwissenschaftlich orientierten empirisch-analytischen Forschung den Blick für erweiterte Zusammenhänge behindert. Darum kann zur theoretischen Strukturierung der Vorgehensweise auf das von Geulen und Hurrelmann (1980) entwickelte Modell auf der Basis der Mehrebenenkonzeption von Bronfenbrenner Bezug genommen werden. Ein solches Strukturmodell der Sozialisationsbedingungen muß von den unmittelbaren situativen sozialen und räumlichen Umweltkonstellationen ausgehen. Diese psycho-ökologische Lebenswelt wird ihrerseits durch verschiedene soziale Institutionen und durch die allgemeine ökonomische und technologische, politische, soziale und kulturelle Formation des gegebenen historisch gewachsenen Gesellschaftssystems konstituiert und strukturiert. Für diese Studie werden primär die sozialisatorischen Einflüsse von Kleingruppen wie z. B. Studentengruppen, Familien- und Freundeskreis sowie organisierter Sozialisationsinstanzen wie Hochschule, Studienzentren und Arbeitsorganisationen erfaßt. Solche Sozialisationseffekte, die von öffentlichen Einrichtungen und von Instanzen sozialer Kontrolle ausgehen, können nicht direkt beschrieben werden. Sie werden aber indirekt, auf dem Weg der Berücksichtigung ihrer subjektiven Bedeutung für die Studierenden, mit erfaßt.

1.3 Relevante Bestimmungsmerkmale

Ausgangspunkt der Problemstellung dieser Arbeit ist die berufliche Umwelt des Autors in einem spezifischen Bereich der Erwachsenenbildung. Die theoretischen Erörterungen und empirischen Untersuchungen vollziehen sich vor dem Hintergrund einer mehrjährigen Erfahrung mit Erwachsenen, die neben beruflichen, familiären und sonstigen Verpflichtungen an der einzigen Fernuniversität der Bundesrepublik Deutschland ein akademisches Studium absolvieren.

Mit einer breiter angelegten Untersuchungskonzeption wird versucht, die über das Handeln der Fernstudierenden wirksamen Wechselwirkungen zwischen den als relevant angesehenen Teilumwelten zu erfassen. Im Mittelpunkt der theoretischen Erörterungen und der empirischen Untersuchungen stehen weniger die organisatorischen und strukturellen Merkmale der Fernuniversität, sondern die studentischen Individuen. Die Untersuchung orientiert sich stärker an der subjektiven Sicht der Studierenden und versucht, deren Probleme zu erhellen. Dieses ist u. a. darin begründet, daß es in dem weiten Feld der Erwachsenenbildung sehr unterschiedliche organisatorische Strukturen gibt, die sozialpsychologischen Aspekte einer solchen Lebenssituation aber eher generalisiert werden können. In einer bereits seit längerem andauernden Phase beruflicher Unsicherheit und der dadurch bedingten zunehmenden Konkurrenz um Arbeitsplätze sowie der Propagierung des „lebenslangen Lernens" sind Ergebnisse, die an einer umfangreicheren Zahl von Fernstudierenden gewonnen werden, als Hinweise auf vermutlich ähnliche psychosoziale Auswirkungen dieser Situation für Menschen in anderen Lebensbereichen unserer Gesellschaft zu verstehen. So finden sich auch im nicht-akademischen Bereich viele Möglichkeiten der Weiterbildung neben dem Beruf, bei gleichzeitiger Belastung durch die Familie. Die Auseinandersetzung mit der dadurch bewirkten Problematik vollzieht sich in dieser Studie vor dem Hintergrund einer Modellvorstellung vom Menschen als ein planvoll und zielgerichtet auf seine eigene Entwicklung Einfluß nehmendes Individuum. Das bedeutet eine aktive Mitgestaltung der Mensch-Umwelt-Interaktion. Hartmann (1974) spricht in diesem Zusammenhang von „Reziprozität" des Sozialisationsprozesses. D. h. mit zunehmendem Lebensalter wird die Bedeutung des Individuums als Steuerungs- und Handlungsinstanz vermutlich größer.

Bevor die theoretische Auseinandersetzung mit der in einer solchen Lebenssituation relevanten Mensch - Umwelt - Interaktion beginnt, werden nachfolgend einige wesentliche Aspekte des Fernstudiums beschrieben, um den Realitätsbezug zu verdeutlichen.

1.3.1 Funktion des Studiums

Nachfolgend werden einige Überlegungen zur Funktion des Studiums angestellt. Während Beruf und Familie bereits für viele Erwachsene feste Alltagsbestandteile darstellen, ist das Fernstudium das eigentlich Neue. Es bedeutet ein Eintreten in eine weitgehend unbekannte Umwelt (sozial und räumlich) mit allen dazugehörenden Ängsten, Hoffnungen und Plänen. Es geht also darum, den in dieser Arbeit vertretenen Standpunkt in bezug auf Sinn und Zweck eines akademischen Studiums im Erwachsenenalter zu verdeutlichen. Dieses ist notwendig, um das subjektive Erkenntnisziel sowie das Bewertungsraster transparent und kritikfähig zu machen. Dabei kann und soll nicht der ganze Bogen der bildungspolitischen Diskussion aufgespannt werden, wie er insbesondere die späten 60er und die 70er Jahre bestimmte. Die politische Umsetzung von Reformkonzepten führte in Nordrhein-Westfalen zur Gründung von fünf integrierten Gesamthochschulen und der Fernuniversität, die ebenfalls nach dem Konzept der Gesamthochschule arbeitet. Da diese Reformhochschulen sich heute sowohl inhaltlich als auch formal zur Grundidee der universitären Bildung bekennen, sollen nachfolgend kurz einige wesentliche Gedanken thematisiert werden.

Den historischen Ausgangspunkt der Betrachtung bildet die Idee der Universität nach Wilhelm von Humboldt (1903). Diese beinhaltet die Vorstellung, Wissenschaft sei eine philosophische Besinnung über sich selbst und die Welt und könne nur gedeihen, wenn Professoren und Studenten in einer Form gleichberechtigter Gelehrtengeselligkeit, die auf der Lebensform der sozialen Einsamkeit und der bürgerlichen und damit verbundenen geistigen Freiheit beruht, miteinander forschen. Diese soziale Grundidee führte Anfang des 19. Jahrhunderts zur Gründung der neuen deutschen Universität. Hinter diesem Ideal des Wissenschaftsbetriebes stand für Humboldt das Ziel der sozialen Isolierung zur Befreiung von den Zwängen des bürgerlichen Lebens zur Sicherung der Zweckfreiheit der Wissenschaft. In dieser Atmosphäre sollte der Student im Sinne eines humanistischen Bildungsideals alle in ihm angelegten Fähigkeiten zur bewußten Individualität entwickeln können.

Wenn unter heutigen Gesichtspunkten das akademische Studium auf seine Sinnhaftigkeit hin überprüft wird, stößt man sehr schnell auf zwei zentrale Aufgaben, die sich - je nach inhaltlicher Begriffsfüllung - mehr oder weniger konfliktträchtig ausschließen. Zum einen geht es eher um die Rekrutierung des Nachwuchses für alte, oder nach der Propagierung der Bildung für die Massen, neue (technische) Eliten (vgl. Heintel, 1981). Zum anderen geht es auch immer um die Entwicklung der (akademischen) Persönlichkeit des Einzelnen. Dieser Dualismus wird nicht erst durch ein medienorientiertes Fernstudium und andere Formen der „anonymen" Weiterbildung deutlich. Er tritt hier allerdings besonders deutlich hervor. Vor diesem bildungspolitischen Hintergrund sind auch die entscheidenden Motive zur Aufnahme eines Fernstudiums zu verstehen und zu bewerten. Als Ergebnis einer Untersuchung definieren Bargel und Framheim (1976) die damaligen Ziele der Hochschulausbildung wie folgt:

- Bildungs- und Persönlichkeitsentwicklung
- Berufs- und Fachausbildung
- Privilegierung und soziale Chancen

Es ist zu vermuten, daß diese subjektiven Ziele auch heute noch, insbesondere bei den Fernstudierenden, von vorrangiger Bedeutung sind (vgl. Miller, 1980). Diese Ziele sind nicht unabhängig voneinander zu sehen. Sie tragen eher dazu bei, in einem dreidimensionalen Modell jeweils den individuellen Standpunkt zu definieren. Bei einer prozeßorientierten Betrachtung ist davon auszugehen, daß dieser Standpunkt im Studienverlauf und den häufig dazu parallel laufenden Veränderungen in den übrigen Lebensbereichen, wie z. B. in der Familie oder im Beruf, Anpassungen an die jeweils aktuelle Lebenssituation unterworfen ist.

Der skizzierte bildungspolitische Hintergrund mit seiner Tendenz zur Veränderung des tertiären Bildungssystems findet eine konkrete Umsetzung u. a. in der Einrichtung der Fernuniversität. In der Schrift des Bundesministers für Bildung und Wissenschaft aus dem Jahre 1977 mit dem Titel „Studium neben dem Beruf" wird die Funktion von Wissenschaft wie folgt definiert:

Unser Kultursystem, seine wirtschaftlichen und technischen Grundlagen sowie seine soziale und rechtliche Verfassung sind auf Wissenschaft angewiesen. Wer dieses komplexe Gesellschaftssystem, seine Subsysteme und ihre Verflechtungen, verstehen will, wer darin bewußt teilhabend, vielleicht sogar steuernd mitwirken will und soll, der muß die Wege der Wissenschaft nachvollziehen können, die für dies System bestimmend sind ..... Solche Selbständigkeit zu erlangen, setzt zunehmend Lernprozesse voraus, die als wissenschaftliches Studium bezeichnet werden können. Es

geht dabei um Denkformen, Ausdrucksweisen, Kenntnisse und Handlungs-
fähigkeiten, die nur im gekonnten Umgang mit Wissenschaft hinreichend
erworben werden können. (S. 6)

Es ist anzunehmen, daß mit diesen allgemeinen Forderungen das durch die kritische Situation am Arbeitsplatz gestiegene Problembewußtsein vieler Erwachsener in bezug auf die beruflichen Qualifikationen korrespondiert. Bei der
Analyse der Einschreibeziffern für die Voll- und Teilzeitstudierenden der Fernuniversität in Hagen wird deutlich, daß eine Entwicklung, die als „Wohl-
standsinvestition" initiiert worden ist - nämlich Weiterbildung als Hobby zu
betreiben - sich inzwischen zu einer kulturellen (Mittelschicht-) Norm verselbständigt hat. Aus der aufgrund veränderter gesellschaftlicher Bedingungen
entstandenen Forderung nach „lebenslangem Lernen" ist abzuleiten, daß ein
diesem Wunsch entsprechendes Studiensystem wesentlich andere Merkmale
aufweisen muß als das an Präsenzuniversitäten.

1.3.2 Strukturelemente des Fernstudiums

Die Fernstudierenden sind primär auf die Fernuniversität als lehrende und ver-
waltende Institution angewiesen. Sofern sie nicht in vertretbarer räumlicher
Nähe zur Fernuniversität wohnen, erleben sie diese nur mittelbar über telefo-
nische oder schriftliche Kontakte mit den Lehrenden oder den Betreuern. In
Ausnahmefällen, in der Regel sind dieses Präsenzveranstaltungen[6], erleben sie
die Lehrenden persönlich. Die wenigen Kontakte der meisten Studierenden zur
Universität vermitteln vermutlich nur ein bruchstückhaftes Bild von der
Fernuniversität, so daß diese im Extrem möglicherweise subjektiv auf einen
„Briefkasten" reduziert wird. Im Gegensatz zu den meisten Präsenzstudierenden
erleben die Fernstudenten häufig nicht die Heterogenität der unterschiedlichen
hochschulischen Funktionsbereiche, die sach- und bildungspolitischen Aus-
einandersetzungen in den Selbstverwaltungsgremien und die Fach- und For-
schungsdiskussion in den Arbeitsbereichen. Neben diesem weitgehenden Fehlen einer sozialen Umwelt Hochschule kann diese häufig auch nicht als phy-

---

[6] In allen Studiengängen werden in unterschiedlichen Zeitabständen sog. Präsenzveranstaltungen angeboten. Das sind Lehrveranstaltungen, die an unterschiedlichen Orten in der Bundesrepublik, meist an Wochenenden, den Studierenden die Möglichkeit geben, in der sozialen Interaktion mit Mitstudierenden
ausgewählte Themenbereiche zu vertiefen.

sischer Ort erlebt werden. Neben vielen Tendenzen der Angleichung der Erlebniswelt von Präsenzuniversitäten und der Fernuniversität, wie z. B. Anonymität und Orientierungslosigkeit, ist das Fehlen des Ortserlebens ein wesentlicher Unterschied zu der Situation an Präsenzuniversitäten. Während der typische Präsenzstudent zur Universität geht und sich dieser mehr oder weniger zeitlich und inhaltlich „ausliefert", „kommt" das Fernstudium zum Fernstudenten. Dieser bleibt also in seiner ihm vertrauten Umwelt und befindet sich somit während des Studiums in einer psychisch und physisch anderen Situation als der Präsenzstudent.

Die oben angesprochenen Aspekte von Anonymität im Studienalltag sowie Entfremdung und Reduktion des Studiums auf den reinen Wissenserwerb sind nicht ausschließlich Spezifika des Fernstudiums, sondern auch häufig an Präsenzuniversitäten vorzufinden (Krüger et al., 1982, 1986). Im Rahmen eines hochorganisierten und durchrationalisierten und auf mediale Vermittlungsformen ausgerichteten Fernstudiums, werden diese negativen Erscheinungen allerdings zu offiziellen Strukturbestandteilen der Umwelt Hochschule. In einem Beitrag zum Jahresbericht der Studienstiftung zitiert Rahn (1982) einen Studenten mit den folgenden Worten:

> Haben wir verlernt, uns einander mitzuteilen? ... Austausch von Erfahrungen und somit Preisgabe eines Teils der eigenen Persönlichkeit sind gebunden an eine persönliche Atmosphäre gerade im öffentlichen Wirkungsbereich. Dem steht an der Universität eine zunehmende Anonymität gegenüber, die fatalerweise besonders in Bereichen spürbar wird, deren Aufgabe es wäre, Persönlichkeiten auszubilden. (S. 11)

Im weiteren Verlauf seiner Ausführungen spricht Rahn mehrfach von der „Doppelerfahrung des als faszinierend empfundenen Studierens und der als lähmend erlebten Universitätsatmosphäre" (S. 13). Dieses verdeutlicht das Auseinanderklaffen der Schere von Erkenntnisvermittlung einerseits und Bildung im Sinne von Persönlichkeitsbildung andererseits. Dabei ist schwer auszumachen, ob es sich um eine Institutionenfremdheit der Studierenden oder um eine Personenfremdheit der Institutionen handelt.

Die „implizite Sozialisation" durch ein solches System schafft vermutlich nicht die oben angesprochene Emanzipation, sondern ein mit technischer Intelligenz ausgestattetes verfügbares Arbeitspotential und leistet damit einen Beitrag zur weiteren Veränderung unserer Gesellschaft in Richtung Vereinzelung der Menschen und Dominanz der Medientechnologie. In welchem Umfang die Umwelt Hochschule damit bereits pathogene Strukturen aufweist, ist bisher nur vereinzelt untersucht worden (Doerner, 1967; Guattari, 1976 oder Krüger et al., 1982). Für die Fernuniversität kann nur aufgrund der Abbrecherquoten auf mögliche Problembereiche rückgeschlossen werden.[7]

Das, was von den Initiatoren des Fernstudiums als besonderer Vorteil angesehen wird - nicht das Studium steuert den Studenten, sondern der Studierende steuert sein Studium nach den realen Lebensbedingungen (vgl. Peters, 1973) - kann allerdings auch umgekehrt durch die fortdauernde Handlungsgenerierung und -stabilisierung durch die Einflüsse nicht-hochschulischer Umwelten sozialisationswirksam und damit studienbelastend werden. Die bei persönlichen Kontakten mit Fernstudierenden häufig geäußerten subjektiv erlebten Diskrepanzen zwischen den Erwartungen an die Fernstudierenden, ausformuliert in den Studienempfehlungen, Kursen oder schriftlichen Mitteilungen und die Erwartungen und Bewältigungsstrategien der Studierenden, können häufig als eine mögliche Ursache für Verunsicherung über den Studienerfolg und Isolation angesehen werden. Da die Ursachen für eine Isolation in der Struktur des Fernstudiums angelegt sind und in dieser Arbeit den sozialpsychologischen Bedingungen des Fernstudiums nachgegangen wird, werden nachfolgend kurz die wichtigsten Kontaktmöglichkeiten vorgestellt und diskutiert.

Um den Studierenden trotz erschwerter Bedingungen die notwendigen Kontakte zur Hochschule zu ermöglichen, wurden Studienzentren im Sinne von Außenstellen der Fernuniversität mit begrenzten Funktionen geschaffen. Die hier beschäftigten *Mentoren* haben im wesentlichen die Funktion einer fachbezogenen Studienberatung (vgl. Grundordnung für die Fernuniversität vom 15. 11. 1983, § 34). Aufgrund des auch in der Bildungspolitik geltenden Förderalismus, ist das Angebot an Studienzentren noch nicht bundesweit flächendeckend, so daß außerhalb von Nordrhein-Westfalen die Studierenden häufig in großen Entfernungen zu den ihnen zugewiesenen Studienzentren wohnen. Das erschwert einen regelmäßigen Besuch. Neben diesen räumlichen Problemen

---

7 Empirisch gesicherte Hinweise finden sich zum Beispiel in einer Untersuchung über drop-out-Quoten im Fernstudium bei Bartels und Hofmann (1980) oder über die Motive solcher Erwachsenen, die nach eingehender Information über die Bedingungen des Fernstudiums dann doch keine Einschreibung vornehmen (Fritsch, 1980).

zeigt die praktische Erfahrung, daß auch bei einem fast flächendekkenden Angebot wie in NW, u. a. aufgrund der Struktur des Studiums z. B. im Fachbereich Erziehungs-, Sozial- und Geisteswissenschaften, nur ein relativ geringer Prozentsatz der Studierenden regelmäßig die Studienzentren nutzt. Es scheint so zu sein, daß eine große Zahl von Studierenden versucht (oder gezwungen ist), das Studium ohne Inanspruchnahme fremder Hilfe zu bewältigen.

Als Ergänzung zu den eingerichteten Studienzentren wurde insbesondere in den schlecht oder gar nicht versorgten Bundesländern versucht, besonders engagierte Studierende zu finden, die mit ihren Studienerfahrungen den Neuanfängern oder den weniger informierten Studierenden zur Seite stehen sollten. Die Erfahrungen haben gezeigt, daß diese sog. Kontaktstudenten aufgrund der strukturellen und ökonomischen Rahmenbedingungen, trotz eines großen persönlichen Einsatzes, nicht im Sinne des von der Open University[8] entlehnten Konzeptes wirksam werden konnten. Die Enttäuschung der beteiligten Personen hat zu einer weitgehenden Vernachlässigung dieser Idee geführt.

Nach wie vor gibt es an der Fernuniversität keine zentrale Studienberatung. Diese Aufgabe wird vom Studentensekretariat, den Prüfungsämtern der verschiedenen Fachbereiche sowie den einzelnen Lehrgebieten wahrgenommen. Damit kann die Beratung nur zeitlich und inhaltlich punktuell wirksam werden. Dies gilt auch für die studiengangsbezogene Beratung durch die Lehrgebiete und die prüfungsbezogene Beratung durch die Prüfungsämter. Als mögliche kontinuierliche Informationsquelle für die Studierenden bleiben somit nur die Kommilitoninnen und Kommilitonen. Die im Gegensatz zu den meisten Präsenzstudenten sehr verschiedenen Lebenssituationen (Verpflichtungen durch Familie und/oder Beruf) sowie die weite Streuung der Wohnorte und darüber hinaus die unterschiedliche Taktung innerhalb des individuellen Studiums, erschweren allerdings die Möglichkeiten des Informationsaustausches zwischen den Studierenden[9].

---

8   Die Open University in Groß Britannien gleicht von der Idee der Fernuniversität, ist aber strukturell in vielen Bereichen unterschiedlich konzipiert.

9   Dieses konnte auch in Analysen der Schwierigkeiten bei der Bildung und dem Fortbestand selbstorganisierter studentischer Arbeitsgruppen nachgewiesen werden (Lück und Miller, 1981).

Im Unterschied zu Präsenzuniversitäten ist es im Fernstudium ein Faktum, daß es zwar für alle eingeschriebenen Fernstudierenden eine gemeinsame Institution Hochschule gibt, diese aber aufgrund der bereits problematisierten räumlichen Distanz vermutlich eher den Charakter einer symbolischen Kategorie besitzt. Selbst in der optischen Wahrnehmung derjenigen Studierenden, die das Hauptgebäude bereits einmal betreten haben, dürfte sich durch eine eher an Verwaltungsgebäude erinnernde Architektur - so fehlen weitgehend Seminar- und Übungsräume - ein spezifisches Bild vom Studium herausbilden. Die erwähnten Präsenzveranstaltungen, die nur von wenigen Studierenden besucht werden (können), finden meist in Studienzentren oder in eigens dafür angemieteten Räumen an anderen Universitäten statt.

1.4 Positionsbestimmungen

Die meisten empirischen Untersuchungen - auch der Psychologie - begründen ihr erkenntnisleitendes Interesse mit der Suche nach einem besseren Verständnis alltäglicher Lebensbedingungen, um auf der Basis der Forschungsergebnisse sinnvolle Interventionen zu deren Verbesserung entwickeln zu können. Dabei werden häufig durch die Formulierung der Problemstellungen aus der Sicht einer einzelnen Wissenschaftsdisziplin Einengungen bzw. Akzentuierungen vorgenommen, die bereits in einem sehr frühen Stadium der Auseinandersetzung mit der Fragestellung zur Reduktion eines komplexen Problems führen können.

Die vorliegende Arbeit ist der Versuch, eine eher realitätsbezogene Problemannäherung zu leisten. Das Fernstudium mit seinen Strukturen und sozialen Prozessen bildet den zentralen Ausschnitt der zu betrachtenden Wirklichkeit. Trotz der differenzierten und durch hinreichende Kenntnis gewährleisteten Nähe zum Gegenstand ist auch bei der hier gewählten Vorgehensweise die Komplexität nicht umfassend wiederzugeben. Komplexität heißt in diesem Zusammenhang,

> daß ein Sachverhalt von großer innerer Kompliziertheit erfaßt wird, zu dessen Beschreibung eine einzige Theorie oder ein einzelner theoretischer Ansatz nicht ausreichen (Kaminski, 1976, S. 240).

Die Reduktion wird weiterhin mitbestimmt durch den Rückgriff auf eine spezifische Theorie oder Theoriegruppe. So versteht sich diese Arbeit als eine

22

primär sozialpsychologisch orientierte Analyse, ohne allerdings durch ein zu enges Verständnis dieser Wissenschaftsdisziplin ebenfalls in den Fehler zu verfallen, zu früh mögliche relevante Aspekte des Themas, die nicht mit „reinen" sozialpsychologischen Konzepten zu erfassen sind, unberücksichtigt zu lassen. Das hier vertretene Verständnis von Sozialpsychologie versucht der Tatsache gerecht zu werden, daß der Mensch ein soziales Wesen ist. Dieses klingt eigentümlich, jedoch verweist Graumann (1988) in seinem Beitrag genau auf diese Schwachstelle der „main stream" Sozialpsychologie und formuliert als These:

> Durch ihre theoretische, thematische und methodologische Orientierung an der Allgemeinen (experimentellen) Psychologie ist die Sozialpsychologie seit ihren Anfängen überwiegend individuen-zentriert und damit keine Sozialwissenschaft im Sinne der übrigen Sozialwissenschaften. (S. 83)

Wenngleich die Essenz dieser These unbestritten ist, kann doch festgestellt werden, daß in zunehmend mehr sozialpsychologischen Forschungsarbeiten ein weiter gefaßtes Verständnis und größere Alltagsnähe Platz greifen. Ein Problem bleibt allerdings die inhaltliche und methodologische Heterogenität des Gebietes. So sehen auch Frey und Greif (1987, S. 9f.) in dem von ihnen herausgegebenen Handbuch, das einen aktuellen Überblick über die verschiedenen Theorieansätze und Fragestellungen der derzeitigen Sozialpsychologie liefert, nicht die für einen wissenschaftlichen Diskurs als wünschenswert anzusehenden klaren Grenzziehungen zwischen unterschiedlichen Wissensgebieten.

In dieser Arbeit sollen die Vorteile einer weniger engen Definiton der Sozialpsychologie dahingehend genutzt werden, daß der Vielschichtigkeit des Problemfeldes *Erwachsene im Fernstudium* im größeren Umfang Rechnung getragen werden kann. Diese Vorgehensweise wendet den häufig anzutreffenden Konflikt zwischen einer eher soziologischen und einer eher psychologischen Problembetrachtung zu einer konstruktiven Verknüpfung relevanter Theorieelemente. Damit wird die gegenseitige Beeinflussung von Individuum und Gesellschaft akzentuiert. Diese ist als eine Grundvoraussetzung des Menschseins zu verstehen.

Da es natürlich keineswegs so sein kann, daß alle unter dem Begriff Sozialpsychologie diskutierten Ansätze und Konzeptionen einheitlich sind, ist bei der Prüfung ihrer Verwertbarkeit zur theoretischen Durchdringung des Problemfeldes nach zentralen Grundcharakteristika zu suchen. Nur dann ist eine Verknüpfung verschiedener Ansätze sinnvoll und verspricht einen Erkenntnisgewinn. Die Orientierung an komplexeren psychologischen Modellvorstellungen macht dabei den Einbezug umfassenderer Konzepte auf der Ebene von „Paradigmen" i. S. von Kuhn (1967) notwendig. Dieses ist für ein „klassisch" psychologisches Vorgehen nicht unbedingt selbstverständlich. Nach Reese und Overton (1970) ist dabei die Wahl zwischen zwei „Modell-Familien" zu treffen. Zum einen sind das die mechanistischen, d. h. alle Modelle, die von einem reaktiven Menschen ausgehen und zum anderen die organismischen, solche also, die den Menschen als einen aktiven Organismus sehen. Diese Kategorisierung entspricht mit ihrer Ausblendung der Verknüpfung von Individuum und Umwelt dem Stand der Theoriebildung in weiten Bereichen der Psychologie. Svoboda (1972, S. 17) kommentiert diese Situation wie folgt:

> ...es hat nachgerade den Anschein, als würden die Psychologen, wenn sie sich heute mit der menschlichen Natur beschäftigen, einen Begriff aus einer anderen Zeit, aus einem uns fremden Entwicklungsstadium verwenden oder verwerfen (was nichts anderes heißt, als ihn dennoch, wenn auch mit negativem Vorzeichen, benutzen). Da versucht man in der Psychologie Probleme der Relation in den Griff zu bekommen (z. B. in der Umweltpsychologie), aber was für ein Bild vom Menschen benutzt man dabei: Probleme auf Stufe 3 werden mit einem Konzept von Stufe 1 bearbeitet. Das erscheint gerade so, als versuche man, die Autobahnen zu Fuß zu bewältigen. (zitiert nach Looft, 1979, S. 358)

Ohne Zweifel ist diese Feststellung im Kern zutreffend, sie impliziert aber, daß es für Probleme mit hoher Komplexität bereits theoretische und methodische Lösungsansätze gibt. Dieses ist nur zum Teil der Fall (vgl. Doerner, Kreuzig, Reitner und Staendel, 1981).

Die aus vielen unterschiedlichen Richtungen vorgetragene Kritik an der „Desozialisierung" des Individuums durch die Psychologie und die damit verbundene Reduktion von komplexen Wirklichkeitsausschnitten ist nicht nur ein Problem dieser Wissenschaftsdisziplin. Für die sozialpsychologische Forschung wird daraus erkennbar, daß nur bei einer nicht ausschließlichen Anwendung streng experimenteller Vorgehensweisen eine validere Deskription größerer Alltagssachverhalte erreicht werden kann. Bei einem sinnvollen Wechselspiel zwischen molarer und molekularer Forschung im Sinne einer

Verknüpfung von Theorieansätzen unterschiedlicher Reichweite und einem adäquaten multimethodialen Forschungsansatz ist es durchaus möglich, Erkenntnisfortschritte zu erzielen (vgl. auch Jüttemann, 1985). Nomothetischen als auch idiographischen Ansätzen gemeinsam ist die systematische Beschreibung psychologisch relevanter Sachverhalte. „Erklären" ist dabei der Versuch der statistisch empirischen Erfassung bestimmter Sachverhalte, während das „Verstehen" als Hineinversetzen in andere und Nacherleben definiert werden kann (vgl. Linschoten, 1959 oder Jaspers, 1973).

Bei allen Forderungen nach einer realitätsorientierten Psychologie bleibt das schwierige Problem des Zuganges zur „Alltagswirklichkeit". Diese Thematik wird in den letzten Jahren in der Psychologie in zunehmendem Maße auch unter dem Begriff der „ökologischen Validität" diskutiert (vgl. dazu u. a. Willems und Rausch, 1969; Brunswik, 1956; Pawlik, 1976). Viele, mehr an den Methoden der Naturwissenschaften orientierte Psychologen, richten sich nach den Grundforderungen experimenteller Forschung, d. h. die exakte Beschreibung von Phänomenen und ihrer Verknüpfungen, um im einzelnen Fall Kausalfragen beantworten zu können. Bei Annahme der Existenz eines Optimierungsproblems in den empirischen Forschungsmethoden kann die Faustformel entwickelt werden: je exakter die psychologischen Methoden werden, desto lebensfremder und wirklichkeitsferner werden ihre Experimente. Es wird also in dieser Arbeit nach einer angemessenen Verbindung zwischen Alltag und empirischer Forschung gesucht.

Bei Betrachtung der alltäglichen Probleme in unserer Gesellschaft, denen sich auch die akademische Psychologie stellen muß, wird das Fordern eines stärkeren Realitätsbezuges psychologischer Theoriebildung und Forschung verständlich. Fietkau und Görlitz (1981) schreiben dazu:

> Wenn Psychologie den Anspruch erhebt, Menschen in ihrem realen Lebensraum mit ihren realen Ängsten und Hoffnungen zu beschreiben (und ihr Ziel nicht (allein) darin sieht, Aspekte von Verhalten und Erleben zu isolieren, um sie möglichst präzise abbilden zu können und in einen theoretischen Zusammenhang zu stellen), dann muß sie sich auch den Veränderungen gesellschaftlicher Realitäten stellen. (S. 12)[10]

---

[10] Als einen konkreten Beitrag zur Veränderung gesellschaftlicher Realitäten kann man die Gründung der Fernuniversität verstehen.

Die Auseinandersetzung mit unterschiedlichen Grundpositionen in der Psychologie und damit auch in der Sozialpsychologie verdeutlichen, daß es auch bei der hier vorgelegten Arbeit nur eine *Annäherung* an den Anspruch einer validen Abbildung alltäglicher Situationen geben kann. Dieser Anspruch bedingt aber eine Vorgehensweise, die eher auf die Deskription und theoretische Durchdringung alltäglicher Prozesse abzielt und weniger auf die Analyse auffälligen oder abweichenden Verhaltens. Gerade die Frage nach den sozialpsychologischen Bedingungen und Konsequenzen des *Normalen* ist aber eine, die auf den ersten Blick wenig Brisanz vermuten läßt. Daß diese dennoch hier mit Nachdruck gestellt und bearbeitet wird, ist nur dann nachzuvollziehen, wenn man die latente Veränderungsdynamik alltäglicher Mensch-Umweltbeziehungen akzeptiert und als analysewürdig ansieht. Aus einer solchen Perspektive ist es erklärbar, daß im Rahmen dieser Arbeit der Fernstudierende als handelndes Subjekt im Mittelpunkt der Analyse steht. Die Grundposition, der Mensch ist Subjekt und nicht Objekt, ist nicht gleichzusetzen mit dem Subjektivismus des Forschers, sondern sie gewährleistet die Wiedererkennung des Handelnden in den Aussagen des Forschers (vgl. dazu die Arbeiten von Schütz, 1971). Für den Forscher stellt sich die jeweilige Umweltsituation so dar, wie die in ihr handelnden Personen diese redend, schreibend oder z. B. auch künstlerisch gestaltend interpretieren. Die Individuen definieren sich selbst also über das konkrete Handeln in der Umwelt. Alles, was ein Individuum erfährt, geschieht in einem spezifischen Sinnkontext, der mit dem der anderen Personen nicht unbedingt identisch ist (bzw. sein muß) und außerdem für das Individuum selbst noch zeitlichen Veränderungen unterworfen ist. Die in dieser Arbeit zu leistende Aufgabe ist es somit, die jeweiligen subjektiven Konstruktionen der sozialen und physischen Umwelt sinnvoll zu erklären und/oder zu verstehen. Dabei ergeben sich allerdings einige Probleme:

- Der Komplexität der Mensch-Umweltbeziehungen kann nur dann annähernd Rechnung getragen werden, wenn sie möglichst ganzheitlich erfaßt werden.

- Gleichzeitig ist aber zu berücksichtigen, daß diese ganzheitlich erfaßten Zusammenhänge eine Vergangenheit (Geschichte) haben und sich in die Zukunft verändern. Die Sinnhaftigkeit solcher Zusammenhänge stellt sich nur in der praktischen Erfahrung ein, d. h. sie bedarf eines konkreten raum-zeitlich spezifischen praktischen Gegenstandes.

- Hinzu kommt, daß der Forscher selbst einen Standort bezieht. Dieser Entdeckungszusammenhang wird u. a. mitgeformt durch die Voraussetzungen, die der Forscher an Erfahrungen und Voreinstellungen mitbringt.

Auch in dieser Arbeit werden zwei Aspekte gleichzeitig wirksam. Zum einen wird gesellschaftliche Wirklichkeit erfaßt, zum anderen wird diese durch den Forschungsprozeß selbst produziert. Wissenschaftliche Erfahrung ist somit als eine Vertiefung und Differenzierung gesellschaftlicher Erfahrung anzusehen. Behandelt wird diese Problematik der Konstruktion und Rekonstruktion von Wirklichkeit, insbesondere im Zusammenhang in der Auseinandersetzung mit dem Kritischen Rationalismus (vgl. Popper, 1973; Prim und Tillmann, 1973). Das Vorverständnis einer empirisch-analytischen Wissenschaft impliziert die einheitliche Beschaffenheit aller erfahrungswissenschaftlich erforschbaren Realität. Dahinter steht das Ideal der exakten Naturwissenschaften und die Grundannahme, daß Realität von raum-zeitlos invarianten Gesetzmäßigkeiten bestimmt wird. Der kritische Rationalismus geht davon aus, daß allgemeine Gesetze und Theorien nicht induktiv verifizierbar sind, sondern nur deduktiv geprüft werden können. Die induktiven Anteile der Erkenntnistätigkeit liegen aber im Entstehungsprozeß von Theorien und Hypothesen sowie im Verwertungszusammenhang.

In dieser Studie werden allgemeine Thesen formuliert. Diese werden nach eingehender theoretischer und methodischer Diskussion dann zu detaillierteren Fragestellungen oder Hypothesen ausdifferenziert. Wie bereits mehrfach erörtert, geht es darum, den Problembereich Fernstudium aus einer spezifischen Perspektive zu betrachten, um mögliche Empfehlungen für Verbesserungen zu geben. Deshalb sind der Verwertungs- und der Entdeckungszusammenhang kritisch zu reflektieren. Es wurde bereits darauf hingewiesen, daß die hier vorgestellte Problemstellung sich aus einer konkreten subjektiven Erfahrung heraus entwickelt hat. Damit ist aber den Forderungen eines „reinen" Kritischen Rationalismus nur schwer nachzukommen, da wissenschaftliches Handeln, meist verstanden als theoriegeleitete Hypothesenprüfung, nach der hier vertretenen Position vom praktischen Handeln nicht getrennt werden kann. Handeln bedeutet in dem Fall dieser Untersuchung das Erarbeiten von Vorschlägen zur

Verbesserung der Studiensituation und die Bereitschaft, für deren Realisierung einzutreten. Mögliche Rollenkonflikte zwischen dem „nur-Wissenschaftler" und dem engagierten Forscher sind dadurch aufzulösen, daß der gesamte Forschungsprozeß für andere, insbesondere die betroffenen Studierenden, nachvollziehbar gemacht wird.

2. Theoretische Konzepte

2.1 Entwicklungspsychologische Ansätze

In der kurzen Charakterisierung der Fernuniversität und ihrer Studentenschaft wurde bereits darauf hingewiesen, daß es sich in der Mehrzahl um Erwachsene zwischen 25 und 50 Jahren handelt. Diese unterscheiden sich in wesentlichen Aspekten von den Studierenden an Präsenzhochschulen. Gleichzeitig lassen bedeutsame Charakteristika der alltäglichen Lebenssituation vergleichbare Merkmale mit solchen Personengruppen erwarten, die sich neben ihrer Berufstätigkeit ebenfalls weiterqualifizieren. Deshalb wird nachfolgend das für die Fragestellungen dieser Untersuchung Besondere an der Lebenssituation der Erwachsenen herausgearbeitet.

Es ist augenfällig, daß das „mittlere" Erwachsenenalter weder in der Sozialpsychologie noch in der Entwicklungspsychologie von besonderem Interesse war bzw. ist. Dafür können mindestens zwei Gründe genannt werden. Zum einen wurde die Zeitspanne zwischen dem 30. und dem 60. Lebensjahr lange Zeit als psychologisch und biologisch wenig „interessant" angesehen. Zum anderen leben die meisten Menschen dieser Altersspanne in Alltagszusammenhängen, die für eine experimentelle Forschung, wie sie in der Psychologie dominiert, nahezu unzugänglich sind.

Die Auseinandersetzung mit dem Entwicklungsbegriff an dieser Stelle ist deshalb sinnvoll, weil gleichzeitig die Beziehung zum Sozialisationsbegriff, der in der Konzeption dieser Untersuchung eine wichtige Funktion hat, diskutiert werden kann. Während aus dem Selbstverständnis der Sozialpsychologie heraus die mangelnde Thematisierung des „mittleren" Erwachsenenalters verständlich erscheint, ist dieser Mangel innerhalb der Entwicklungspsychologie schwerer zu verstehen. Ein Grund dafür kann in der biologischen Orientierung der meisten Entwicklungstheorien liegen. Wenn man von älteren Phasentheorien einmal absieht, haben die meisten Theorien zur Entwicklung des Menschen dem Erwachsenenalter zwischen abgeschlossener Pubertät und beginnendem Klimakterium keine besondere Aufmerksamkeit gewidmet. Dabei spannt sich der Bogen unterschiedlicher Konzepte von dem eher erfahrungswissenschaftlichen Ansatz von Charlotte Bühler (1933) über den differentiellen Ansatz von Thomae (1968) und zum Teil auch Lehr (1978) bis zu Varianten, die dem hier vertretenen Ansatz am ehesten gerecht zu werden versprechen. Das sind die „Entwicklungspsychologie der Lebensspanne" (life span developmental psychology), wie sie u. a. von Schaie (1965) oder Baltes et al. (1979, 1980) vertreten wird, die Psychologie der kritischen Lebensereignisse (Erikson, 1959) oder die Psychologie der Entwicklungsaufgaben (Havighurst, 1963).

2.1.1 Psychologie der Lebensspanne

Die Diskussion, ob die „life span developmental psychology" im strengen Sinne als Entwicklungspsychologie zu bezeichnen ist, soll - da in dieser Untersuchung andere Akzente gesetzt werden - hier nicht aufgenommen werden (vgl. dazu Oerter, 1978). Im Hinblick auf die zu bearbeitende Problemstellung interessieren primär mögliche Veränderungen individueller Identitäten, die nicht immer einer Entwicklung im Sinne eines biologischen Wachstums gleichzusetzen sind. Der Veränderungsbegriff wird dabei weiter ausdifferenziert in intraindividuelle Variabilität im Gegensatz zu intraindividueller Konstanz. In einer kurzen Charakterisierung der Psychologie der Lebensspanne schreiben Baltes et al. (1979):

> Die Entwicklungspsychologie der Lebensspanne erweitert die Grenzen jeder entwicklungspsychologischen Perspektive, weil sie in erster Linie auf Langzeit-Prozesse abzielt. Bei jedem Ansatz, der im Bezugssystem des Lebenslaufs geplant wird, werden daher wahrscheinlich wichtige theoretische und methodische Probleme und Prinzipien klarer gesehen, formuliert und in ihrer Lösung weiter vorangetrieben als es in altersspezifischen entwicklungspsychologischen Teilbereichen wie Kinderpsychologie und Gerontologie der Fall ist. (S. 13)

Dabei bedeutet Lebensspanne nicht, daß entwicklungspsychologische Arbeiten nach dem chronologischen Alter strukturiert werden. Untersucht werden vielmehr Entwicklungsprozesse, deren Bedeutung während der Lebensspanne oder im Lebenslauf entstehen. In der entwicklungspsychologischen Literatur werden dazu häufig Studien zu Aufbau und Veränderung von Intelligenz angeführt. Neben der generellen Problematik dieses Begriffes wird aber die Einengung auf nur diese „Dimension" der komplexen Persönlichkeitsstruktur der Erwachsenen nicht gerecht. Vielmehr ist sie ein Ausdruck gesellschaftlicher Wertungen. Die Einengung ist auch im Rahmen der hier gewählten Fragestellung problematisch, da zur Bewältigung der meisten Lebenssituationen, die nicht schulischer Art sind, häufig eine Vielzahl unterschiedlicher Fähigkeiten und Fertigkeiten benötigt werden. Dieses scheint nach den alltagspraktischen Erfahrungen auch für das Fernstudium zuzutreffen.

2.1.2 Psychologie der kritischen Lebensereignisse

Der bereits angesprochene Zusammenhang zwischen Entwicklung und individueller Biographie bedeutet, daß Entwicklung immer die Abfolge von Geschehnissen im individuellen Lebenslauf ist. Zu diesen gehören die „kritischen Lebensereignisse", deshalb wird dieser Ansatz kurz dargestellt werden. Er geht zurück auf Erikson (1959). Filipp (1982) definiert ihn wie folgt:

> Kritische Lebensereignisse" sollen verstanden werden als solche im Leben einer Person eintretenden Ereignisse, die eine mehr oder minder abrupte Veränderung in der Lebenssituation der Person mit sich bringen und die durch die im folgenden dargestellten Aspekte zu charakterisieren sind. Kritische Lebensereignisse stellen zum ersten die raumzeitliche punktuelle Verdichtung eines Geschehensablaufs dar, der sich sowohl innerhalb der Person selbst (z. B. Erkrankungen) wie auch in der dinglich-sozialen Umwelt (z. B. Erdbeben, Tod des Ehepartners) vollzogen hat. ...... Kritische Lebensereignisse sind weiterhin charakterisierbar als Stadien des relativen Ungleichgewichts in dem bis dato aufgebauten Passungsgefüge zwischen Person und Umwelt. (S. 772)

Bei kritischen Lebensereignissen haben insbesondere Mitmenschen die wichtige Aufgabe, die persönliche Identität eines Menschen zu definieren und/oder umzudefinieren. In diesem Wechselspiel zwischen Differenzierung und Integration kommt der persönlichen Identität eine zentrale Funktion zu. Sie ermöglicht es dem Individuum, über Situationen und die Zeit hinweg das Empfinden von Kontinuität zu haben. Identitätsveränderungen ergeben sich aufgrund des Differenzierungsprozesses. Wenn die Identitätskomponenten im Erwachsenenalter differenzierter werden, erwirbt jede Komponente zugleich eine höhere innere Konsistenz. Die Gesamtstruktur der Identität hat dabei weiterhin eine integrative Funktion. Differenzierung vollzieht Identitätsveränderungen, Integration sorgt in diesem Prozeß für umfassende Konsistenz. Die kritischen Lebensereignisse können in zweierlei Ausprägung auf die Entwicklung des Individuums Einfluß nehmen. Zum einen bei der Verstärkung einer Entwicklungsrichtung, in dem geplante und damit zielgerichtete Handlungen realisiert werden, die für den weiteren Entwicklungsverlauf folgenreich sein können. Zum anderen als unvorhergesehene „Brüche", wie z. B. der plötzliche Verlust einer nahestehenden Person. Bedeutsam für die Auswirkungen auf das Individuum ist die jeweils subjektive Interpretation des Ereignisses. Dabei ist zusätzlich zu unterscheiden, daß nicht nur einmalige, hervortretende Ereignisse wirksam werden können, sondern auch immer wiederkehrende (alltägliche) Ereignisse. Die Wirkung auf die Entwicklung wird über die Erfahrung geleistet, die als ein kognitiver Prozeß des Be- und Auswertens verstanden werden kann, wohingegen Lernen eher durch Anhäufung oder Wiederholung Effekte hervorruft, die auf die Entwicklung Einfluß nehmen können. Insbesondere der Aspekt der immer wiederkehrenden Ereignisse fordert zu einer Analyse des Fernstudiums als kritisches Lebensereignis heraus.

2.1.3 Entwicklungsaufgaben

Bei den bisherigen Erklärungsversuchen werden stärker die zurückliegenden Entwicklungsbedingungen akzentuiert. Entwicklung ist immer auch durch Zukünftiges mitbestimmt. Daraus ergibt sich die eigentliche inhaltliche Verbindung mit dem Sozialisationsbegriff. Durch die Gesellschaft wird eine Vielzahl von Aufgaben definiert, auf die das Individuum vorbereitet werden soll. Neben den speziellen Entwicklungsaufgaben sind generelle denkbar, die nach Erikson (1974) als Lebenskonflikte durchlaufen und möglichst positiv gelöst werden sollen. Einen ähnlichen Ansatz vertritt Havighurst (1963, 1972), der sechs Altersstufen mit ihnen zugeordneten Entwicklungsaufgaben festlegt. Neben Aufgaben wie z. B. der Gewinnung der emotionalen Unabhängigkeit von den Eltern, der Vorbereitung auf die berufliche Karriere oder der Vorbereitung auf Heirat und Familienleben, zeigt sich insbesondere bei den Aufgaben „Gewinnung eines sozial verantwortlichen Verhaltens" und „Aufbau eines Wertesystems und eines ethischen Bewußtseins" eine deutliche Verbindung zum Modell der Moralentwicklung bei Kohlberg (1974, 1980). Havighurst geht davon aus, daß die Entwicklung eines Menschen durch die Auseinandersetzung mit ganz spezifischen Lebensaufgaben vorangetrieben wird. Solche Situationen nennt er „developmental tasks". Diese berühren nicht nur biologische, sondern auch individuelle und gesellschaftliche Komponenten.

Auf den ersten Blick erscheint diese Definition von „developmental tasks" eine sinnvolle Hilfe bei der Erklärung von Entwicklungsprozessen zu sein. Die Zuordnung und Charakterisierung anhand spezifischer Dekaden impliziert allerdings eine Gesetzmäßigkeit, die so nicht gegeben zu sein scheint. Ein praktisches Beispiel dafür bietet der Einstieg in eine Lernsituation im Erwachsenenalter, wie dieses bei Fernstudierenden anzutreffen ist. Nach dem ursprünglichen Modell sind solche Lernphasen beim Kind und Jugendlichen vorzufinden, um den Einstieg in den Beruf vorzubereiten. Die Aneinanderreihung der Entwicklungsaufgaben findet ihre Ursachen nicht nur in der Person, sondern wird stark von den jeweiligen gesellschaftlich-kulturellen Bedingungen mitgeprägt. Hinzu kommt, daß dem Konzept der Entwicklungsaufgaben, ähnlich wie dem der kritischen Lebensereignisse, ein stark normativer Anspruch unterliegt, dessen sozialdarwinistische Orientierung offensichtlich ist. Danach ist personales Wachstum nur durch die erfolgreiche Bewältigung von Lebenskrisen oder Entwicklungsaufgaben zu erreichen. Insgesamt verweist diese Richtung in der Entwicklungspsychologie auf Aspekte des Problemlösungsverhaltens, wie sie für das Erwachsenenalter unter anderem von Papalia (1972) oder mit einem stärkeren Akzent auf den Lernprozessen von Lehr (1977) aufgrund ihrer Analyse gerontologischer Literatur herausgearbeitet worden sind. Nicht thematisiert wird bei dieser Richtung allerdings der Prozeß der Definition von Entwicklungsaufgaben, so daß der in dieser Arbeit vertretene Ansatz einer aktiven Mitgestaltung der Entwicklung durch Einflußnahme des Individuums auf seine Umwelt nur verkürzt aufgenommen wird.

2.1.4 Zusammenfassende Diskussion

Sowohl die Psychologie der kritischen Lebensereignisse als auch die der Entwicklungsaufgaben erlaubt nur die partielle theoretische Erklärung von Spezifika des Erwachsenenalters. Nach Rappaport (1972) gibt es keine durchgängigen physiologischen Funktionen, die man als Kriterium für den Erwachsenenstatus heranziehen kann. Auf eine Definition des Erwachsenenalters anhand des Lebensalters im Zusammenhang mit der hier behandelten Fragestellung wird in dieser Arbeit verzichtet, obwohl viele entwicklungspsychologische Modelle, z. B. Piaget und Inhelder (1974, 1977) oder Kohlberg (1974), sich implizit oder explizit am chronologischen Alter orientieren. Dafür sind verschiedene Gründe zu nennen: Zum einen wird in vielen deskriptiven oder experimentellen Arbeiten das Alter als unabhängige Variable verwendet. Zum anderen gibt es zunehmend mehr Daten zur Wahrnehmung von Zeit und Lebensalter.

Diese Forschung wurde angeregt durch die Erkenntnis, daß diese subjektiven Elemente psychologische Realität besitzen wegen der - wie schon

Kant feststellte - für den Menschen typischen phänomenologischen Wahrnehmung von Zeit und Alter. (Looft, 1979, S. 343)

In den weiteren Ausführungen verweist Looft auf Birren (1959), der bei seiner Analyse der Bedeutung des Begriffes Alter zu dem Schluß kommt, „daß er eng verknüpft, aber nicht identisch ist mit den Veränderungen im Verlauf des chronologischen Alters" (Looft, 1979, S. 343). Andere Autoren, wie z. B. Baer (1973), versuchen nachzuweisen, daß Zeit und Alter für die Initiierung von Verhaltensänderungen weitgehend irrelevant sind.

Eine eher psychologische Definition des Erwachsenen versucht Rappaport, indem er davon ausgeht, daß Reife die Fähigkeit umfaßt, Verantwortung zu übernehmen, logische Entscheidungen zu treffen, sich in andere einzufühlen, kleinere Enttäuschungen zu ertragen und seine sozialen Rollen zu akzeptieren. Dieser „Idealzustand" soll eher als ein Ziel verstanden werden, dem es sich anzunähern gilt. Es muß von einer Kombination verschiedener Definitionskriterien ausgegangen werden, d. h. Lebensalter, Bewältigung von Entwicklungsaufgaben und die Erreichung eines bestimmten Reifegrades können nur gemeinsam gesehen werden. Trotzdem bleibt die Problematik, daß kein exakt operationalisierbares Kriterium entwickelt werden kann. In bezug auf die Fragestellung dieser Untersuchung ist allerdings festzuhalten, daß allein anhand des Kriteriums Lebensalter, gemessen als durchschnittliches Lebensalter aller Studenten, ein signifikanter Unterschied zu den Studierenden an Präsenzhochschulen festzustellen ist. Hinter diesem äußeren Unterscheidungskriterium verbirgt sich die häufig anzutreffende Andersartigkeit der Lebensbedingungen von Fernstudenten im Alter zwischen 30 und 60 Jahren.

2.2 Sozialpsychologische Erkärungsansätze

2.2.1 Die Dynamik der Entwicklung

Das hier vertretene Interesse an einer Präzisierung der entwicklungs- und sozialpsychologischen Bestimmungsmerkmale des Erwachsenenalters wird durch die Erfahrung gestützt, daß auch Erwachsene in lebenslangen Lernprozessen stehen, die alle psychischen Bereiche ansprechen. Insbesondere aufgrund der gesellschaftlichen Bedingungen des schnellen technischen Wandels und des zunehmenden Verdrängungswettbewerbs am Arbeitsmarkt bekommt die berufliche Weiterbildung im Sinne einer akademischen Weiterqualifikation einen höheren Stellenwert. Ein Zugang zu einem eher ganzheitlich verstandenen Persönlichkeitsmodell findet sich u. a. bei Thomae (1968, 1979) mit seiner „Persönlichkeit in einer dynamischen Interpretation". Insbesondere Untersuchungen zur Lebenslaufforschung und die Anwendung der biographischen Methode, so bei Thomae und Lehr (1973) oder Jüttemann und Thomae (1987), zeigen, daß das mittlere Erwachsenenalter keine Zeit der Konstanz und Stabilität ist, sondern eine Zeit intraindividueller Veränderungen, die „durch das Zusammenspiel einer Vielzahl von Faktoren der Umwelt und der persönlichen Reaktion des Indivdiuums auf diese Umweltgegebenheiten zu erklären sind" (Thomae und Lehr, 1973, S. 13). Veränderungen im mittleren Lebensalter verstehen sich so im Sinne von Werner (1926) als kontinuierlicher Prozeß, der als eine durch endogene, also intrapsychische Faktoren sowie durch exogene, also durch Umweltfaktoren herbeigeführte Differenzierung und eine dadurch ausgelöste neue Suche nach Identität gesehen werden kann. Eine um sozialpsychologische Aspekte erweiterte Definition der Entwicklung im Erwachsenenalter ist zu verstehen als Verhaltensänderung in Folge einer Wechselwirkung zwischen individuellen Lebenserfahrungen und bestimmten Prozessen als Reaktion auf solche Erfahrungen.

2.2.2 Differenzierung und Integration

Die Berücksichtigung der konkreten Population dieser Analyse lenkt unter dem Aspekt der akademischen Weiterqualifikation das Augenmerk auf zwei zentrale Funktionen, die unter Bezug auf Werner (1948) als *Differenzierung* und *Integration* bezeichnet werden können. Die Differenzierung, bekannt aus der Entwicklungspsychologie, setzt sich auch im Erwachsenenalter fort. Identitätsdifferenzierungen beginnen, wenn das Individuum eine Diskrepanz zwischen Erfahrungen und Identität wahrnimmt. Doch ist die Wahrnehmung einer solchen Diskrepanz nicht generell auslösend für Differenzierungen, sondern das Individuum muß aus dem Ereignis heraus eine Änderungserfordernis interpretieren. Dabei sind die folgenden Faktoren von zentraler Bedeutung:

- Die Rolle subjektiver Wahrnehmungen und Interpretationen von Erfahrungen;

- die tatsächlichen oder objektiven Merkmale dieser Erfahrungen.

Deduktive Differenzierung findet dann statt, wenn die Identität eines Menschen die Grundlage für seine Erfahrungsinterpretation bildet. In diesem Fall leitet der Betreffende die Bedeutung einer Erfahrung aus dem allgemeinen System seiner Selbstwahrnehmung, Motive, Werthaltungen, Überzeugungen und Rollen ab, die insgesamt seine Identität ausmachen. Induktive Differenzierung findet statt, wenn wahrgenommene Erfahrungen eine Identitätsveränderung bewirken. Hier wird die Identität als Folge der Auseinandersetzung mit bestimmten Erfahrungen geklärt und verfeinert. Beide Formen der Identitätsveränderung können vermutlich im Prozeß des Fernstudiums auftreten und festgestellt werden.

Bei der Integration geht es um die Organisation, Synthese und Vereinigung getrennter differenzierter Funktionen. Ein Erwachsener muß demnach in der Lage sein, die Vielzahl der ihm begegnenden unterschiedlichen Situationen zu interpretieren und zu kategorisieren, um für sein Leben eine Konsistenz herzustellen. Beide Funktionen stehen während des gesamten Lebens in wechselseitigen Beziehungen zueinander. Es ist zu erwarten, daß die Fähigkeit der Integration in einer Phase der erhöhten Belastung durch die Anforderungen des Fernstudiums besonders gefordert wird. Der stetige Wechsel zwischen zunehmender Differenzierung und Zentralisation als entscheidendes Merkmal der Entwicklung (Werner, 1957) vollzieht sich vor dem Hintergrund einer Tendenz der Kanalisierung, die durch die Verortung der Entwicklung in kulturell vorgegebenen Mustern zu einem zunehmenden Verlust an Freiheitsgraden führt. Mit den Festlegungen, die durch externe Erwartungen als auch durch individuelle Festlegungen geschaffen werden, sind gleichzeitig andere Entwicklungsmöglichkeiten ausgeschlossen oder erschwert. Die positive Umdeutung dieses Sachverhaltes findet sich in der gesellschaftlichen Belohnung für Kontinuität, Bindung und Engagement für eine Sache. Dem Modell der Kanalisierung steht das der Leontjewschen Entwicklungstheorie gegenüber, in der von einer „freien Verfügbarkeit des Individuums" über seine Erfahrungen ausgegangen wird. D. h. ein Mensch kann seine Erfahrungen, die er im Laufe seines Lebens gemacht hat, umwerten und die „Last seiner Biographie" abwerfen (Leontjew, 1977, S. 97). Die in diesem Ansatz enthaltene gesellschaftliche Intention der Schaffung eines „neuen" Menschen ist unverkennbar.

Eine für die meisten Erwachsenen bestimmende oder prägende Situation ist die des Berufes. Die Auseinandersetzung mit den berufsbedingten Problemen nimmt somit bei einer den alltäglichen Bedingungen angenäherten Analyse einen hohen Stellenwert ein. Von spezifischer Bedeutung ist bei der Zielgruppe der Fernstudierenden dabei die Situation weiblicher Erwachsener, die als Hausfrau und Mutter über das Fernstudium eine Eingliederung oder Wiedereingliederung in die Berufswelt anstreben. Eines der auslösenden Momente für die aktive Veränderung der Lebenssituation kann dabei das Erkennen einer Diskrepanz zwischen Zielvorstellung und Realität sein. Hierbei kann als theoretisches Erklärungsmodell sowohl auf die „kritischen Lebensereignisse" als auch auf die „Entwicklungsaufgaben" verwiesen werden. Weitreichender scheint allerdings die Heranziehung der Konzepte Differenzierung und Integration zu sein, da mit der aktiven Veränderung der Lebenssituation im Sinne einer Integration eine Ausdifferenzierung der Identität der erwachsenen Frauen einhergeht.

2.2.3 Die mittleren Erwachsenenjahre

Einige weitere, für das allgemeine Erwachsenenalter bedeutsame Charakteristika sind unter dem Stichwort „Lebensmitte" zu erwähnen. Dieser Begriff impliziert wiederum die Einteilung des menschlichen Lebens in bestimmte Abschnitte oder Phasen, wie es bereits unter Hinweis auf ältere entwicklungspsychologische Konzepte kritisch diskutiert wurde. Die Sinnlosigkeit eines solchen Begriffes, bezogen auf einen Prozeß, dessen individuelle Verläufe ausserordentlich heterogen sind und dessen Ende nicht vorhersehbar ist, läßt die Bedeutung der gesellschaftlichen Definition solcher Begriffe erkennen. Stagnation oder gar Verringerung der körperlichen Leistungsfähigkeit, wie auch bei Frauen der Eintritt ins Klimakterium, sind in der individuellen Antizipation offensichtlich stärker von gesellschaftlichen Zuschreibungen abhängig als von den konkret erfahrenen Auswirkungen (vgl. z. B. Lehr und Thomae, 1979). Dabei ist nicht zu übersehen, daß endokrinologische Veränderungen im Sinne einer Abnutzung oder sinkender Regenerationsfähigkeit von Bedeutung sind.

Der ausgeprägte Leistungsorientierung unserer westlichen Gesellschaft ist bei der hier behandelten Fragestellung ein besonderes Gewicht beizumessen. Die zu Beginn angeführten Überlegungen zur Generalisierbarkeit des zentralen Strukturmerkmals des Fernstudiums, die permanente Weiterqualifikation, lassen das Erwachsenenalter als besonders problematisch erscheinen. So ist die Internalisierung dieser Leistungsnorm oftmals verbunden mit der größeren Bereitschaft, sich in bezug auf den Erfolg auf einen späteren Zeitpunkt vertrösten zu lassen (Befriedigungsaufschub). Erst dann, wenn in den mittleren

Lebensjahren offensichtlich wird, daß die ursprünglichen Zielvorstellungen unrealistisch waren, erfordert die empfundene Diskrepanz eine Umorientierung oder entsprechende Rationalisierungsstrategien. Damit wird die enge Verknüpfung der Lebenssituation des Erwachsenen mit den gesellschaftlichen Bedingungen deutlich. Die Argumentation mit dem Konzept des „Befriedigungsaufschubes" geht allerdings von einem relativ statischen Bild der individuellen Entwicklung aus. Zwischen der Zieldefinition (z. B. im Jugendalter oder bei Eintritt in das Fernstudium) und der Zielevaluation liegt in der Regel ein längerer Zeitraum. Ein theoretischer Ansatz, der eine wechselseitige Beeinflussung von Mensch und Umwelt unterstellt, muß deshalb nach Erklärungsmodellen suchen, die einer Veränderung über den Zeitraum sowohl bei dem Ziel als auch beim Individuum Rechnung tragen. So kann z. B. die Tatsache, daß sich möglicherweise trotz materieller und positioneller Entwicklung keine Wunscherfüllung einstellt, als ein Hinweis darauf gesehen werden, daß die Zielvorstellungen nicht den intraindividuellen Veränderungen angepaßt worden sind.

Da die sozialpsychologische Analyse der Problemstellung, wie oben bereits ausgeführt, auch soziologische Aspekte berücksichtigen muß, soll in dem hier erörterten Zusammenhang auch auf die gesellschaftlich vorfindbare soziale Ungleichheit kurz eingegangen werden. Während in den mittleren Lebensjahren die einen in berufliche und/oder gesellschaftliche Spitzenpositionen rücken, erleben andere eine Stagnation oder Abwertung (z. B. Arbeitslosigkeit) mit allen dazugehörenden Konsequenzen der Zurücknahme von Wunschvorstellungen sowie möglichen psychosomatischen Folgeerscheinungen. Ein Überblick über neuere Arbeiten zu diesem Problembereich findet sich bei Schultz-Gambard, Balz und Winter (1987).

2.2.4 Zusammenfassung

Eine breiter angelegte sozialpsychologisch orientierte Analyse der alltäglichen Bedingungen des Erwachsenenalters, d. h. der Einbezug allgemeinerer gesellschaftlicher Bedingungen, scheint insgesamt den realen Gegebenheiten gerechter zu werden als die Bezugnahme auf biologisch beeinflußte Konzepte. Eine empirische Bestätigung findet dieses auch in den Berichten befragter Personen über ihre Lebensentwicklung (Lehr, 1978) insofern, als die vorfindbaren Gliederungsstrukturen sich nicht mit denen einer postulierten biologischen Entwicklung oder denen des Rollenwechsels decken. Vielmehr ist die Bedeutung der spezifischen Lebensumwelten für die individuellen Entwicklungsverläufe hervorzuheben. Die Ausführungen haben deutlich werden lassen, daß es im Erwachsenenalter eine Vielzahl von charakteristischen Erscheinungen gibt, die nicht ausschließlich entwicklungs- oder lernpsychologisch erklärbar sind. Trotz der erkennbaren Heterogenität der vorgestellten Konzepte scheint eine Zusammenführung der Grundideen der Psychologie der Lebensspanne mit ihrer Akzentuierung der Langzeit-Prozesse der individuellen Entwicklung mit solchen Konzepten, die stärker die gesellschaftlichen Bedingungen reflektieren, sinnvoll zu sein. Die mit einem solchen Versuch verbundenen konzeptionellen Schwierigkeiten bieten aber den Vorteil, daß ein Modell entwickelt werden kann, das sich von rein organismischen Vorstellungen löst und damit der Wechselbeziehung zwischen Individuum und Umwelt gerechter wird. Diese Zusammenführung entwicklungspsychologischer und sozialpsychologischer Konzepte erfordert auf der Seite der Sozialpsychologie die kritische Würdigung sozialisationstheoretischer Arbeiten. Damit wird versucht, dem vielen Vorstellungen der Entwicklungs- und Sozialpsychologie anlastenden Mangel an theoretischer Reichweite konstruktiv zu begegnen. Dieser Mangel ist zu einem nicht geringen Teil immanenter Bestandteil der klassischen Psychologie, die überwiegend individuenzentriert arbeitet.

2.3 Sozialisationstheoretische Ansätze

Sozialisation wird im Kontext dieser Arbeit als ein komplexes und abstrakt gefaßtes, generelles Muster von hypothetischen Prozeßvariablen aufgefaßt. Dabei wird das im Prozeß Vermittelte über kognitive Schemata, die als hypothetische Hilfskonstruktionen herangezogen werden müssen, internalisiert. Sozialisation ist somit der Prozeß der Entstehung und Entwicklung einer Persönlichkeit in wechselseitiger Abhängigkeit von der gesellschaftlich vermittelten sozialen und materiellen Umwelt (vgl. Geulen & Hurrelmann, 1980, S. 51). Die Autoren führen in ihrem Beitrag zu einer umfassenden Sozialisationstheorie eine Vielzahl von Problemen an, die im Rahmen einer so definierten Sozialisationstheorie zu klären sind. Sie verweisen dabei insbesondere auf den Persönlichkeitsbegriff als Schnittmenge zwischen einer eher soziologischen Sozialisationstheorie und der Psychologie. Die Sozialisationstheorie wird stark beeinflußt von der Entwicklungspsychologie oder der Psychoanalyse. Geulen und Hurrelmann gehen davon aus, daß Sozialisation nicht eine „unilineare Kausalbeziehung zwischen Umweltbedingungen und Individuen ist, sondern der Einzelne als lernendes Subjekt aktiv dabei mitwirkt" (Geulen &

Hurrelmann, 1980, S. 52). Zentral ist dabei die Vorgängigkeit gesellschaftlicher Wirklichkeit, vor deren Hintergrund sich das Individuum erst entwickeln kann. Die Vielzahl der sich zum Teil widersprechenden Theorien zum Persönlichkeitsbegriff verdeutlicht, daß es sich um ein hypothetisches Konstrukt handelt (vgl. Herrmann und Lantermann, 1985). Ein für eine Sozialisationstheorie verwertbarer Persönlichkeitsbegriff muß einerseits ein Maß an Vollständigkeit und systematischer Einheitlichkeit haben, das ihn in die Lage versetzt, alle als relevant anzusehenden Tatsachen theoretisch zu integrieren. Zweitens müssen die konstitutiven Kategorien und Annahmen eines Persönlichkeitsbegriffes prinzipiell empirischer Prüfung zugänglich bzw. empirisch begründbar sein (vgl. auch Fisch und Daniel, 1987).

Die Diskussion der Erwachsenensozialisation begann im deutschsprachigen Raum relativ spät mit der Übersetzung der Arbeit von Brim und Wheeler (1974). Dazu bedurfte es der Erkenntnis, daß es einen Prozeß des lebenslangen Lernens, verbunden mit der Möglichkeit einer kontinuierlichen Veränderung der Persönlichkeit oder spezifischer Identitätsaspekte gibt. Nave-Herz (1981) setzt sich mit der Problematik der Bestimmung des Begriffes Sozialisation, insbesondere bezogen auf die Erwachsenensozialisation, auseinander. Nach der kritischen Würdigung einzelner Ansätze schlägt Nave-Herz drei Kriterien vor, nach denen Ereignisse vor einer Subsumtion unter den Sozialisationsbegriff überprüft werden sollen.

Erstens benennt „Sozialisation" das Interesse für jene sozialen Ereignisse, die Merkmal oder Bedingung oder Effekt von Identitätstransformation(en) sind..... Zweitens benennt „Sozialisation" das Interesse für jene sozialen Ereignisse, die i. S. von relativ dauerhaften Interaktionen mit signifikanten Anderen interpretierbar sind. Dies ist eine striktere Abgrenzung als der psychologische Begriff des Lernens:... Drittens benennt „Sozialisation" das Interesse für die soziokulturelle Spezifität für die in (1) und (2) genannten Ereignisse. Ob und wann dieses Kriterium erfüllt ist, ist ein empirisches Problem. Nicht jede Einstellungsveränderung im Erwachsenenalter ist fraglos Indiz von sozialisatorischen Prozessen. Es gilt die Frage danach zu stellen, ob ein hinreichend „korrelativer" Bezug zu bestimmbaren Instanzen der soziokulturellen Welt erkennbar ist. (Nave-Herz, 1981, S. 17)

Des weiteren zitiert sie Strongmans Grundpositionen zur Sozialisation im Erwachsenenalter. Diese sind:

40

1. Instrumentelles Lernen unter den Standardbedingungen von Beloh-
   nung/Bestrafung. ....
2. Soziales Lernen durch Veränderung der Perzeption und Interpretation
   sozialer Ereignisse, aber auch der Selbsteinschätzung.....
3. Soziales Lernen durch „emotional arousal", d. h. Transformationen der
   Ich-Identität durch Einbruch der sozialen Kontinuität,.....
4. .... Der „Prozeßcharakter" des Rollenlernens.... (Nave-Herz, 1981, S.
   17)

Nicht geklärt bleibt allerdings die Frage, ob es sich bei Veränderungen eines
Individuums um „Anpassungen" externaler Art handelt, ohne Rückwirkungen
auf die Person oder Persönlichkeit, oder ob es sich um echte Veränderungen
handelt, nur dann ist von Sozialisation zu sprechen. Im Zusammenhang mit
dem klassischen Sozialisationsbegriff geht es um die Problematik der Anpassung des Indivdiuums an die Gesellschaft, d. h. die Persönlichkeit ist entweder
der Spiegel heterogener Normen oder sie ist ein Subjekt mit einer weit gefaß-
ten Handlungskompetenz. Die Konzeption der Anpassung durch Sozialisation, also die finalistisch funktionalistische Annahme, nach der bestehende
gesellschaftliche Momente von vornherein unterstellt und dann aus dieser
Funktionalität erklärt werden, ist in den letzten Jahren in den Hintergrund ge-
drängt worden.

2.4 Zusammenfassende Diskussion

Ausgangspunkt der Argumentation ist ein eher sozialpsychologisch geprägtes
Menschenbild, das von einem engen Zusammenhang zwischen Individuum
und Gesellschaft ausgeht. Das Konzept bedingt die Verwendung sowohl sozialpsychologischer als auch soziologischer Konzepte, da in beiden Disziplinen, wenn auch z. T. aus unterschiedlichen Blickwinkeln, zu dieser Thematik
Aussagen gemacht wurden und weiterhin gemacht werden. Die Soziologin
Nunner-Winkler (1987) schreibt dazu:

> Die Sozialpsychologie, um die es hier ja eigentlich geht, ist zwar ein ge-
> meinsames Kind von Psychologie und Soziologie, doch der Psychologie
> fühlt sie sich näher. Zwar stellt sich die Sozialpsychologie die Aufgabe,
> den Zusammenhang von Individuum und Gesellschaft zu klären, aber sie
> formuliert sie `psychologisch`, d. h. als Frage nach den sozialen Einflüs-
> sen auf ein letztlich monadisch konzipiertes Individuum (vgl. Staeuble) -

und nicht `soziologisch`, d. h. als Frage nach der gesellschaftlichen Konstitution des Individuums. Damit sind zwei -wie mir scheint- wesentliche Unterschiede zwischen den beiden Forschungstraditionen benannt: einmal Methodenrigorismus versus Methodenpluralismus, zum anderen individualistische versus soziologistische Grundannahmen. (S. 2f.)

Diese Pointierung der Positionen ist zwar „griffig", vergißt aber, daß es gerade in sozialpsychologischen Arbeiten, die sich um eine Ausweitung der Problemstellung im Sinne einer „Ökologisierung" bemühen, durchaus Ansätze gibt, inhaltlich und methodisch neue Wege zu gehen.

Im Mittelpunkt der Fragestellung steht der erwachsene Fernstudent, der in der Interaktion mit der Gesellschaft seine Erfahrungen gemacht und sein Selbstverständnis entwickelt hat sowie dieses durch die zielgerichtete Erweiterung seines Erfahrungsraumes (partiell) verändert. Die soziale Situation ist dabei der Kontext, in dem Identitäten entstehen oder verändert werden. Wenn viele soziologische Untersuchungen Gesellschaft als soziales Gebilde verstehen, stellen umweltpsychologische Fragestellungen eine Erweiterung in der Art dar, daß sie die physikalisch-räumliche Komponente bei der Entwicklung von Identität mitberücksichtigen. Die hier vertretene Definition von Sozialisation der Erwachsenen impliziert einen aktiven Prozeß der Auseinandersetzung des Individuums mit seiner Umwelt und ist damit ein transaktionaler Prozeß, der nach dem Prinzip der reziproken Verursachung gleichermaßen individuelle wie gesellschaftliche Veränderungen ermöglicht. Die Sozialisation ist dabei als ein lebenslanger Prozeß zu verstehen, in dem die Themenschwerpunkte lebenszyklisch variieren. Dabei kann der Prozeß als krisenhaft verstanden werden. Bei der Fragestellung stehen die Aspekte der Fremdsozialisation im Erwachsenenalter im Vordergrund. Diese bedeutet eine heteronome Programmierung des Verhaltens durch andere Personen oder Institutionen. Selbstsozialisation bedeutet dagegen selbstbestimmte Aktivität, im Kontext der behandelten Problemstellung zum Beispiel die individuelle Nutzung des Zeitbudgets. Die Frage nach der Überschneidung zwischen Fremd- und Selbstsozialisation ist nicht generell lösbar. Die Vermischung beider wird bestimmt durch die Verbindung eines Individuums mit seinen jeweiligen Teilumwelten (z. B. Familie und Beruf).

Genau wie die Sozialisation in der Kindheit und der Jugend beinhaltet auch die Sozialisation im Erwachsenenalter alle drei Aspekte der zeitlichen Orientierung. Sie ist vergangenheitsbezogen, da der Schritt zur Aufnahme des Fernstudiums verstanden werden kann als eine Reorganisation und/oder Neubewertung lebensgeschichtlich zurückliegender Erfahrungen. Sie ist gegenwartsbezogen, wenn auch nicht unbedingt in dem von Filipp (1982) definierten Sinn non-normativer und normativer kritischer Lebensereignisse. Aber bei der Auseinandersetzung mit dem Fernstudium als einem „kritischen Lebensereignis" werden bereits vorhandene Bewältigungsstrategien aktiviert bzw. den neuen Erfahrungen angepaßt. Sie ist zukunftsbezogen insofern, als für viele Fernstudierende - hier vermutlich überwiegend Frauen, die wieder einen Beruf ergreifen wollen - die Antizipation der zu einem späteren Zeitpunkt zu erwartenden lebensgeschichtlichen Ereignisse und ihre Bewältigung wirksam werden. Viele empirische Untersuchungen befassen sich mit den sogenannten kritischen Lebensereignissen, zu denen eine durch ein absolviertes akademisches Studium veränderte berufliche Situation nicht unmittelbar gezählt werden kann. Trotzdem sind diese Ergebnisse aber z. T. übertragbar, da davon ausgegangen werden kann, daß das Wissen zur erfolgreichen Bewältigung kritischer Lebensereignisse zwar von Situation zu Situation variiert, Fähigkeit, Risikobereitschaft und Einstellungen zur Bewältigung kritischer Lebensereignisse aber in einem hohen Maße Ähnlichkeiten aufweisen. Das individuelle Bewußtsein der Kontrollierbarkeit und die damit verbundene Kompetenz gehören zu einem generalisierten Überzeugungs- und Verhaltenssystem, das sich unterstützend auf die Bewältigung solcher Ereignisse auswirkt (Filipp und Braukmann, 1983).

Die Erkenntnisse der Entwicklungspsychologie erlauben die Schlußfolgerung, daß sich solche Kontrollkompetenzen nicht erst im Erwachsenenalter ausbilden, sondern bereits in früher Kindheit. Für Kinder wie für Erwachsene gilt aber, daß subjektive Kontrollüberzeugungen objektive Handlungsspielräume voraussetzen (vgl. Hoff, 1982). Wenn die Erweiterung individueller Kontrollkompetenz auch ein Ziel des Fernstudiums ist, wird die Notwendigkeit der Veränderung der als starr empfundenen Strukturen des Fernstudiums erkennbar. Bei Proshansky et al. (1970) findet sich die personenbezogene Unterscheidung der Umwelten nach dem Grad ihrer Restriktivität, hier verstanden als der Grad der Wahlfreiheit.

2.5 Die Entwicklung der Identität

Wenn im Rahmen dieser Arbeit Identität als ein wichtiger Begriff eingeführt wird, dann u. a. auch deshalb, weil „dieser Begriff wie kein anderer geeignet (ist), sich aufdrängende Probleme zu beschreiben und sogar Lösungen anzubieten" (Krappmann, 1979, S. 413). In einer eher umgangssprachlichen Begriffsverwendung ist von Fragen an die eigene Identität und ihre mögliche Veränderung durch eine akademische Weiterbildung im Rahmen des Fernstudiums auszugehen. Im Rahmen einer wissenschaftlichen Auseinandersetzung mit dem Begriff Identität ist es insbesondere die begrifflich-inhaltliche Schnittmenge zwischen Psychologie und Soziologie, die dieses Konzept trotz seiner vielfältigen Interpretationen angemessen sein läßt. Zudem scheint eine Verwendung sinnvoll, weil gerade die Tatsache, sich durch ein Fernstudium weiterqualifizieren zu wollen, als ein Streben nach Ich-Identität verstanden werden kann. Konkret bietet auch das Studium die Möglichkeit, sich aus der Vielzahl der anderen (Kolleginnen und Kollegen oder auch Hausfrauen) herauszuheben. Gleichzeitig kann aber in einer solchen Absicht die Ursache für Störungen in der Identität begründet sein, wenn dem Betroffenen nicht deutlich wird, daß natürlich viele andere das Gleiche beabsichtigen und jeder sich damit von einer Ebene der „Vermassung" auf eine andere bewegt. Je weiter gesellschaftliche Differenzierungsprozesse voranschreiten, desto stärker wird das Bedürfnis nach Individualität (vgl. Durkheim, 1977 oder auch schon Simmel, 1890). Dieser Bezug zur gesellschaftlichen Realität ist es, der den Begriff Identität insgesamt gegenüber einem zu eng definierten psychologischen Persönlichkeitsbegriff als günstiger erscheinen läßt. Eine mögliche Ursache für die Konformitätstendenzen vieler Sozialisationstheorien liegt in ihrer Aggregatebene. Persönlichkeit ist primär ein Singularbegriff und damit eher ein Konstrukt der klassischen Psychologie. Die Überführung des Begriffes in Gesellschaftstheorien akzentuiert zwar lange Zeit unterrepräsentierte Aspekte des Begriffes, hebt ihn aber damit auf eine Ebene, die der Heterogenität und Komplexität nicht mehr gerecht werden kann. Dieses erklärt auch die Tatsache, daß Sozialisationsprozesse keineswegs immer uniforme Ergebnisse produzieren.

Mit 30-40 Jahren zielen identitätsrelevante Probleme der Erwachsenen häufig auf die Neueinschätzung und Überprüfung früherer Entscheidungen. Einem Differenzierungsmodell der Entwicklungen im Erwachsenenalter liegt die Annahme zugrunde, daß die gewonnenen Erfahrungen Veränderungen der Erwachsenenidentität anregen können. Die gesellschaftlichen Erfahrungen, deren Auswirkungen auf die Identität der Erwachsenen als geringer einzuschätzen sind als individuelle Erfahrungen, können z. B. nach beruflichen oder sehr generellen, wie der Identifikation mit einem kulturellen Wertesystem, weiter ausdifferenziert werden. Hieran wird deutlich, daß neben der biographischen „Voraussetzung" auch die Antizipation der Zukunft für die Veränderungen der Identität von Bedeutung sind. Wobei der Ansatz immer auf die subjektive Bewältigung objektiver Situationen zielt (vgl. Döbert, Habermas und Nunner-Winkler, 1977).

Jeder Erwachsene hat eine einzigartige Identität, die durch die sozialen Interaktionen mit der Umwelt entwickelt wurde und auf diese wiederum laufend zurückwirkt. Für Whitbourne und Weinstock (1982) sind Persönlichkeit und Identität zwar verwandte Prozesse, haben aber unterschiedliche Begriffsbedeutungen. Persönlichkeit definieren sie als die einzigartigen Qualitäten, die innerhalb eines Individuums entstanden sind. Die Existenz dieser Qualitäten läßt sich aus dem Verhalten des betreffenden Individuums erschließen. Sie bilden die Grundlage seiner Identität und seiner sozialen Interaktion mit der Umwelt. Persönlichkeit schließt die Merkmale des Individuums so ein, wie sie sich dem Beobachter zeigen. Die Identität eines Menschen besteht in seinen selbst wahrgenommenen Qualitäten und seinen selbst attribuierten Persönlichkeitsmerkmalen. Dieser Identitätsbegriff weicht ab von einem eher soziologisch definierten Identitätsbegriff und deckt sich stärker mit dem des Selbstkonzeptes, wie es u. a. aus Arbeiten von Filipp (1978) oder Fischer (1979) bekannt ist. Eine zusammenfassende sozialpsychologische Definition des Selbstkonzeptes gibt Mummendey in einem Übersichtsreferat.

> Unter dem Selbstkonzept einer Person wird die Gesamtheit (die Summe, das Ganze, der Inbegriff etc.) der Einstellungen zur eigenen Person verstanden. Je nach dem gerade vertretenen Einstellungs-Konzept fungiert das Selbstkonzept nun als Inbegriff selbstbezogener Kognitionen, Evaluationen bzw. Bewertungen, Intentionen und der Beziehungen zu den in den einzelnen Definitionen von „attitude" enthaltenen Komponenten. Der bewertende (affektiv-evaluative) Aspekt der Selbst-Einstellung ist unter der Bezeichnung Self-Esteem (Selbstwertschätzung, Selbstachtung etc.) bislang wohl am intensivsten erforscht worden. (Mummendey, 1987, S. 281)

Der Differenzierungsprozeß bezieht sich sowohl auf Identität als auch auf Erfahrung. Identität ist dabei ein integrativer Prozeß, der durch induktive Differenzierung fortwährend weiter verfeinert und geklärt wird. Zugleich dient sie, eben weil sie einen integrativen Prozeß darstellt, dem Erwachsenen dazu, durch deduktive Differenzierung zwischen Erfahrungen zu unterscheiden. Dieses Modell ähnelt Piaget´s Assimilation und Akkomodation. Auslöser für

Identitätsveränderungen können internal und external auftreten. External im Sinne von Umwelterfahrungen und internal im Sinne einer Anpassung, die ein Gleichgewicht herstellt. Die für eine Identitätsveränderung notwendige Diskrepanz ist immer eine wahrgenommene, so daß sich der Erwachsene dann zu ändern beginnt, wenn er seine Erfahrungen als unvereinbar mit seinen Zielen wahrnimmt. Diese selbstinduzierte Diskrepanz ähnelt dem Prozeß der Selbstaktualisierung (Maslow, 1970 oder Rogers, 1959), d. h. das Individuum sucht nach Anregungen, die eine vollständige Realisierung seiner Fähigkeiten erlaubt. Das kann z. B. auch dann von Bedeutung sein, wenn jemand aus einer offensichtlich günstigen und abgesicherten Position heraus beginnt, über ein Fernstudium eine langersehnte Zielvorstellung zu verwirklichen. Im Rahmen der Erörterung entwicklungspsychologischer Konzepte wurde bereits auf die besondere Bedeutung einer Krise bei der Auslösung identitätsverändernder Prozesse hingewiesen. Im Prozeß der Herstellung einer konsistenten Identität als Erwachsene entsteht *ICH-Identität*, indem unterschiedliche Möglichkeiten des Erwachsenenlebens angezweifelt und erkundet werden. Bei einer Überlastung durch zu viele Veränderungen und Möglichkeiten besteht die Gefahr der Rollenkonfusion und der instabilen Identität. Im Rahmen der hier bearbeiteten Fragestellung ist die Erweiterung des Erikson´schen Konzeptes durch Marcia (1966, S. 115) von Interesse. Er kombiniert die zwei Dimensionen des Erikson´schen Ansatzes so, daß insgesamt vier Kategorien entwickelt werden. Der von Marcia in diesem Zusammenhang entwickelte Begriff des *Moratoriums* wurde bereits bei der Auseinandersetzung mit den Bedingungen der hochschulischen Sozialisation verwendet. Im ursprünglichen Zusammenhang bezeichnet er den Zustand einer Person, die intensiv mit identitätsrelevanten Fragen beschäftigt ist, allerdings noch keine Entscheidungen getroffen hat. Diese Situation ist in der Regel als ein Durchgangsstadium zu verstehen.

2.6 Zusammenfassende Diskussion

Die kurz vorgestellten und diskutierten Ansätze behandeln grundsätzlichere Probleme der Erklärung von Identität. Eine zusätzliche theoretische Begründung für eine zu erwartende gering ausgeprägte studentische Identität kann auch die Selbstkonzept-Theorie des sozialen Vergleichs von Bem (1972) liefern. Da es aber nur in wenigen Fällen andere Fernstudenten gibt, die physisch präsent sind, hilft die soziale Umwelt (Familie und/oder Beruf) dem Individuum, seine inneren Zustände zu erschließen. Selbstkonzepte sind immer auf spezifische soziale Umwelten bezogen und unterliegen im Lebenslauf einem qualitativen Wandel. Zu Veränderungen und Brüchen finden sich viele Untersuchungen (vgl. Filipp, 1978). Im Zusammenhang mit der Fragestellung der vorliegenden Untersuchung liegt aber der Schluß nahe, daß Veränderungen des Selbstwertgefühles auch im Erwachsenenalter stattfinden, aber die relative Position des Selbstwertgefühles erhalten bleibt und in den verschiedenen Lebensabschnitten sowie in den unterschiedlichen sozialen Umwelten andere Themen relevant werden.

Die Schnittmenge zur Identität und zur Sozialisation wird dadurch deutlich, daß es sich beim Selbstkonzept nicht um eine verdinglichte psychische Instanz handelt. Diese ist vielmehr den lebensalterstypischen Anforderungsbedingungen entsprechend generell oder spezifisch. Dabei spielt der Vergleich mit den „signifikanten Anderen" sowie mit Normen und Erwartungen eine bedeutsame Rolle. Gleichzeitig ist dieses der Auslöser für handlungsregulierende Funktionen von Selbstkontrolle. So kann auch die Aufnahme des Studiums als zielgerichtete individuelle Entscheidung zur Aufnahme eines Handlungsfeldes gewertet werden. Betrachtet man Angaben zu Motiven in bezug auf die Aufnahme des Fernstudiums (vgl. Miller, 1980), ist anzunehmen, daß diese „Koppelung" an berufliche Leitbilder gerade im Zusammenhang mit Bildungsaktivitäten von besonderer Bedeutung ist. Das Konzept der Auslösung von Handlungsschritten durch die subjektive Wahrnehmung von „soll-ist" Diskrepanzen bedarf aber einiger Anmerkungen. Grundsätzlich ist der Aussage zuzustimmen, daß menschliches Handeln darauf ausgerichtet ist, eine Angleichung zwischen erlebter Situation und gesetztem Ziel zu erreichen. Allerdings scheinen aktuellere sozialisationstheoretische und entwicklungspsychologische Konzepte von einer Dynamik auszugehen, die den alltäglichen Lebensbedingungen gerechter zu werden scheinen als die eher an sta^Rtischen Zielvorgaben orientierte Vorstellungen einer subjektiven Bilanzierung. Das Menschenbild dieses Bilanzierungsmodells beschreibt einen Erwachsenen, der seine derzeitige Situation an früheren Zielvorstellungen mißt. Eine sozialpsychologische Betrachtung zeigt aber, daß die enge Verknüpfung der Entwicklung eines Individuums mit seinen Mitmenschen und den gesellschaftlichen Bedingungen (Sozialisation) häufig eine prozeßhafte Veränderung der ursprünglichen Zielsetzungen bewirkt, so daß eine Bilanzierung im Erwachsenenalter immer eine Angleichung an real erlebte Umweltbedingungen beinhalten muß. Das Modell impliziert einen Menschen, der sich im Laufe seines Lebens zielstrebig die Umweltbedingungen schafft oder aufsucht, die zur Realisierung seines „Traumes" notwendig sind. Die ideologische Fixierung ist eindeutig.

Ein Charakteristikum des Erwachsenenalters ist dagegen die freiwillige oder unfreiwillige Übernahme weitgehender Verpflichtungen und die dadurch bewirkte Verfestigung der sozialen Rahmenbedingungen. Bei einer solchen Betrachtung ergibt sich nun nicht mehr das Bild eines Erwachsenen, der in einem „gesellschaftlichen Vakuum" subjektiv bilanzieren und entsprechende Handlungsschritte einleiten kann. Vielmehr wird die Situation, d. h. sein Handlungsspielraum, durch ein Kräftefeld bestimmt, dessen Dynamik nicht abstrakt und beliebig veränderbar ist, sondern vom einzelnen große psychische Energien sowie die Bereitschaft und Fähigkeit zur Bewältigung sozialer Konflikte erfordert.

3. Die Fernuniversität als Umwelt

3.1 Sozialisation im Fernstudium

Zur empirischen Erfassung von Hochschulumwelten liegt eine Vielzahl von Untersuchungen vor (Astin, 1962, 1968; Halpin, 1966; Stern, 1970; Moos und Gerst, 1974; Miller, 1978; Dippelhofer-Stiem, 1983). Zusammenfassende Überblicke über Konzepte und empirische Untersuchungen zu Schulumwelten finden sich bei Schreiner (1973) oder von Saldern (1987). Viele Arbeiten suchen in der Mehrzahl der Fälle nach spezifischen sozialisationsrelevanten Umweltmerkmalen (sozialen, strukturellen oder materiellen) und verfolgen damit eine Zielsetzung, die im weiteren Sinne mit den Bemühungen der „trait theory" verglichen werden kann. Solche Umwelttaxonomien haben dazu beigetragen, den Blick für die Bedingungszusammenhänge zwischen Individuum und Umwelt zu schärfen, haben aber aufgrund ihres empiristischen oder pragmatischen Vorgehens keine stärkere theoretische Durchdringung der Thematik bewirkt. Kaminski (1976, S. 252) spricht in diesem Zusammenhang von korrelationistischen Verknüpfungen und hebt von diesen die funktionalistischen ab, die von theoretischen Vorannahmen über die Person-Umwelt-Beziehung ausgehen.

Häufig wird studentische Sozialisation unter dem Begriff des Moratoriums betrachtet. Dieses Konzept besagt, daß der Student im Hinblick auf eine antizipierte neue Umwelt die Möglichkeit bekommt, Erfahrungen sammeln zu können, ohne dafür Verantwortung oder Konsequenzen tragen zu müssen. Es stellt sich allerdings die Frage, inwieweit diese Situation auf Hochschulen anzuwenden ist, die unter Massenbetrieb und Konkurrenzdruck arbeiten. Die negative Seite des Moratoriums ist der Ausschluß sozialer Belohnungen. Eine dem Moratorium vergleichbare Situation des Ausprobierens „neuer Rollen" ist dem Fernstudenten nur sehr begrenzt gegeben. Dabei sind die unter dem Gesichtspunkt der Sozialisation im Fernstudium von den Studierenden anderer Hochschulen abweichenden demographischen Merkmale der Fernstudierenden und ihre Einbindung in z. T. andere soziale Umwelten als Besonderheit zu bewerten. Die mögliche Diskrepanz zwischen den Erfahrungen mit dem Studiensystem und den Erwartungen, die häufig durch die real vorhandene und nicht nur antizipierte Berufswelt auftreten, ist somit krasser als an den Präsenzhochschulen. Damit unterscheiden sich die Fernstudenten auch von anderen Studierenden des zweiten oder dritten Bildungsweges, die oftmals den Eintritt in ein (Präsenz-) Studium zur iterativen Rückversetzung in eine Phase benutzen, die von Krüger und Müller (1978) auch als „Postadoleszenz" bezeichnet wird. Vorteilhafter für die Fernstudierenden ist häufig die bessere Kenntnis der Verwertungsmöglichkeiten studentischen Fachwissens und der konkreten Möglichkeiten in der Arbeitswelt.

Der weitaus größte Teil der Voll- und Teilzeitstudierenden ist berufstätig und hat bereits eine eigene Familie gegründet. Das bedeutet, daß viele das Fernstudium neben dem Beruf und anderen Verpflichtungen durchführen. Hinzu kommt, daß aufgrund des reduzierten Stundenaufwandes für das Studium eine nur schwer zu überblickende Zeitspanne von acht bis zehn Studienjahren „durchzustehen" ist. Mehr noch als bei den im Altersdurchschnitt jüngeren Studierenden an Präsenzhochschulen muß bei der Analyse der Wechselwirkungen von Umwelt und Studierverhalten bei den Studierenden der Fernuniversität davon ausgegangen werden, daß grundlegende Persönlichkeitsmerkmale als Ergebnis der Sozialisation *vor* der Aufnahme des Studiums ausgebildet worden sind. Hinzu kommt, daß neben den möglichen und hier zu untersuchenden Einflüssen durch das Fernstudium die Sozialisation durch die berufliche Umwelt unvermindert weiterläuft. Aufgrund der zeitlichen und inhaltlichen Dominanz des beruflichen und privaten Alltags ist eher eine Wirkungsrichtung von diesen Teilumwelten zum Fernstudium als umgekehrt zu erwarten. Die „Eindimensionalität" des Fernstudiums mit seiner nahezu ausschließlichen Kommunikation über Medien läßt zusätzlich erwarten, daß die sozialisatorische Wirkungsrichtung vom Fernstudium auf die anderen Teilumwelten gering ist. Der Mangel an Kommunikation im Fernstudium läßt vermutlich bei vielen Studierenden Insuffizienzgefühle entstehen, die möglicherweise die klimatischen Bedingungen unserer Gesellschaft widerspiegeln und eine Vielzahl von Studierenden, die mit anderen Erwartungen ihr Fernstudium begonnen haben, in die Vereinsamung als Studierende drängen. Die durch solche Bedingungen geschaffenen Impulse für von seiten der Bildungsplaner ungewollte Identitätsveränderungen scheinen nicht unerheblich zu sein.

Die eingangs kurz dargestellte Zielsetzung der Fernuniversität verdeutlicht, daß die Sicherstellung der Reproduktion des sozialen Systems durch die Vermittlung spezifischer Qualifikationen eine wesentliche Sozialisationsfunktion der Fernuniversität ist. Die in dieser Arbeit beabsichtigte kritische Reflexion der Institution als Sozialisationsinstanz dient der Analyse des „Zielzustandes", in den Fernstudierende hineinwachsen sollen. Gleichzeitig geht es aber auch um die Analyse der individuellen Bedürfnisse der Studierenden. Sozialisation im Fernstudium kann demnach nur stattfinden, wenn eine weitgehende Kompatibilität beider Aspekte gewährleistet ist, d. h. die studentische Identität ist nicht in einen intra-individuellen und einen gesellschaftlichen Aspekt trennbar, sondern sie ist nur durch Wechselwirkung beider Teile denkbar (vgl. Holzkamp, 1973, 1978).

Spezifische Sozialisationsprozesse finden jeweils dort statt, wo Individuen mit sozialen Systemen bzw. mit bestimmten Normen und Erwartungen konfrontiert werden und einem umweltspezifischen Symbolsystem ausgesetzt sind. Die Sozialisationsprozesse laufen dabei im Rahmen von Individuum und Umweltreaktionen ab. Auffällig werden solche Prozesse dann, wenn starke Diskrepanzen zwischen Wertesystem und individuellem Verhalten auftreten. Diese Gefahr ist in einem System der weitgehend entpersönlichten Weiterbildung besonders gegeben, da hier die Konturierung einer spezifischen Umwelt Hochschule nur schwer gelingt. Der dadurch gegebene diffuse Aufforderungscharakter führt zur Beibehaltung und inhaltlichen Füllung neuer Strukturelemente mit vertrauten Inhalten. Ausgehend von der Rollentheorie der Sozialisation verweist Habermas (1968) auf das „Konformitätstheorem"; danach kann soziale Identität aus zwei Gründen auftreten: Zum einen aus opportunistischen Gründen, zum anderen können die Normen und Erwartungen aber auch internalisiert worden sein. Die zweite Variante ist die für ein akademisches Studium relevantere. Dabei bezieht sich die Sozialisation durch ein Fernstudium sowohl auf Orientierungen (Werthaltungen) und (soziale sowie technische) Kompetenz. Wenn der Erwerb von Orientierungen und Kompetenzen als Ziel des Fernstudiums angesehen werden kann, beinhaltet dieses Wertorientierungen, wie sie in den Konzepten des kommunikativen Handelns entwickelt worden sind (vgl. Mead, 1975 oder Blumer, 1973). Als wesentlich sind dabei anzuführen:

- Die Fähigkeit zur Rollendistanz,
- die Fähigkeit zur Empathie, d. h. Sensibilität gegenüber den Erwartungen anderer,
- unterschiedliche Anforderungen ertragen und ausbalancieren zu können, ohne selbst darunter zu leiden und
- die Entwicklung einer stabilen Ich-Identität, die auch neuen Umweltanforderungen in angemessener Weise Rechnung tragen kann.

Sozialisation in der Umwelt Hochschule kann aufgrund möglicher divergie-render Wertsysteme zur partiellen Desozialisation in anderen Umweltbereichen führen. Nach der hypothetisch gesetzten Dominanz einer durch Arbeit - im Sinne bezahlter Tätigkeit - und Leistung geprägten Umwelt ist allerdings eher von einem Mangel an akademischer Sozialisation auszugehen. Bei einem kontinuierlichen Passungsverhältnis zwischen Person und Umwelt dürfte vor allem bei der in dieser Arbeit im Mittelpunkt stehenden Population der über-wiegend berufstätigen Fernstudierenden die Wirkung der Arbeitsumwelt auf die anderen Teilumwelten und die studentische Identität von Bedeutung sein. Wenn die Arbeitsumwelt restriktiv und repetitiv, jedoch aufgrund der struktu-rellen Ähnlichkeit mit früheren Umwelten nicht unbedingt mit durchgängig negativen Emotionen verbunden ist, werden die potentiell vorhandenen Frei-heitsgrade in anderen Teilumwelten (z. B. Fernstudium) vermutlich nicht aus-reichend genutzt. Es ist zu erwarten, daß bewußt oder unbewußt eher solche Situationen aufgesucht werden, die überwiegend ebenfalls nur reaktives Ver-halten zulassen und deren Abfolge immer seltener geändert wird. Im entgegen-gesetzten Fall einer kontinuierlichen Entwicklung bleiben Tendenzen in Rich-tung trans-situativer Flexibilität erhalten, wenn die einander ablösenden Um-welten gleichermaßen einen oder mehrere wenig restriktive Lebensbereiche enthalten, auf deren interne Strukturierung sowie zum Teil auch auf deren Verhältnis zueinander Einfluß genommen werden kann. Die Übergangsstellen zwischen diesen Umwelten werden dann ebenso wie die zwischen Lebensberei-chen und einzelnen Situationen als Möglichkeit der Änderbarkeit und der Er-weiterung eigenen Handelns wahrgenommen und genutzt.

Empirische Untersuchungen zur Umweltwahrnehmung (Lynch, 1965; Gib-son, 1982; Lalli, 1989) weisen auf die Bedeutung subjektiver Präferenzen hin. Deshalb ist davon auszugehen, daß bei der empirischen Analyse von Umwelt-merkmalen die Trennung zwischen annähernd objektiven Wiedergaben und subjektiven Wertschätzungen sowie situativen Verzerrungen nicht eindeutig zu leisten ist. Da es entsprechend der Zielsetzung dieser Arbeit darum geht, den alltäglichen Kontext der Fernstudierenden zu beschreiben, liegt der Schwerpunkt der Betrachtung stärker auf den subjektiv definierten handlungs-relevanten Umweltausschnitten.

Aus Gesprächen mit Fernstudierenden ist zu erkennen, daß die unterschiedli-chen Aufgabenbereiche, die sich beim Fernstudierenden zu einem subjektiven *Bild* der Fernuniversität zusammenschließen, sehr unterschiedliche Vorstellungen vom Fernstudium und dessen Funktionen beinhalten. Da ist zum einen die Hochschulverwaltung, die entsprechend ihrer unterschiedlichen Aufgabenbereiche auf verschieden strukturierten inhaltlichen und formalen Kommunikationsebenen mit den Studenten Kontakt aufnimmt. Zum anderen gibt es den „Lehrkörper", der aus Lehrgebieten und Kursbetreuern sowie Kursautoren, die den Lehrgebieten angehören können - aber nicht müssen - und Korrektoren besteht. Es ist zu vermuten, daß diese Personen und Funktionen dem Fernstudenten in ihrer Differenziertheit nicht deutlich sind, so daß er insgesamt ein sehr fragmentarisches, wenn auch subjektiv vielleicht geschlossenes Bild von der Fernuniversität entwickelt.

Wenn die normative Orientierung der Studierenden ebenso wie die erlernten (lern-)technischen Fertigkeiten und Kenntnisse Merkmale der sozialen Umwelt bilden, ist zu erwarten, daß das Fernstudium mit seiner bereits beschriebenen technischen und bürokratischen Perfektion unter weitgehender Ausschaltung personaler Faktoren eine idealtypische Umwelt mit einer nachhaltiger sozialisierenden Wirkung darstellt. Dabei hat diese Umwelt aufgrund der mangelnden physischen Präsenz für die meisten Studierenden ausschließlich eine symbolische Bedeutung. Bei der Betrachtung der symbolischen Bedeutung ist zu berücksichtigen, daß es dabei nicht nur um Qualitäten im abstrakten Sinne geht, sondern daß sie von den Betroffenen auch als echte Anmutungen erlebt werden. So wird z. B. ein neu immatrikulierter Student, der zum ersten Mal die Alma Mater einer alt-ehrwürdigen Universität betritt, vielleicht das Gefühl von Ehrfurcht und Minderwertigkeit verspüren. Dieses Gebäude, oftmals mit einem entsprechenden Sinnspruch über dem Haupteingang, ist möglicherweise auch so konzipiert worden. Wahrscheinlich lassen sich diese Erlebnisqualitäten von Handlungsbedeutungen herleiten. Das erhabene Gebäude zieht ihn an, weil er sich einen „Zugang" zur Wissenschaft erhofft. Gleichzeitig antizipiert er aber die Schwierigkeiten und Probleme eines Studiums. Die Sozialisationswirkung der Hochschule als Ort mit symbolischer Bedeutung für die Studierenden kann unter Heranziehung des von Treinen (1965) definierten Begriffes der symbolischen Ortsbezogenheit betrachtet werden. In welchem Ausmaß die Wahl eines bestimmten Ortes (z. B. Hochschule) als Bezugsobjekt, d. h. als ein Objekt mit einem hohen Maß an Identifikation, zu einer spezifischen Sozialisation führt, wird heute mehr denn je betont, aber primär als Merkmal des Subjekts (vgl. Proshansky, 1978). Trotz einer vorgeblich wertfreien Orientierung an quasi objektiven Leistungsnachweisen in Hochschulabschlußzertifikaten bedient man sich auch heute noch häufig bei der Rekrutierung akademischen Nachwuchses entsprechend der „Herkunft". Man nimmt eben den Studenten der Universität X und nicht den an der weniger bekannten Universität Y ausgebildeten. Diese Sozialisationsfunktion der Hochschule und die Herausbildung einer Ortsidentität führt somit einerseits zur Übernahme ideologisch kultureller Traditionen und andererseits auch zu spezifischem Territorialverhalten durch die Studierenden.

Aufgrund ihrer jungen Geschichte und des in ihrem System festgeschriebenen Experimentcharakters konnte die Fernuniversität noch keine ausgeprägte ideologisch-kulturelle Tradition entwickeln. Hinzu kommt, daß aufgrund der für die meisten Studierenden großen räumlichen Distanz ein spezifisches Territorialverhalten nur bedingt entwickelt werden kann. So hat jeder, der über eigene Lehrerfahrung verfügt, die Erfahrung machen können, daß z. B. Sprechweise und körperliches Verhalten der Studierenden von den jeweils wechselnden sozialen und physischen Umwelten beeinflußt werden. Ist der Dozent im Raum, handeln viele Studierende anders, als wenn sie außerhalb einer Veranstaltung mit ihren Kommilitonen sprechen. Daß Fernstudierende auf Präsenzveranstaltungen ein Territorialverhalten zeigen, welches sie in anderen räumlichen und sozialen Umwelten (Beruf und Familie) erworben haben, erschwert z. T. den Umgang miteinander. Oftmals hat es aber auch den Vorzug, daß durch die ansatzweise Auflösung der starren Grenzen zwischen der Umwelt Hochschule und der Umwelt Beruf oder Familie herkömmliche universitäre Strukturen aufgebrochen werden.

3.1.1 Die Bedeutung von Nähe und Distanz

Wichtig für die Analyse der symbolhaften Bedeutung der Fernuniversität ist das Element der räumlichen Distanz. Dabei werden Distanzen selbst direkt als Bedeutungen wahrgenommen, die den funktionalen Aspekten nicht immer entsprechen. So kann eine große Distanz - je nach Handlungskontext - Ehrfurcht oder Ablehnung bedeuten. Räumliche Annäherung kann dann als soziale Gleichstellung oder psychische Intimität verstanden werden. Die physische und psychische Distanz zur Fernuniversität kann auch eine Ursache für Verunsicherung und Isolation im Rahmen des Fernstudiums sein. Das Fernstudiensystem kann somit der Verfestigung entfremdeten Lernens Vorschub leisten und die Entwicklung von Fähigkeiten, wie z. B. immanente Kritik- und Innovationsfähigkeit, sowie den Erwerb persönlicher Erfahrung behindern. Müller (1974) und Huber (1975) verweisen darauf, daß es einen Zusammenhang geben kann zwischen einer solchen Form des Lernens und der inhaltlichen Veränderungen der Berufsanforderungen der Akademiker hin zu mehr „Sachbearbeiter-Funktionen". Umgekehrt ist für das Studierverhalten zu erwarten, daß entsprechend strukturierte berufliche Situationen den Umgang mit dem Studienmaterial erleichtern. Bartels (1982, S. 18 ff.) konnte nachweisen, daß Gefühle der Isolation im Fernstudium bei vielen Studenten als auslösendes Moment wirkten, um durch eigene Aktivitäten die Studiensituation zu verbessern. Zur Relativierung ist außerdem darauf hinzuweisen, daß es viele Erfahrungen von Lehrenden und Studierenden an Präsenzuniversitäten gibt, die vermuten lassen, daß aufgrund der Überfüllung vieler Studiengänge dort ähnliche Erscheinungen auftreten (vgl. Krüger, Maciejewski und Steinmann, 1982).

3.1.2 Zusammenfassung und Fragestellung

Die wesentlichen Aspekte der Ausführungen zur Sozialisation im Fernstudium können wie folgt zusammengefaßt werden:

- Die menschliche Umwelt stellt nicht nur physische Lebensbedingungen dar. Als Rahmen sozialer Beziehungen spiegelt sie symbolhaft gesellschaftliche Strukturen wider. Symbolische Ortsbezogenheit bedeutet im Kontext der hier behandelten Fragestellung, daß die Fernuniversität zum Träger persönlicher Bedeutung wird. D. h. die Bedeutung der Fernuniversität als Sozialisationsinstanz für die Identität der Studierenden muß unter Berücksichtigung der realen Bedingungen analysiert werden.

- Die Kontinuität des räumlichen Ambiente bewirkt die notwendige Vertrautheit mit einem Ort. Diese Alltagsumwelt bildet die Basis stabilen Verhaltens und verleiht damit die notwendige Sicherheit zum Eintreten in schwierige Handlungen (z. B. Studium).

Im Rahmen der empirischen Untersuchungen der zur Fernuniversität als Sozialisationsinstanz gemachten Ausführungen sollen insbesondere die folgenden Fragen überprüft werden:

In welchem Umfang bewirkt die für die meisten Studierenden geltende große räumliche Distanz zur Fernuniversität auch eine psychische Di-

stanz? Sind die allgemeinen Geschehensprozesse in der Hochschule für die Studierenden von nachgeordneter Relevanz?

Reduziert sich die subjektive Wahrnehmung der Fernuniversität aufgrund der physischen und psychischen Distanz auf einige wesentliche Kontaktelemente?

Verhindert die große räumliche Distanz die Ausbildung spezifisch studentischer Verhaltensweisen?

3.2 Relevante Aspekte der Studiensituation

3.2.1 Allgemeine Lernbedingungen

Das Fernstudium stellt aufgrund seiner zeitlichen Parallelität zu bedeutsamen Handlungsprozessen in anderen Lebensbereichen vermutlich eine Belastung dar, auch wenn es sich bei der Aufnahme des Studiums um eine freiwillige Entscheidung handelt. Das Studium fordert vom Einzelnen, lernend neue Umwelteinflüsse zu adaptieren. Der Lernprozeß selbst kann sich jedoch aus zwei Gründen als schwierig gestalten. Zum einen sind Fernstudenten in der Regel im fortgeschrittenen Alter. Sie haben deshalb möglicherweise Lernprobleme, die von der Diskussion über die Erwachsenensozialisation her zwar bekannt, aber an den Präsenzuniversitäten weitgehend ohne Bedeutung sind. Zum anderen befinden sich viele Fernstudenten in einem restriktiven Lernmilieu, daß den Lernprozeß auf kognitive Elemente beschränkt, während das Element der sozialen Einübung größtenteils entfällt. Eine Ausnahme bilden lediglich Präsenzveranstaltungen oder Arbeitsgruppen.

Das zentrale Bestimmungsmerkmal einer Studiensituation ist der andauernde Prozeß des Lernens. Hiermit sind nicht nur Leistungen im Bereich der kognitiven Intelligenz gemeint, sondern auch Aspekte des sozialen Lernens. Soziales Lernen wird u. a. dadurch bewirkt, daß ein Individuum im Verlauf seines Lebens immer wieder vor neue Situationen gestellt wird. Deutlich wird dieses im Berufsleben, wo viele Beschäftigte heute in immer kürzeren Abständen an neue technische Entwicklungen herangeführt werden. Solche, im Berufsleben erworbenen Lernerfahrungen, beeinflussen möglicherweise auch das Lernverhalten der Fernstudierenden. Das Fernstudiensystem mit seiner quantitativen und rhythmischen Starrheit beeinträchtigt dabei die notwendige und mögliche interindividuelle Variabilität der Lernstrategien. Rigidität und Flexibilität beim Umgang mit Lernsituationen stehen bekanntlich in einem engen Zusammenhang mit der Identität des Studierenden. Bei einem rigiden Vorgehen und möglichen Scheitern findet kein potentieller Lernprozeß statt. Eine flexible Haltung bedeutet, an die Studienprobleme heranzugehen, zu probieren und alternative Strategien durchzutesten. Als Wirkungsfaktoren sind neben den beruflichen Erfahrungen auch die persönliche Biographie, die Vorerfahrung mit ähnlichen Problemen sowie der Abstraktionsgrad des Problems selbst anzusehen.

Die Entscheidung, welchen Lernbereich Erwachsene letztlich wählen, wird häufig davon beeinflußt, in welcher Form dieser mit den vorhandenen Umweltbereichen in Verbindung zu bringen ist. Die oft geäußerte Forderung nach Alltags- oder Praxisrelevanz der Lerninhalte begründet sich z. T. durch die vielen Verantwortungen eines Erwachsenen, die z. B. aufgrund eines Mangels an verfügbarer Zeit der Betroffenen eine Beschränkung bei der Wahl der Alternativen auferlegen. Untersuchungen zum Studierverhalten von Studenten des zweiten Bildungsweges zeigen z. B., daß diese auf ein Lehrangebot häufig kritischer reagieren als ihre Kommilitonen, insbesondere dann, wenn ein theoretisches Prinzip ihren bisherigen Lebenserfahrungen widerspricht (Rimbach, 1977). Im Umgang mit der zur Verfügung stehenden Zeit scheinen viele Studenten mit eigener beruflicher Erfahrung ebenfalls ökonomischer zu handeln (Bartels, Helms und Rossie, 1984). Dieses Verhalten wird vermutlich noch dadurch verstärkt, daß die persönliche Entscheidung für ein Fernstudium häufig eine sehr viel bewußtere ist als z. B. die, nach dem Abitur direkt ein Studium aufzunehmen (Göttert, 1983; Miller, 1980).

Der große zeitliche Anteil des Berufes am Alltagsleben des Fernstudenten sowie die häufig vorzufindende hohe Priorität der beruflichen Karriere lassen einen prägenden Einfluß auf die Verhaltensstrukturen und Handlungsmuster aller anderen Umweltbereiche vermuten. Die Wirkung auf das Studierverhalten kann dabei durch mögliche Unsicherheiten in bezug auf das Studiensystem und die Lerninhalte noch verstärkt werden. Während das Fernstudiensystem vermutlich von berufspraktischen Weiterbildungsformen nicht mehr weit entfernt ist, stehen aber die meist an grundständigen Studiengängen orientierten Inhalte häufig im krassen Gegensatz zu den Erfahrungen und der Alltagspraxis der Studierenden. Die relativ geringe Anleitung bei der Übernahme von Wertsystemen und Verhaltensstrukturen im Fernstudium verhindert deshalb eine ähnlich ausgeprägte Sozialisationswirkung, wie sie z. B. im Schulbereich möglich ist.

Viele empirische Befunde und theoretische Überlegungen zur Situation der Erwachsenen lassen die Schlußfolgerung zu, daß es zur Sicherstellung eines umfangreichen Lernerfolges notwendig ist, die objektiven Anforderungen des Studienmaterials den subjektiven Erwartungen und Bedürfnissen der Lernenden anzupassen (vgl. Edelmann, Hage, Sieland und Warns, 1982). Dabei spielen die wichtigsten Antriebsmomente der jeweiligen Lebenssituation sowie des Planungshorizontes eine bedeutsame Rolle. Ergänzt werden können die abstrakten Erörterungen mit Anregungen zur Reflexion von Alltagsbezügen. Insbesondere in der Diskussion mit Kommilitonen, Mentoren oder Lehrenden bietet sich die Möglichkeit, an den privaten und/oder beruflichen Interessen der Teilnehmer anzuknüpfen. Gerade beim Lernen im Erwachsenenalter ist davon auszugehen, daß die erzielte Lernbereitschaft umso höher ist, je größer die Anzahl der Interessen ist, die mit dem Lehrmaterial in Verbindung gebracht werden können. Wenn im Fernstudium eine sinnvolle und den Bedingungen des Erwachsenenalters angemessene Form des Lernens verwirklicht werden soll, müssen die unterschiedlichen Aspekte des Lernprozesses selbst berücksichtigt werden. Neben dem Erwerb von Fertigkeiten und der Aneignung von Gewohnheiten, Einstellungen und Reaktionsweisen auf sozial definierte Situationen sind dieses die Veränderung kognitiver Funktionen sowie die Aneignung von Informationen. Die Differenzierung verdeutlicht, daß in dem bestehenden Fernstudiensystem im hohen Maße die Veränderung kognitiver Funktionen und die Aneignung von Informationen gefördert werden, aber der Erwerb von Fertigkeiten sowie die Aneignung von Einstellungen etc. nahezu unberücksichtigt bleiben. Da aber das Lernen im Fernstudium alltags- und berufsrelevant sein soll, gilt es nach Formen zu suchen, die allen Aspekten gerecht werden. Dohmen (1983) schreibt dazu:

Die Erwachsenenbildung darf nicht - wie die mehr auf das systematisch vorbereitende Lernen ausgerichtete Schule - ihre Adressaten zwangsmäßig mit Antworten auf Fragen füttern, die von diesen Adressaten oft gar nicht gestellt wurden und für die sie sich oft gar nicht interessieren lassen. Das heißt: Weniger „entfremdetes Lernen". Es muß ein Grundprinzip der Erwachsenenbildung sein, daß sie an die akuten Lernbedürfnisse und an die „natürlichen" Lernprozesse der Erwachsenen anknüpft und ihnen durch fruchtbare und überzeugende Angebote weiterhilft und zum Erfolg verhilft. (S. 12)

Das Konzept des „lebenslangen Lernens" modifiziert in der Bildungsdiskussion die klassische Aufteilung zwischen Kind, Jugendlichem und Erwachsenem, wie sie nicht nur in entwicklungspsychologischen Konzepten, sondern auch in der gesellschaftlichen Realität vorzufinden ist. Während die Aufteilung in die o. g. Lebensabschnitte impliziert, daß Sozialisation im wesentlichen auf die Teilnahme an den gesellschaftlichen Handlungszusammenhängen im Erwachsenenalter vorbereitet, erfordert die rasche technologische Weiterentwicklung in allen Lebensbereichen aber eine fortlaufende Weiterentwicklung. Die Frage, was Erwachsene im Fernstudium wirklich lernen, ist nur schwer zu beantworten. Dieses Problem ist schon für den Schulbereich insoweit auf eine komplexere Antwortebene überführt worden, als „heimliche Lehrpläne" (Zinnecker, 1975) auf eine Vielzahl von „inoffiziellen" Lernprozessen hinweisen, die bis dahin wenig Beachtung gefunden haben. Für den Hochschulbereich wird u. a. von Snyder (1971) oder Portele (1974) darauf hingewiesen, daß als Effekte des „hidden curriculum" eher Stofforientierung als Problemorientierung sowie Konformität und Zeitökonomie zum Tragen kommen. Die Vertreter des Fernstudiums verweisen allerdings auf ein Positivum des Lernens mit fast ausschließlich geschriebenem Material, sie betonen den Aspekt der erwachsenengerechten Autonomie bei der Gestaltung des Studiums (vgl. Moore, 1983 oder Holmberg, 1984[11]). Weniger Beachtung fand im Rahmen dieser Diskussion allerdings die von Rumpf (1979) herausgearbeitete subjektive Bedeutung von Lehrinhalten. Dieser kommt im Fernstudium eine große Bedeutung zu, da es durch den Mangel an Diskussion mit Lehrenden und Kommilitonen wenig Möglichkeiten zur Überprüfung und gegebenenfalls Korrektur dieser „inoffiziellen Weltsicht" gibt. Unter Bezugnahme auf die Arbeit von Zinneker schreibt Rumpf:

> Dieses Verständnis von >heimlichem Lehrplan< hat sich ganz auf die Beziehungsebene konzentriert, es hat die Inhalte sozusagen rechts liegen gelassen, sie als fast gleichgültiges Material aufgefaßt, in dem die genannten Beziehungen einstudiert werden. Sie hat also eigentlich den Beziehungslehrplan, den Lehrplan des sozialen Lernens anvisiert, nicht aber die inoffizielle, die unausgeleuchtete Seite der Lehrinhalte, also das, was

---

11 Berücksichtigt wird dabei allerdings weniger die starke Einschränkung der wünschenswerten Autonomie durch die organisatorischen Zwänge im Fernstudium.

Menschen, umgangssprachlich gesagt, zu einer offiziellen Version einer Gegebenheit wie der Sonne, wie dem ersten Weltkrieg, wie dem Licht sonst noch, d. h. außerhalb der historischen oder physikalischen Versionen, einfällt, was sie möglicherweise hineinphantasieren, was ihnen Erinnerungen an frühe Erfahrungen, Ängste, Faszinationen weckt. (Rumpf, 1979, S. 210)

Die von Rumpf angesprochene Thematik ist in dieser Arbeit besonders bei der Bewertung des Theorie-Praxis-Bezuges zu beachten, da die subjektive Bewertung durch die Studierenden im Einzelfall nur unter Berücksichtigung der Lebenssituation des Erwachsenen gewertet werden kann. Aus Erfahrungen mit der universitären Lehre ist bekannt, daß auch bei der Diskussion wissenschaftlicher Texte Aspekte „inoffizieller Weltversionen" zu unterschiedlichen Interpretationen führen.

Neben den biologischen Bedingungen des Erwachsenenalters werden bei der Aufnahme des Fernstudiums die bisherigen Lernerfahrungen die Studiensituation mitbeeinflussen. Das umfaßt nicht nur die subjektive Bewertung der eigenen Lernleistungen, sondern auch die Bewertung des Lernens durch die soziale Umwelt. Der Leistungsmotivation, der Lernbereitschaft und dem Lerninteresse kommt insofern eine große Bedeutung zu, als die Aufnahme des Fernstudiums freiwillig ist und seine Realisierung parallel zu anderen Verpflichtungen geleistet werden muß. Trotzdem ist nicht zu übersehen, daß wahrscheinlich nicht nur die freiwillige subjektive Entscheidung des Einzelnen zum Fernstudium führt, sondern das „lebenslange Lernen" auch durch die negativen Entwicklungen am Arbeitsmarkt und den dadurch entstehenden latenten normativen Zwang in bestimmter Weise veranlaßt und gefördert wird (vgl. Pfundtner 1985, S. 19).

Die Berücksichtigung des gesellschaftlichen Kontextes läßt daran zweifeln, ob bei der in dieser Arbeit gewählten sozialpsychologischen Fragestellung das Konzept der Leistungsmotivation eine ausreichende Erklärung für die zu untersuchenden Zusammenhänge liefern kann. Vielmehr scheinen Hinweise auf die wechselseitigen Beeinflussungen von Person und Situation wichtig zu sein. Welche Persönlichkeits- oder Identitätsaspekte dabei stärker zur Konstanz und welche stärker zu situativer Variation neigen, ist eine Frage, die noch einer eingehenden Klärung bedarf. Neben den durch Leistungsmotivation initiierten Handlungen sind die situativen Bedingungen mit ihren Freiheitsgraden oder ihrer Restriktivität mitentscheidend. Hinzu kommt, daß auch

60

Handlungsbereiche, denen man sich freiwillig zuwendet, oftmals einen unvorhersehbaren Anteil an situativen Zwängen enthalten, die zu starken Belastungen führen können. Die Alltagserfahrung zeigt, daß es keineswegs so ist, daß ein Individuum versucht, den „Muß-Bereichen" auszuweichen, vielmehr ist zu beobachten, daß die erfolgreiche Auseinandersetzung mit situativen Zwängen wichtige Verstärkerfunktionen hat. Wenn die Zwangsaspekte in der Situation allerdings zu intensiv werden, kann das sog. „Rückstoßphänomen" (Boesch, 1976) auftreten. In der Situation des Fernstudiums gibt es vermutlich viele Bereiche, die von den Fernstudenten als Ich-fremd und damit unzumutbar empfunden werden. Die Reaktion auf solche Ich-Fremdheit kann, sofern entfremdetes Lernen nicht bereits internalisiert wurde, verschieden ausfallen. Zum einen als eine offene „Rebellion". Einem solchen Verhalten stehen allerdings subjektiv erlebte und objektiv vorgegebene Normen und Zwänge der Erwachsenenwelt sowie die räumliche Entfernung zur Fernuniversität entgegen. Zum anderen kann sich das „Rückstoßphänomen" in Formen des Leidens und Selbstmitleidens ausdrücken, die empirisch nur schwer faßbar sind. Eine letzte Möglichkeit bietet sich in dem Abbruch des Studiums, wenn keine anderen Formen der Kompensation realisierbar sind.

Die Relevanz dieser theoriegeleiteten Überlegungen zeigt sich in den Daten der Untersuchungen zum Studienabbruch, die an der Fernuniversität durchgeführt wurden (Bartels und Hofmann, 1980). Peters (1989) stellt eine Veränderung des Abbruchverhaltens in den zurückliegenden Jahren fest. Er führt dazu aus:

> Fernstudenten geben .... neuartige fernstudientypische Gründe für ihren Abbruch an, die Schlaglichter auf ihre völlig andere Lebenssituation werfen (Bartels u. a., 1988, S. 45): Im Vordergrund stehen die „berufliche Belastung", der „zu hohe Zeitaufwand" und die „zu starken Einschränkungen im Privatleben". Hier werden Beeinträchtigungen und Belastungen spürbar, wie es sie an Präsenzuniversitäten nicht gibt. Kumulieren sie gar, so wird die Höhe des Studienabbruchs verständlich. Sie beziehen sich existentiell auf die Lebensführung, wirken ein in ihre Lebenswelt und verändern sie gründlich. Man ist geneigt, das „Opfer" an normalen Lebensbezügen über etwa acht oder zehn Jahre hinweg für zu groß zu halten. Nur in Ausnahmefällen werden Fernstudenten das Zielbewußtsein, die Beharrlichkeit und die emotionale Stabilität haben, um ein solches Studium erfolgreich zu absolvieren. (S. 8)

Bezogen auf die Situation im Fernstudium beinhaltet das Konzept der Leistungsmotivation auch die Problematik der möglichen Vernachlässigung real gegebener Aspekte von sytemimmanenter Ungleichheit. Der Hinweis darauf stellt weniger die Kritik an der bestehenden gesellschaftlichen Ungleichheit in den Vordergrund, sondern versucht nur dem in dieser Arbeit formulierten Anspruch nach einer Berücksichtigung komplexerer Zusammenhänge gerecht zu werden. Das heißt hier, daß die Bedingungen der gesellschaftlichen Umwelt diejenigen der individuellen Umwelt mitbestimmen. Der Erwachsene im Fernstudium kann z. B. bei der Verinnerlichung der Leistungsideologie in die Situation kommen, daß das Fernstudium ihm als scheinbar positive Möglichkeit offeriert wird, bisher nicht eingelöste gesellschaftliche Versprechungen doch noch zu erreichen. Dieser zusätzliche Vertröstungseffekt (Offe, 1975) kann bei einer subjektiven Bilanzierung nach erfolgreich abgeschlossenem Studium dann zu psycho-sozialen Problemen führen, wenn die entstandenen Erwartungen wiederum nicht realisiert werden können. Die negativen Reaktionen verschärfen sich umso mehr, als der Kern dieses Leistungsgedankens die Selbstverantwortung des Indivdiuums für Erfolg oder Mißerfolg ist.

Die Belastungen des Alltags sowie die Bedingungen des Fernstudiensystems lassen vermuten, daß die Adaptation des Fernstudiums eher „konservativ" verläuft. D. h. die Verarbeitung des Neuen geschieht mit Hilfe erfolgreich erlernter Verhaltensmuster oder Handlungsstrategien, die in bekannten Situationen und in vertrauten Umwelten erfolgreich angewendet worden sind. Ein solches Studierverhalten beeinträchtigt nicht die Identität - in diesem Sinne ist eine nostalgische Reaktion funktional - hat aber möglicherweise Einflüsse auf den Studienerfolg. Im Rahmen der Untersuchung wird deshalb auch darauf geachtet, mit welcher Motivation das Studium aufgenommen worden ist und - was nicht unbedingt identisch sein muß - betrieben wird. Insgesamt modifiziert sich aber die Frage nach dem Selbstverständnis des Fernstudierenden. Einerseits sind Voraussetzungen, Status, Anforderungen und Abschluß formal mit denen bei Präsenzstudenten gleichzusetzen, andererseits befinden sich die Fernstudenten aber in z. T. deutlich abweichenden Lebenssituationen. Sie haben sich nach der Erlangung der Hochschulreife ganz auf das berufliche Milieu konzentriert. Mit Eintritt in das Fernstudium werden die im Beruf erfolgreich angewandten Problemlösungsstrategien und allgemeinen Handlungsschemata als Studienstrategien adaptiert. Dabei ist zu berücksichtigen, daß Erwachsene, deren Schulzeit länger zurückliegt und die in einer „klassischen" Form Schulunterricht erlebt haben, ihre weitere Lernsozialisation ausschließlich im beruflichen Umfeld erfahren haben. Die im bisherigen Leben erworbenen Denkstrukturen und -methoden sowie Gewohnheiten und Einstellungen werden eher zu Lösungen neuer Lernaufgaben herangezogen als noch unvertraute, kognitive Hilfsmittel. Je nachdem, ob diese erlernten und damit gewohnten und Sicherheit vermittelnden Verhaltensweisen der neuen Lebenssituation angemessen oder unangemessen sind, ergibt sich ein positiver bzw. negativer Transfer-Effekt (Bruner, 1966). Die Nutzung dieses Transfer-Effektes zur Steigerung des Lernerfolges im Erwachsenenalter fordert eine spezifische Gestaltung des Lernprozesses selbst. Diesem wird bisher in der curricularen Ausgestaltung des Fernstudienmaterials nur sehr bedingt Rechnung getragen.

Ein zusätzliches Problem beim Lernen im Erwachsenenalter stellt sich bei der Interferenzwirkung. Auch hier ist zu vermuten, daß die Stärke der negativen Interferenz umso größer ist, je stärker das Lehrmaterial sich vom vertrauten Wissen unterscheidet oder ihm sogar widerspricht. Diese Diskrepanz zwischen Alltagswissen und Lehrmaterial erfordert vom Studierenden eine umfangreiche kognitive Reorganisation, die insbesondere von älteren Menschen schwieriger zu leisten ist.

Die Lücke zwischen Theorie und Praxis findet oftmals eine Entsprechung auch in den unterschiedlichen Umweltstrukturen. In Gesprächen weisen Studierende häufig auf die durch das Fernstudium bewirkten Folgen in ihrer sozialen Umwelt hin. Insbesondere im Beruf entsteht oftmals „Unruhe" unter den Kollegen und bei den Vorgesetzten. Die Antizipation eines möglichen Studienerfolges kann zu informellen Veränderungen „historisch gewachsener" Positionen in der Arbeitshierarchie führen. Zumindest kann ein solcher Schritt von den Kollegen als der Versuch gewertet werden, aus einem festgefügten Interaktionsnetz auszubrechen. Vergleichbares ist insbesondere bei Frauen auch im Kontext familiärer Rollenverteilungen vorstellbar. Viele Fernstudenten verspüren vermutlich Zweifel in bezug auf die Erfolgswahrscheinlichkeit und sind von daher bemüht, die Veränderungen gegenüber dem beruflichen Umfeld verborgen zu halten oder aber herunterzuspielen. Die lange Studiendauer von mindestens acht Jahren neben dem Beruf macht einen Studienerfolg nur schwer kalkulierbar und läßt es deshalb angeraten erscheinen, die eigene Identifikation mit dem Studium niedrig zu halten.

3.2.2 Prüfungsbedingungen

Bei Berücksichtigung des Durchschnittsalters der Studierenden stellt das bestehende Prüfungssystem ein weiteres Problem dar. Die Mehrzahl der Studierenden erfüllt in anderen Umwelten, wie z. B. der Familie oder dem Beruf verantwortungsvolle Aufgaben und hat eine angesehene Position. Im Prüfungssystem der Fernuniversität sind durch die organisierte Überprüfung des Lernertrages mit einem eindeutigen Lehrer-Schüler-Gefälle die Strukturen auf eine Infantilisierung der Erwachsenen angelegt. Diese partielle „Entmündigung" kann mit ein Grund für eine erschwerte Integration des Fernstudiums in das übrige Alltagshandeln sein. Auch in empirischen Untersuchungen an Präsenzhochschulen konnte festgestellt werden, daß Angst vor Prüfungen und Prüfern für einen nicht geringen Teil der Studenten zu erheblichen psychischen Belastungen führt (Scheer und Zenz, 1973; Apenburg, Großkopf und Schlattmann, 1977; Krüger et al., 1982). Berücksichtig man, daß dagegen die Mehrzahl der Präsenzstudenten durch die nur kurze Zeit zurückliegende gymnasiale Sozialisation Erfahrungen mit Prüfungen gewonnen hat, wird die besondere Situation derjenigen deutlich, die bereits seit mehreren Jahren im Beruf und/oder Haushalt tätig sind. Eine hilfreiche Einrichtung zum erfolgreichen Umgang mit Rückmeldeverfahren und Prüfungen im Fernstudium bietet oftmals die Mitarbeit in studentischen Arbeitsgruppen. Durch die gegenseitige permanente Überprüfung des Wissensstandes, wie er in den Diskussionen und gemeinsamen Arbeiten zu den Lehrmaterialien geleistet werden kann, wird der mit einer einmaligen Prüfung verbundene Streß gemindert. Es ist zu erwarten, daß der Lernerfolg steigt und die für eine Lernaufgabe benötigte Zeit sich verringert. Ergänzt werden kann diese Form studentischer Vorbereitung durch eine kumulative Prüfungsform, die auch bei anderen Untersuchungen der komprimierten Anhäufung und Abfragung von Stoff vorgezogen wird.

Da viele Fernstudierende im Umgang mit ausschließlich geschriebenem Lehrmaterial wenig oder nicht geübt sind, werden sie vermutlich mit Lehrtexten versorgt, von denen sie nur einen Teil verstehen und einen noch geringeren Teil behalten können. Die Selbstkontrolle zum Verständnis des Materials erfolgt bei den allein Studierenden häufig erst während der Klausuren oder der Lösung der Einsendeaufgaben. Leistungsüberprüfungen finden in der Regel aber erst mit einer zeitlichen Distanz zur Bearbeitung statt. Diese Situation kann dazu führen, daß sie das eigene Unverständnis und das daraus resultierende Unbehagen gegenüber dem Lehrmaterial ihrem eigenen Versagen anlasten, anstatt die strukturellen und didaktischen Bedingungen des Fernstudiums zu reflektieren. Damit wird ein auch an den Präsenzhochschulen übliches Rollenverhalten eingeübt, welches mangelnde Lernerfolge ausschließlich als Schuld der Studierenden ansieht und nicht auch als ein mögliches Versagen der Lehrenden.

Es ist nicht zu leugnen, daß es eine große Zahl von potentiellen Fernstudenten gibt, die durch die Ausstellung von Zertifikaten und die damit assoziierte Aussicht auf berufliche Vorteile überhaupt erst für das Fernstudium interessiert werden konnte. Das Angebot an Rückmeldungen und Prüfungen sollte deshalb so strukturiert sein, daß beide Interessengruppen angesprochen werden. Für diejenigen, die das Fernstudium lediglich als „Mittel zum Zweck" einer beruflichen Weiterprofilierung sehen, ist allerdings bedenkenswert, daß das Fernstudiensystem in der gegenwärtigen berufs- und bildungspolitischen Landschaft möglicherweise lediglich eine Scheinlegitimation darstellt. Die Hoffnung, doch noch eine bessere berufliche Chance zu erhalten, basiert auf der vorgetäuschten konstitutiven Gleichheitsnorm auf der einen und der faktischen Ungleichheit auf der anderen Seite. Der Erfolg muß von daher nicht zwangsläufig zu der angestrebten persönlichen Befriedigung führen. Bei den Studierenden, die mit einer überhöhten Erwartung in bezug auf eine berufliche Verwertbarkeit des Fernstudiums zu studieren beginnen, ist eine zunehmende Frustration über den Studienverlauf nicht auszuschließen. Gerade die derzeitige Arbeitsmarktsituation mit hohen Arbeitslosenzahlen - auch in den akademischen Berufen - demonstriert in anschaulicher Weise die immer wieder zu beobachtenden Widersprüche zwischen den indivdiuellen Bildungsentscheidungen und dem gesellschaftlichen Bedarf an Arbeitskräften.

3.2.3 Fragestellungen

Die Überlegungen zu den Studienbedingungen münden in die folgenden Fragestellungen ein:

In welchem Umfang stehen die unterschiedlichen Motive zur Aufnahme des Studiums in Zusammenhang mit den subjektiven Bedeutungszuschreibungen und der Relevanz des Studiums?

*In welcher Art wirken die unterschiedlichen subjektiven Bedeutungs-
gehalte des Studiums auf eine akademische Sozialisation im Fernstudium?*

*Lassen sich unterschiedliche Sozialisationswirkungen feststellen bei
Studierenden, die häufiger Kontakt zu anderen Kommilitonen haben
und bei solchen, die weitgehend allein studieren?*

*Wird die Intensität der Kontakte mit Kommilitonen und Lehrenden
eher durch studienimmanente Faktoren bestimmt oder eher durch die
Bedingungen der übrigen Lebensumwelten?*

*Sind aufgrund der Wechselwirkungen zwischen Studentenerwartungen
und der Struktur bzw. den Inhalten fachspezifischer Lehrangebote
fachbereichsspezifische Subumwelten zu ermitteln?*

*Wird die subjektive Befindlichkeit im Studium eher durch studienim-
manente oder eher durch „externe" Bedingungen beeinflußt?*

*Werden die „Studienstrategien" eher durch schulische Vorerfahrungen
oder eher durch erfolgreich erprobte Bewältigungsstrategien aus anderen Umweltbereichen geprägt?*

*Wird die Akzeptanz der Studieninhalte stärker durch die Alltagserfah-
rungen der Studierenden oder durch die Affinität mit dem Fach beeinflußt?*

3.3 Die berufliche Umwelt

Es wurde bereits als ein wesentliches Unterscheidungsmerkmal zwischen den
Studierenden an der Fernuniversität und denen an einer Präsenzhochschule herausgearbeitet, daß der weitaus größte Teil der Fernstudierenden in einem Voll-
zeitberuf arbeitet. Neuere Untersuchungen (z. B. Huber, 1985) weisen nach,
daß zwar auch an den Präsenzhochschulen die Zahl derjenigen Studierenden
steigt, die neben dem Studium arbeiten, in der Mehrzahl der Fälle handelt es
sich dabei allerdings um stundenweise Tätigkeiten zur Finanzierung des Studiums. Die Auseinandersetzung mit der sozialisatorischen Wirkung beruflicher Umwelten in dieser Arbeit wird nicht nur dadurch erforderlich, daß starke

66

Beeinflussungen der Studiensituation durch den Beruf angenommen werden müssen, sondern auch durch den generelleren Aspekt, daß die Mehrzahl der Individuen zwischen 30 und 50 Jahren im aktiven Erwerbsleben steht.

Der beruflichen Sozialisation als „lebenslange Sozialisation" wurde bisher relativ wenig Bedeutung beigemessen. Der Schwerpunkt der theoretischen Überlegungen und empirischen Forschung ist eher die

> Phase, in welcher die Integration der Person in der Berufswelt stattfindet, d. h. in welcher berufsspezifische Fertigkeiten und Kenntnisse angeeignet werden und in welcher allgemeine „Arbeitstugenden" und allgemeine ideologische Überzeugungen im Hinblick auf die grundlegenden betrieblichen Verhältnisse eingeübt bzw. übernommen werden. (Groskurth, 1979, S. 7)

Im weiteren Verlauf der Einführung zu dem von Großkurth herausgegebenen Buch mit dem Titel „Arbeit und Persönlichkeit" problematisiert der Herausgeber diese Aussage allerdings. Wichtig ist dabei die Ausweitung des Begriffes der Sozialisationsergebnisse auf überbetriebliche Handlungsfelder. Das, was durch Arbeit erworben wird, sind demnach

> nicht nur Arbeitsqualifikation, sondern auch darüber hinausgehende Handlungskompetenzen, nicht nur die Interaktion innerhalb der betrieblichen Hierarchie, sondern auch das soziale Handeln außerhalb des Betriebes, nicht nur die Einstellungen gegenüber der Arbeit, sondern auch die Einstellungen gegenüber allen anderen Lebensbereichen usw.. (Groskurth, a.a.O., S. 8)

Erkennbar wird dieser „lange Arm der Arbeit" auch bei der Verwendung des Schichtbegriffes, der die relative Position einer Person innerhalb der Gesellschaft bestimmen soll, aber die Stellung der Person innerhalb der beruflichen Hierarchie, incl. Bezahlung, als wesentliches Bestimmungsmerkmal beinhaltet. Die Verflechtung von Arbeit und Alltag unter der besonderen Berücksichtigung sozialisatorischer Prozesse kann danach wie folgt graphisch umgesetzt werden:

Abbildung 2: Das Verhältnis von Arbeit, Alltag und Sozialisation

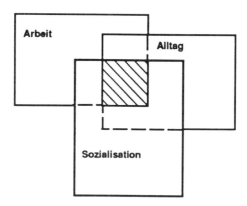

Das Schaubild verdeutlicht die Notwendigigkeit, bei der Analyse des Sozialisationsprozesses nicht ausschließlich die berufliche Umwelt, sondern jeweils
die Lebensgeschichte eines Indivdiuums mit zu berücksichtigen. Dieses führt
zu einer Betrachtungsweise, die sich von umweltdeterministischen Konzepten
abhebt. Wenn Aspekte einer wechselseitigen Beeinflussung von Individuum
und Umwelt zum Tragen kommen sollen, müssen die Entwicklungen der individuellen Lebensgeschichte, die durch eine Vielzahl außerberuflicher sowie
biologischer und physiologischer Faktoren gesteuert wird, ebenfalls als Inter-
dependenzgrößen berücksichtigt werden.

3.3.1 Das Verhältnis von Studium und Arbeit

Kohli (1978) verweist darauf, daß in der Mehrzahl der Fälle die frühen Er-
wachsenenjahre als Zeit des beruflichen Aufstiegs gesehen werden können und
damit als eine Phase der erfolgreichen Lebensbewältigung vermutlich identi-
tätsstabilisierend wirken. Die späteren Lebensjahre können dagegen oftmals
als Zeit der potentiellen oder realen Abwertung destabilisierend wirken. Diese
Betrachtung ähnelt sehr stark einem Phasenmodell und scheint die jeweiligen
gesellschaftlichen Arbeitsmarktbedingungen unberücksichtigt zu lassen. So
ist heute vielfach gerade die Zeit des Einstiegs in das Berufsleben mit der Erkenntnis verbunden, daß es nur wenige effektive individuelle Strategien gibt,
den Marktmechanismus erfolgreich zu unterlaufen. Möglicherweise wird auch
hier eine enge Parallelität zwischen den Erfahrungen im Berufsleben und denen im Fernstudium erkennbar. Bei berufstätigen Studierenden, die ihren be-

ruflichen Alltag im wesentlichen als eine Konkurrenzsituation erleben und von einer latenten Unsicherheit ihrer beruflichen Existenz ausgehen, sind nachhaltige Verhaltensbeeinflussungen im Fernstudium zu erwarten. Wie auch aus Gesprächen mit Fernstudierenden erkennbar ist, wird dieses beruflich erlernte Konkurrenzdenken auch auf das Fernstudium übertragen. Das kann dazu führen, daß subjektiv erlebte Ineffizienz gegenüber der Umwelt verborgen gehalten wird. Fernstudierende, die sich so verhalten, tragen dazu bei, die Illusion aufrechtzuerhalten, daß alle anderen Fernstudierenden alles verstanden haben, nur sie selbst nicht. Die so entstehenden Zweifel an der eigenen Leistungsfähigkeit und die Sorge, den Erwartungen der sozialen Umwelt nicht gerecht werden zu können, verbrauchen psychische Energien, die sinnvollerweise den Studienleistungen zugeführt werden sollten. Mit dem Schwund des Selbstvertrauens verliert der Studierende die Freude am Fernstudium und damit eine wirksame Leistungsmotivation.

Diese enge Verzahnung zwischen den Teilumwelten Beruf und Studium zeigt sich insbesondere im Fernstudium. Dabei ergibt sich das Paradox, daß, obwohl im Rahmen dieser Arbeit Studierende untersucht werden, an der ausgewählten Zielgruppe sowohl die Sozialisation *für* den Beruf als auch *durch* den Beruf untersucht werden kann. Für die weitergehende Analyse der Wechselwirkungen geht es dabei weniger um eine umfassende Deskription sozialisationsrelevanter Strukturen der beruflichen Umwelten, sondern lediglich um die Erfassung solcher Bedingungen, die aufgrund ihres Verfestigungsgrades und ihrer Routine die Studiensituation nachhaltig beeinflussen. Dabei ist im Rahmen dieser Untersuchung die Frage, ob die berufliche Arbeit die entscheidende Bestimmungsgröße für die Identitätsentwicklung darstellt, ebensowenig zu klären wie die Bestimmung der Relevanz außerberuflicher Faktoren. Allerdings kann aus den diskutierten Sachverhalten mit einer gewissen Berechtigung der Schluß gezogen werden, daß im Rahmen der fortdauernden Sozialisation im Erwachsenenalter Inhalte und Strukturen der Arbeitswelt einen hohen Stellenwert besitzen.

3.3.2 Die Bedeutung der Qualifikation

Bei einer detaillierten Analyse derjenigen Bedingungsfaktoren der beruflichen Umwelt, die vermutlich direkt das Studierverhalten beeinflussen, interessieren u. a. Aspekte von Autonomie und Lernchancen. Kern und Schumann (1970)

unterscheiden drei allgemeine Dimensionen der Qualifikation für den Arbeitsprozeß. Diese sind:

1. Handwerklich-manuelle;
2. technische Kenntnisse;
3. prozeßunabhängige Fähigkeiten oder Orientierungen.

Insbesondere die unter 3. genannten Qualifikationen sind im Rahmen dieser
Untersuchung von besonderem Interesse. Hier zeigt sich die inhaltliche Verbindung zu Sozialisationsprozessen, während die Qualifikationen unter 1. und
2. durch Lernprozesse erworben werden, die an bestimmte Arbeitsvorgänge
gebunden sind.

Eine Bildungseinrichtung wie die Fernuniversität kann dabei weniger spezifisch fachliche Kenntnisse vermitteln, sondern die explizit und implizit durch
das Studium zu erwerbenden Qualifikationen verbessern die Umstellungsfä-
higkeit, die einen flexiblen Einsatz in unterschiedlichen Arbeitszusammen-
hängen ermöglicht, ohne gleich zu starken Orientierungs- und Identitätsverlu-
sten zu führen. Es bleibt aber die Frage zu klären, welche subjektiven Bedingungen notwendig sind, damit Berufstätige neue Handlungsspielräume als
Chancen erkennen. Die Antwort darauf ist gleichzeitig auch eine auf die Frage
nach der Studienmotivation. Eine Analyse der Strukturbedingungen am Arbeitsplatz liefert von daher Hinweise auf den Erwerb von Handlungskompetenz für das Studium. Es ist davon auszugehen, daß der Prozeß der beruflichen
Sozialisation in weiten Bereichen dem der hochschulischen ähnlich ist. Bei
beiden steht die Entwicklung bestimmter Fertigkeiten und kognitiver Systeme zur Internalisierung kultur- bzw. gruppenspezifischer Normen und Werte
sowie die Übernahme sozialer Rollen im Mittelpunkt. Berufliche Sozialisation als Prozeß der Aneignung von Qualifikationen und Arbeitsorientierung
ist unter kapitalistischen Produktionsbedingungen eine das gesamte Berufsleben begleitende Forderung „an die Erhaltung der Konkurrenzfähigkeit durch
Anpassung des subjektiven Arbeitsvermögens an die Veränderungen der Arbeits-
inhalte, Arbeitsbedingungen und an die Strukturen des Arbeitsmarktes" (Heinz,
1980, S. 505).

Berufliche Sozialisation auf einer sehr konkreten Ebene läßt mögliche übergreifende Gemeinsamkeiten zwischen unterschiedlichen Tätigkeitsbereichen in
den Hintergrund treten. Hinzu kommt, daß es sich um einen lebenslangen

Prozeß handelt, der neben einer unmittelbaren - auf den konkreten Arbeitsplatz bezogenen - durch eine eher mittelbare, auf den Wechsel beruflicher Positionen und den damit verbundenen beruflichen Neu- und Umorientierungen zu charakterisieren ist. In diesem Zusammenhang ist an Schaubild Nr. 4 zu erinnern, das versucht, der Entwicklungsdynamik der beruflichen Umweltbedingungen Rechnung zu tragen. Zusammenfassend ist demnach festzuhalten, daß alle aufgeführten Faktoren eine identitätsbestimmende Verbindung eingehen.

3.3.3 Fragestellungen

Aus den Ausführungen ergeben sich die nachfolgend aufgeführten Fragen:

In welchem Außmaß unterstützen und stabilisieren die weitgehend dominanten Strukturen und Bedingungen des Berufslebens die daraus resultierenden Erwartungen vieler Fernstudierenden an ihr Fernstudium und verhindern emanzipatorische Veränderungen?

Bewirkt das Fernstudium eine kritische Reflexion der eigenen Erfahrungen mit der beruflichen Umwelt und mit den Bedingungen der alltäglichen Lebensbereiche?

In welcher Wechselwirkung stehen die Bedingungen am Arbeitsplatz mit der subjektiven Befindlichkeit im Studium?

Beeinflussen die Strukturen der Problembewältigung in beruflichen Umwelten die Bewältigungsstrategien im Studium?

3.4 Die familiäre Umwelt

3.4.1 Mikrokosmos oder Spiegel der Gesellschaft

Psychologische Arbeiten zur Familie betonen im wesentlichen den Stellenwert der Familie bei der Persönlichkeitsentwicklung. Dabei geht es in erster Linie um die Bedeutung der primären Sozialpartner Mutter und Vater, wie schon bei Spitz (1945) oder in neuerer Zeit z. B. bei Kagan (1980). Daß in der Mehrzahl der Fälle theoretische und empirische Arbeiten im Bereich der Entwicklungs-, der Differentiellen- oder der Pädagogischen Psychologie vorzufinden sind, hängt vermutlich mit der impliziten Funktion der Familie als

Erziehungs- und/oder Entwicklungsinstanz zusammen. Familie als dynamisches Gebilde oder soziales Netzwerk (Mitchell, 1969) wird dagegen eher im Bereich der Therapie - insbesondere der Familientherapie - gesehen (vgl. z. B. Gurman und Kniskern, 1981 oder Hoffman, 1982). Die Problematik der Definition der Familie aus psychologischer Sicht ist, daß sie vielfach zu sehr auf diese „Sozialisationsfunktion" abhebt, ohne andere bedeutsame Einflüsse auf die kindliche Entwicklung oder Sozialisation mitzuberücksichtigen. Während Autoren wie Hofstätter (1966) bis hin zu König (1976) die Familie unter Bezug auf Cooley (1902) eher sozialpsychologisch als Primärgruppe definierten, deren Mitglieder sich durch das intime Gefühl, die Kooperation und die gegenseitige Hilfe verbunden fühlen, sehen Autoren wie Kellerhals (1979) die Familie in der Auflösung begriffen. Für Kellerhals erweisen sich privater Schutz und individuelle Reproduktion durch die Familie als hinfällig oder sogar als kontraproduktiv.

Bei der Diskussion, in welchem Umfang die Familie ein abgeschirmter Mikrokosmos oder ein Spiegel der Gesellschaft ist, müssen gesellschaftshistorische Entwicklungen mitberücksichtigt werden. Nur dann sind die Wechselwirkungen zwischen außerfamiliären und innerfamiliären Strukturentwicklungen besser zu erkennen. Einen knappen, aber für die psychologische Theoriebildung wichtigen Überblick leistet Weber-Kellermann (1974), wobei sie insbesondere die Rolle der Frau und Mutter akzentuiert. Durch den Zusammenhang zwischen der Veränderung der Familienstruktur und der Industrialisierung hat sich die Familie von einer Produzenteneinheit in eine Konsumenteneinheit gewandelt. Gleichzeitig ist die Entwicklung hin zur Kernfamilie den gesellschaftlichen Veränderungen adäquat. Durch die Dialektik dieser Entwicklung wird nicht nur die Familie durch die Gesellschaft strukturell und inhaltlich verändert, sondern die Familie wirkt in ihrer jeweils veränderten Form zurück auf die Gesellschaft.

Die in dieser Arbeit vertretene Position schließt eine gesellschaftliche Prägung der Familienstruktur sowie der Familieninhalte (Werte, Orientierungen und Einstellungen) nicht aus, geht aber wie schon Newcomb (1943) davon aus, daß die von außen kommenden Einflüsse nicht „ungebrochen" in die Familie hineinwirken und familienspezifisch verändert unmittelbar oder mittelbar über Traditionen wiederum auf die Gesellschaft wirken. Unbestritten ist die Familie - hier verstanden als Kernfamilie von Ehemann, Ehefrau und Kind(er) - eine wichtige Manifestation privater Beziehungen. Sie bietet mehr

Möglichkeiten als die berufliche Umwelt zur Selbstverwirklichung und Regeneration. Einerseits bietet sich unter Bezugnahme auf Lewin (1936) ein persönlichkeits- und sozialpsychologisch orientiertes Erklärungsmodell zur Familie an, andererseits kommt gerade dabei aber die Dynamik der Personenveränderung in der privaten Situation zu kurz. Weiterführend scheinen solche Ansätze zu sein, die z. B. auf den Symbolischen Interaktionismus aufbauen (Berger, Berger und Kellner, 1967) oder der Ansatz von Altman (1975). Während letzterer den Akzent auf die zunehmende Intimität in der Kommunikation legt, umgangssprachlich verstanden als ein immer besser werdendes Kennenlernen der Ehepartner, analysieren Berger und Kellner stärker die identitätsmodifizierende Wirkung der Kommunikation mit dem Partner als „signifikantem Anderen" im Sinne der gemeinsamen Konstruktion von Wirklichkeit.

3.4.2 Innerfamiliäre Sozialisation

Unter der Fragestellung der hier vorgelegten Arbeit kann die innere Dynamik der Familie als Zweierbeziehung oder als Eltern-Kind-Beziehung allerdings nicht weiter behandelt werden. Es stehen eher die strukturellen Ähnlichkeiten in den verschiedenen Teilumwelten im Vordergrund und deren Auswirkungen auf die innerfamiliäre Sozialisation aller Familienmitglieder. Mit Hess und Handel (1980) können die Grundelemente einer innerfamiliären Sozialisation wie folgt zusammenfassend skizziert werden:

- Das Verhältnis von Vereinzelung und Verbundenheit. Vereinzelung ist hierbei positiv zu verstehen als Entwicklung von Ich-Identität oder dem, was Lewin eher als „private" Region einer Person versteht. Verbundenheit meint soziale Fähigkeiten, wobei diese spontan oder ritualisiert auftreten können.

- Selbst- oder Fremdbild der Familienmitglieder. Hierunter wird die Divergenz oder Kongruenz der gegenseitigen Erwartungen verstanden, die im Zusammenhang mit familiärem Handeln von Bedeutung ist. So kann z. B. durch die Situation, daß der berufstätige Mann seine Familie als Gegenwelt zur Arbeit versteht und das „Bild" der Frau ein entgegengesetztes ist, ein Störpotential für gemeinsames Handeln geschaffen werden.

- Familienthema. Dieser Begriff geht u. a. auf Murray (1938) zurück. Dahinter steht die Annahme, daß ein Thema, welches die Gefühle, Motive, Phantasien etc. aller Familienmitglieder beschäftigt, Rückschlüsse auf die Relevanzstruktur innerhalb der Familie erlaubt. So z. B. in welchem Umfang das Fernstudium als Thema für alle existiert.

- Grenzen der Familienumwelt. Es wird davon ausgegangen, daß die Familie selbst ihre Grenzen zur Außenwelt definiert, d. h. sich als eher geschlossene oder eher offene Gemeinschaft definiert.

Zusammenfassend bleibt festzuhalten, daß die Familie als intervenierende Variable (Herrmann, 1969) zwischen Gesellschaft und Individuum fungiert und vieles in Form sozialen Lernens im weitesten Sinne die Familiendynamik bestimmt.

Die Auseinandersetzung mit der Bedeutung der Familie im Rahmen der hier behandelten Fragestellung berücksichtigt die Tatsache, daß die Mehrzahl der Fernstudierenden bereits eine eigene Familie, zu einem großen Teil mit Kindern, gegründet hat oder aber in einer eheähnlichen Partnerschaft lebt. Dieses ist eine Besonderheit gegenüber der Mehrzahl der Studierenden an Präsenzhochschulen. Die verhaltensbestimmende und psychisch relevante Wirkung dieser Familie ist vermutlich nicht generell bestimmbar. Es ist vielmehr, wie bereits erörtert, davon auszugehen, daß eine Vielzahl von Bestimmungsfaktoren der Umwelt Familie, wie z. B. das Geschlecht und die sich daran knüpfenden Rollen und Positionen innerhalb der Familie, zu den jeweils spezifischen Familienumwelten führen, die sich insbesondere auch über die entsprechenden Klima- oder Milieubedingungen ausdrücken. Diese Subumwelten sind es dann wiederum, die auf andere Teilumwelten einwirken oder von diesen mitgestaltet werden. Neben den allgemeinen Wechselwirkungen zwischen Familienumwelt, Studium und Beruf interessiert in der hier durchgeführten Untersuchung insbesondere die Einschätzung der eigenen Familie als psychisch stabilisierende oder belastende soziale Umwelt.

3.4.3 Fragestellungen

Gibt es Wechselwirkungen zwischen dem Familienklima und der Befindlichkeit im Fernstudium?

In welchem Ausmaß bestehen Zusammenhänge zwischen der Familiensituation und dem Studierverhalten?

In welchem Zusammenhang stehen die subjektiv erlebten Bedingungen im Beruf mit denen in der Familie?

Ist das Fernstudium für Hausfrauen und Mütter eine Möglichkeit zur Emanzipation von familiären Strukturen?

3.5 Studentische Identität

3.5.1 Identität und Fernstudium

Die Aufnahme des Fernstudiums bewirkt ein Hineingehen in eine neue soziale und materiale Umwelt. Es ist allerdings davon auszugehen, daß wesentliche Veränderungen bereits vor dem sichtbaren Handlungsvollzug eher intrapsychisch stattgefunden haben. D. h. letztlich haben nur subjektiv erfaßbare Veränderungen zu neuen Situationen und damit Situationsbewältigungsstrategien geführt. In welchem Ausmaß das Fernstudium Veränderungen initiiert, die sich nachhaltig auf die Identität auswirken, ist auch mit den in dieser Arbeit diskutierten Konzepten theoretisch schwer festzulegen. Bei Berücksichtigung entsprechender Erkenntnisse aus Untersuchungen zur fachspezifischen Sozialisation (vgl. Krüger et al., 1986 oder Huber, 1980) ist zu vermuten, daß je nach Mangel an Alltags- und Erfahrungsbezug des Lehrmaterials im Fernstudium unterschiedliche Sozialisationswirkungen festgestellt werden können. Der Mangel an Untersuchungen zu diesem Problembereich ist auch darauf zurückzuführen, daß Veränderungen im Leben der Erwachsenen meist nicht in einem gravierenden Umfang die Ich-Identität beeinflussen. Dieses kann darauf zurückgeführt werden, daß durch einen positiv erlernten Umgang mit ständig wachsenden Umweltanforderungen eine konsistente Ich-Identität entstanden ist. Dabei ist der Lernprozeß eher als ein Verschmelzen neuer Identitätsaspekte mit bewährten alten zu verstehen.

Daß Identität als Instanz empirisch nicht direkt zugänglich ist, hat sie mit psychologischen Konstrukten wie Intelligenz oder Motivation gemeinsam. Die bisherigen Ausführungen haben gezeigt, daß Situationen immer in doppelter Weise bewertet werden. Zum einen danach, inwieweit sie positiven

Zielvorstellungen entgegenkommen oder sie beeinträchtigen, zum anderen danach, welche Anforderungen die Situation an unser Handlungspotential stellt. So enthält etwa die Studien- und Prüfungsordnung eines Studienganges auch an der Fernuniversität normalerweise zwei Aspekte: Zum einen das Diplom oder Examen als das Handlungsziel und zum anderen die Studiendauer und die Studieninhalte als den Handlungsaufwand (vgl. Boesch, 1976, S. 50 ff.). Da die Kriterien für den Handlungsaufwand nicht individuum-unabhängig objektiv definiert werden können, steht jeder Fernstudent vor der Frage, inwieweit seine Handlungsmittel ihm die Zielerreichung ermöglichen, oder anders formuliert, ob der Aufwand zur Zielerreichung angemessen ist. Bei dem notwendigen Handlungspotential kann zwischen dem normalen, dem minimalen als auch dem optimalen unterschieden werden. Das normale Handlungspotential definiert sich durch Handlungen, die von einem Individuum im allgemeinen (Verhaltensbereiche des Alltags) erfolgreich ausgeführt werden können. Optimales Handlungspotential ist bei solchen Handlungen zu erkennen, die sich ein Individuum bei ungewöhnlicher Anstrengung noch zutraut. Das minimale Handlungspotential stellt jene Leistungsgrenze dar, die nicht ohne das Gefühl unterschritten werden kann, es sei etwas nicht in Ordnung. Diese Werte sind jeweils subjektive Setzungen und sind nicht unabhängig voneinander zu sehen. Je besser ein Individuum sein normales Handlungspotential einzuschätzen vermag, umso extremer sind seine Optima und Minima. Boesch (1976) bezeichnet die Gesamteinschätzung der subjektiven Handlungsmöglichkeiten, d. h. der zur Verfügung stehenden Energie, wie der strukturellen Handlungsmittel, bezogen auf die verschiedenen situativen Bedingungen, als das Ich-Gefühl. Die inhaltliche Verbindung mit dem Identitätskonzept wird dadurch erkennbar.

Für Boesch (1976, S. 50 ff.) ist dieses Ich-Gefühl eine Art relationaler Gesamtwert. Es verbindet die Funktionsgefühle, die von der einzelnen Handlung vermittelt werden, mit den ihnen zugeordneten Situationen, bewertet diese nach ihrer Valenz und setzt sie zu vergangenen Erfahrungen in Beziehung. Dieses geschieht vergleichend, d. h. das eigene Handlungsvermögen wird an demjenigen anderer gemessen. Es gehen soziale Modelle in die Valenz von Handlungszielen ein. Von Bedeutung ist dabei, daß es sich um die subjektive Wahrnehmung von Handlungserfolgen handelt und nicht um deren objektive Wirklichkeit. Für die konkrete Analyse möglicher Probleme während des Studiums kann u. a. von folgender Situation ausgegangen werden. Diese zeigt sich bei Studierenden, die trotz momentaner und schon länger anhaltender

Mißerfolge ihr Handlungspotential hoch einschätzen und ihre Ziele hoch ansetzen. Diese sind in der Regel aufgrund vorheriger positiver Erfahrungen mit einer starken Ich-Bildung ausgestattet. Ein kritischer Fall ist derjenige Fernstudent, der aufgrund eines kompensatorisch überhöhten Ich-Gefühls nicht in der Lage ist, Realität und subjektive Bewertung des Handlungspotentials in Übereinklang zu bringen. Einer der wichtigsten Aktivationsfaktoren des Verhaltens ist die Spannung zwischen der Wahrnehmung des aktuellen und des grundsätzlichen Funktionsvermögens.

Zum Ich-Konzept gehört wesentlich die Konstanz der Selbstwahrnehmung. Das bedeutet nicht, daß diese Konsistenz in jedem Fall auch objektiv gegeben sein muß. Individuen nehmen solange an Inkonsistenzen ihres eigenen Handelns keinen Anstoß, wie sie diese nicht als solche erleben, d. h. sie helfen sich mit Rationalisierungen und Rechtfertigungen selbst. Zur Regelhaftigkeit als einer Dimension des Ich-Gefühls gesellt sich das Potenzgefühl. Dieses beschreibt die eingeschätzte Verfügungsmöglichkeit über Handlungsenergie und Handlungsmittel. Ausdruck eines funktionalen Ich-Gefühls sind z. B. Äußerungen wie „das kann ich nicht" oder „das traue ich mir zu". In seiner Untersuchung über das Selbstbild der Fernstudieninteressenten fand Göttert (1983) z. B. heraus, daß

die Befragten (Fernstudieninteressenten A.d.A.) ihr Verhältnis zu anderen abweichend in Richtung auf stärkere Konkurrenz beschreiben, und zwar sowohl im Hinblick auf Leistung als auch auf Durchsetzung: stärker als die Durchschnittsdeutschen wollen die Befragten andere übertreffen und haben dabei doch weniger den Eindruck, daß andere mit ihren Leistungen zufrieden sind; sie wollen eher lenken als gelenkt werden und schildern sich als eigensinnig, wobei sie weniger als die Normalbevölkerung glauben, sich gut durchsetzen zu können. Weiter beschreiben die Fernstudieninteressenten sich selbst abweichend von der Normalbevölkerung in Richtung auf eingeschränkt im sozialen Kontakt: sie können weniger gut eng mit anderen zusammenarbeiten, fühlen sich anderen weniger nahe und suchen weniger stark Geselligkeit. (S. 24/25)

Nicht nur Studien- und Prüfungssysteme können das Ich-Konzept der Fernstudierenden durch zum Teil irreführende Informationen verunsichern, sondern auch ein subjektiv empfundener oder objektiv gegebener Leistungsdruck durch hohe bzw. kritische Erwartungen der sozialen Umwelt. Wenn den besonderen Bedingungen erwachsenengerechten Lernens Rechnung getragen werden soll ist zu fordern, daß die hier aufgezeigten Probleme durch fachlich fördernde und psychisch stabilisierende Gruppen positiv beeinflußt werden.

3.5.2 Zusammenfassung und Fragestellung

Lassen sich Ansätze einer studentischen Identität bei Fernstudierenden feststellen? Wenn ja, welche Struktur besitzen sie?

Hängt die studentische Identität von der Geschlechtsrolle des Fernstudenten bzw. der Fernstudentin ab?

Ist bei der Selbstbewertung als Fernstudent das Bild vom Präsenzstudenten von Bedeutung?

Sofern Aspekte einer studentischen Identität ermittelt werden können: Stehen diese eher im Zusammenhang mit den bisherigen beruflichen Erfahrungen, den Erfahrungen als Familienmitglied oder mit den Erfahrungen im Fernstudium?

In welchem Ausmaß steht das Lebensalter im Zusammenhang mit der Ausprägung einer studentischen Identität?

4. Konzeption der Untersuchung

4.1 Mensch und Umwelt als methodisches Problem

Um der Vielschichtigkeit der psychologischen Definition des Erwachsenenalters gerechter werden zu können, wurden verschiedene Theorieansätze unterschiedlicher psychologischer Teilgebiete dargestellt und diskutiert. Dieser
Versuch einer näheren Bestimmung beinhaltet vom Forscher gesetzte subjektive Akzente und Selektionen und bewirkt damit die dem Forschungsprozeß
innewohnende Reduktion individuell erfahrener Lebensvielfalt. Um diese im
Forschungsprozeß angelegte „Gefahr" soweit wie möglich einzugrenzen, gilt
es, den gesamten Entwicklungsgang dieser Arbeit transparent und damit inter-
subjektiv überprüfbar zu machen. Deshalb sind die nachfolgenden methodologischen Überlegungen als Bindeglied zwischen den theoretischen Annäherun-
gen an das Problem und den eigenen empirischen Untersuchungen zu verstehen.

Die Auseinandersetzung mit den in dieser Untersuchung behandelten Fragestellungen hat deutlich werden lassen, daß nicht aktuelle und damit überwiegend kurzfristige Auswirkungen von Person-Umwelt-Interaktionen auf das
menschliche Verhalten untersucht werden. Dieses würde für das methodische
Vorgehen, zumindest partiell, den Einsatz von Beobachtungsverfahren erfordern. Im Rahmen der hier behandelten Fragestellung werden vielmehr Hinweise auf langfristige und erkennbar hervortretende Wechselwirkungen gesucht.
Dabei wird bei der Konzeption dieser Untersuchung die inhaltliche und methodische Reduktion des theoretischen und alltagspraktisch komplexen Geschehens durchaus gesehen. Durch die theoretische Ausformulierung verschiedener relevanter Teilumwelten (Umweltausschnitte) wird versucht, der inhalts-
reichen und differenzierten Verflechtung des Individuums mit seiner Welt gerecht zu werden. Entsprechend der überwiegend nomothetischen Ausrichtun-
gen soll dabei nicht ein einzelner „individueller Bios" (Thomae, 1977) rekon-
struiert werden. Die Hinzuziehung von eher qualitativen Elementen wie z. B.
Interviews, schriftliche Darlegungen und Zeichnungen soll das alltägliche
Handeln der Studierenden konturenreicher erscheinen lassen, als dieses eine
ausschließlich schriftliche Befragung zu leisten vermag. Die Vorgehensweise
kann somit als ein Versuch zur multi-methodialen Annäherung an einen
Sachverhalt verstanden werden, also der Betrachtung eines Phänomens von
verschiedenen Seiten her.

Häufig liegt eine Gefahr in der subjektiven Akzentuierung eines Aspektes im Kontext des zu untersuchenden Verhaltens. Die angestrebte Aussageebene ist nicht die zu einem bestimmten Individuum in seiner spezifischen Welt (vgl. dazu insbes. Jüttemann und Thomae, 1987), sondern eine Abstraktion vom Einzelfall auf der Basis der Analyse vieler einzelner Studiensituationen. Das dahinterstehende Interesse ist das nach einem methodischen und begreifenden System, welches intraindividuellen und interindividuellen Unterschieden Rechnung trägt. Hiermit soll ein kleiner Schritt in Richtung einer Zusammenführung von idiographischer und nomothetischer Forschung geleistet werden. Um die dem Verfahren innewohnende Beliebigkeit zu reduzieren, ist die Wahl der geeigneten Komplexitätsebene einer Theorie zu diskutieren. Damit wird die von Walter (1972) angesprochene „Übersetzungsproblematik" relevant. Diese Problematik entsteht allerdings nicht nur durch die Verknüpfung verschiedener Theorieelemente, sondern auch durch die darauf folgenden Schritte der Operationalisierung, der Entwicklung des Forschungsdesigns und der Wahl der Auswertungsmethoden sowie den allen diesen Schritten unterliegenden impliziten Theorien.

Die beabsichtigte teilweise Anlehnung an eine gerichtete Vorgehensweise erklärt sich aus dem Forschungsinteresse, eine Analyse derjenigen Umweltaspekte durchzuführen, die merkbar auf die Identität eines Erwachsenen im Fernstudium einwirken. Deshalb wurden in den rahmentheoretischen Überlegungen überwiegend solche Arbeiten gesichtet, die zum einen versuchen, den Erwachsenen mit seinen eher sozialpsychologischen Spezifika zu erfassen und zum anderen solche, die die vermutete Sozialisationsrelevanz definierter Umweltbereiche wie Familie, Beruf und Freizeit beschreiben und erklären helfen. Darauf aufbauend werden die theoretisch begründeten adäquaten Untersuchungsschritte entwickelt. Soweit es sinnvoll und möglich erscheint, wird dabei versucht, verschiedene Methoden zur Klärung des komplexen Problems zu verwenden. Der darin bestehende Vorteil ist, daß die spezifischen Schwächen jeder einzelnen Methode (teilweise) durch die Stärken einer anderen ausgeglichen werden können (Gigerenzer, 1981).

Die in einem Teil der Untersuchung vorzunehmende Strukturierung der Teilumwelten ist als eine logisch-analytische zu verstehen. Der eher qualitative Teil der Untersuchung soll dann klären helfen, ob die durch den Forscher gemachten Vorgaben den subjektiven Strukturen der Studierenden adäquat sind.

Allen hier subjektiv und objektiv erfaßten Umweltstrukturen ist eines gemeinsam: sie bilden das raum-zeitliche Kontinuum, in dem der Erwachsene handelt. Aus diesem Grunde wird auf einer - bildlich gesprochen - übergeordneten Ebene versucht, den Strukturen des Alltags der Fernstudierenden nachzuspüren. Ein solches Vorgehen erlaubt Rückschlüsse auf die verhaltens- und erlebensrelevanten Wechselwirkungen zwischen den unterschiedlichen Teilumwelten.

Die Zielsetzung der Generalisierung von Verhaltensaussagen erlaubt es, auf den sogenannten „durchschnittlichen" Studenten zurückzugreifen. Dahinter steht die bereits angesprochene Problematik der Konstruktion von Wirklichkeit (Berger und Luckmann, 1974). Impliziert noch das Lewin´sche Lebensraumkonzept (1936) eine große individuelle Subjektivität, so ist bei Berücksichtigung der Annahmen des Symbolischen Interaktionismus davon auszugehen, daß es zwar nach dem sog. Thomas-Theorem keine vollkommene interpersonale Deckungsgleichheit der Umweltwahrnehmung geben kann (vgl. Thomas, 1928), es aber durch das interpersonelle Aushandeln zur Herausbildung von Gruppen mit höherer Übereinstimmung in der Umweltwahrnehmung kommt und diese über soziale Tradierung auch fortgeschrieben wird (Steinert, 1972).

4.1.1 Codierte und rezipierte Umwelt

Die wohl umfangreichsten Arbeiten vor dem theoretischen Hintergrund einer eher interdisziplinär orientierten Sozialisationsforschung wurden von der Konstanzer Gruppe zur Bildungsforschung geleistet. Z. B. Dann, Cloetta, Müller-Fohrdrodt und Helmreich (1978) untersuchten Ausbildungs- und Umweltbedingungen, die einen Einstellungswandel junger Lehrer nach dem Berufsantritt mitbedingen. Die Problematik der Ausgliederung bestimmter Umweltaspekte aus dem Kontext sozialisationsrelevanter Umwelten einerseits und spezifischer Persönlichkeitsbereiche aus der Gesamtpersönlichkeit andererseits wird von den Autoren wie folgt angegangen:

> In einer vollständigen Analyse des Sozialisationsprozesses hätte man davon auszugehen, daß sowohl personale als auch situationale Merkmale Veränderungen unterworfen sind, daß beide Bereiche jeweils sowohl durch vorangehende Zustände determiniert werden als auch auf nachfolgende Zustände einen Einfluß ausüben, daß Wechselbeziehungen zwischen beiden Bereichen bestehen, und daß sich schließlich das Muster dieser wechsel-

seitigen Beziehungen über die Zeit hinweg verändert. Eine Ausgliederung von „unabhängigen" und „abhängigen" Variablen aus diesem komplexen Geschehen kann immer nur im Hinblick auf eine bestimmte Fragestellung erfolgen. (Dann et al., 1978, S. 118)

Die Konzeption der hier vorgelegten Untersuchung geht im Unterschied zu den Konstanzer Untersuchungen allerdings nicht primär davon aus, Sozialisationseffekte im Sinne meßbarer Veränderungen zu ermitteln, sondern davon, den grundsätzlicheren Nachweis einer spezifischen Wechselwirkung aktueller und verhaltensrelevanter Umweltausschnitte während einer akademischen Weiterbildung im Erwachsenenalter erbringen zu können.

Die Diskussion über die theoretische Konzeption und empirische Erfassung von Umwelt im deutschsprachigen Bereich wurde durch die Arbeiten der Konstanzer Projektgruppe nachhaltig beeinflußt. Die in diesem Zusammenhang geprägten Begriffe von potentieller und rezipierter Umwelt finden teilweise eine Entsprechung in anderen Dichotomisierungen des Umweltbegriffes wie z. B. bei Uexküll (1921) oder Koffka (1935). Ein zusammenfassender Überblick über verschiedene Umweltkonzeptionen findet sich bei Miller (1986). Dann et al. (1978) definieren ihre Begriffe wie folgt:

Unter potentieller Umwelt verstehen wir die Umwelt, in der sich die Sozialisanden befinden, unabhängig davon, ob und wie sie diese wahrnehmen und sich in ihr verhalten. Es handelt sich also um Begebenheiten, wie sie unabhängig von jeder kognitiven Repräsentanz durch die Sozialisanden bereits vorliegen. (S. 124f.)

Diese Umwelt ist immer schon existent, unabhängig davon, ob und wie Menschen handeln. Dabei ist allerdings durch den Begriff „potentiell" die Möglichkeit der Handlungsrelevanz zum Ausdruck gebracht. Es geht also nicht um die physikalische Welt ohne Bezug zum Individuum. Weiter schreiben Dann et al. (1978):

Unter der rezipierten Umwelt verstehen wir dagegen Umweltsachverhalte, wie sie bei den Sozialisanden kognitiv repräsentiert sind und wie sie sich demzufolge in ihrem Erleben und/oder Verhalten ausdrücken. (S. 125)

Zu erkennen ist hier die Ähnlichkeit zum Lebensraumkonzept von Kurt Lewin (1936). Dabei ist die Grundannahme einer wechselseitigen Einwirkung von Individuum und Umwelt ebenso von Bedeutung wie die, daß bestimmte Umweltaspekte von besonderer Bedeutung sind. D. h. daß zum einen die Wirkung von der Umweltseite her differenziert wird und zum anderen die eine Person in Teilaspekten stärker reagiert als eine andere. Hinzu kommt, daß rezipierte Umwelt immer auch kodierte und nach Boesch (1980) kulturelle Umwelt ist. Das bedeutet, daß augenscheinlich gleiche Gegebenheiten von unterschiedlichen Personen unterschiedlich wahrgenommen werden. Die Spielräume des Verhaltensspektrums werden in der Regel jedoch wiederum durch konkrete kulturelle Normen weitgehend definiert. Die Verhaltensrelevanz spezifischer Umweltkonstellationen muß dabei nicht im strengen Sinne „bewußt" sein.

Bei der Aufgliederung nach einer individuellen und einer institutionellen Ebene der Umwelten wird das Schwergewicht auf die institutionelle gelegt. D. h. es wird davon ausgegangen, daß Umweltbedingungen einer zu bestimmenden abstrakten Ebene für alle Beteiligten einer Institution gleichermaßen vorliegen. Die Frage nach dem *was* man erfassen will, wird theoretisch mit der Unterscheidung in potentielle und rezipierte Umwelt beantwortet. Die Frage nach dem *bei wem* die Daten erhoben werden sollen, wird mit der Begriffstrennung in objektivistische und subjektivistische Erfassung beantwortet. Dann et al. (1978) definieren die Begriffe wie folgt:

> Von einer objektivistischen Umwelt sprechen wir, wenn die Umweltdaten nicht bei den Sozialisanden selbst erhoben, beobachtet oder erfragt werden, sondern bei Bezugspersonen der Sozialisanden, sonstigen Angehörigen der Institution oder externen Instanzen, die über die Institution Auskunft geben können. Von einer subjektivistischen Erfassung sprechen wir dagegen, wenn Umweltdaten bei den Sozialisanden selbst erhoben, beobachtet oder erfragt werden. (S. 128)

Die hier vorgelegte Studie ist als eine im wesentlichen subjektivistische Untersuchung zu bezeichnen, da alle Daten zu den Studierenden von diesen selbst angegeben werden. Die bei der objektivistischen Erfassung gegebene meßtechnische Unabhängigkeit der Daten ist somit nicht von vornherein gegeben. Allerdings sind Störeffekte der Analyse objektivistischer als auch subjektivistischer Vorgehensweisen nicht ganz auszuschließen. Aspekte einer eher objektivistischen Erfassung der potentiellen Umwelt finden sich in allen Umweltbereichen. Dabei geht es um die Erhebung demographischer Daten und sozial- sowie organisationsstruktureller Daten. Daß diese über den Sozialisanden erhoben werden, ändert nichts daran, daß es Tatbestände sind, die in der gleichen Struktur auch unabhängig vom Beobachter/Befrager vorfindbar sind. Im Bereich der Deskription der Fernuniversität finden sich die meisten objektivistischen Angaben. Dieses ist gerechtfertigt durch die Tatsache, daß das Studium als neue Umwelt natürlich im Mittelpunkt des Frageninteresses steht. Die Ebene, auf der solche objektivistischen Daten erhoben werden, ist in der Regel die der institutionellen Daten.

Im Gegensatz zu Dann et al. (1978) liegt in dieser Arbeit der Unterscheidungsschwerpunkt nicht auf den Erhebungsmodalitäten (anhängig - unabhängig vom Befragten), sondern auf den inhaltlichen Qualitäten der Umweltmerkmale. Die Abfrage „objektiver Daten" wie z. B. Studiendauer, Firmengröße etc. ist weitgehend personenunabhängig und gibt somit objektive Bestandteile der potentiellen Umwelt wieder. Der weitaus größte Teil der Untersuchung zielt auf eine subjektivistische Erfassung der rezipierten Umwelt und konzentriert sich damit auf eine Beschreibung und Interpretation von Sachverhalten, die aufgrund der spezifischen Situation im Fernstudium gegeben sind. Dieses gilt gleichermaßen für alle hier abgebildeten Umweltbereiche. Da letztlich die rezipierte Umwelt primär verhaltensrelevant ist, ist diese Vorgehensweise sinnvoll. Dabei soll das konkrete Untersuchungsdesign nicht nur auf die durchschnittlichen oder mehrheitlichen Perzeptionen durch die Sozialisanden zielen, sondern auch den individuellen Variationen entsprechenden Raum einräumen. Eine zusätzliche Begründung für diese Vorgehensweise läßt sich auch bei Dann et al. (1978) finden, die, wie oben bereits ausgeführt, von der größeren kausalen Nähe der rezipierten Umwelt zu den Sozialisationseffekten sprechen. Diese größere Nähe unterbindet Störfaktoren und erlaubt eine unmittelbarere und damit vermutlich effektivere Intervention zugunsten der Verbesserung fernstudien-spezifischer Sozialisationsbedingungen. Konkrete Maßnahmen richten sich dabei allerdings nicht nur auf die Rezeption oder Wahrnehmung und Bearbeitung von Umweltbedingungen, sondern auch auf Strukturen einer potentiellen Umwelt.

Die Problematik der Auswahl relevanter Umweltmerkmale zieht sich durch alle empirischen Untersuchungen mit entsprechender Themenstellung. Insbesondere dabei zeigt sich die Diskrepanz zwischen dem hohen theoretischen Anspruch und den Möglichkeiten der empirischen Praxis. Dennoch kann dieses kein Argument gegen Bemühungen sein, empirische Zugänge zu der Problematik zu suchen und diese in möglichst dezidiert nachzuvollziehender Form abzubilden (vgl. Trudewind, 1975).

4.1.2 Konstruktion von Teilumwelten

Nicht nur die physischen (materiellen) Umweltbedingungen wirken langfristig und tiefgreifend verhaltensbeeinflussend, sondern die sozialen Komponenten haben mindestens einen ebenso starken Einfluß. Dieses gilt bei der Analyse der Sozialisationsbedingungen im Fernstudium um so mehr, als - wie bereits ausgeführt - die Hochschule als physischer (geographischer) Ort für die Mehrzahl der Studenten nicht konkret erfahrbar ist. Fragestellung und methodischer Ansatz dieser Arbeit erfordern deshalb ein Abstraktionsniveau, das es ermöglicht, den Grundstrukturen sozialisationsrelevanter sozialer Umweltbereiche wie z. B. Familie und Beruf nachzuspüren. Ein wesentliches Problem dabei ist es, in etwa gleiche Dimensionen der „sozialen settings" herauszufinden.

Aufgrund der parallelen Wirksamkeit verschiedener Umweltbereiche während des Fernstudiums bei einer entsprechend geringen zeitlichen Intensität des Studiums können durch das Fernstudium initiierte Sozialisationsergebnisse vermutlich nicht eindeutig definiert werden. Die Sozialisationsbedingungen, bezogen auf die Teilumwelten Hochschule, Beruf und Familie, sind von daher - wie bereits angesprochen - lediglich auf einer abstrakteren Ebene festzulegen. Methodisch besteht das Problem, daß eine Längsschnittanalyse unter den gegebenen Bedingungen nur schwer möglich ist. Es ist immerhin von einer Mindeststudienzeit von 5 bis 6 Jahren auszugehen. In einer differenzierten Querschnittanalyse wird deshalb im Sinne von Momentaufnahmen versucht, Hinweise auf mögliche prozessuale Ergebnisse zu finden. Zusätzlich ergibt sich das Problem, daß die über das Instrument des Fragebogens oder des Interviews erfaßten Daten sowohl persönliche Eindrücke als auch tatsächliches Verhalten wiedergeben können. Insgesamt kann nicht von einer globalen Taxonomie der jeweiligen Umweltausschnitte ausgegangen werden. Diese reduzieren sich eher auf wenige, nach theoretischen Alltagserfahrungen gewonnene Vorannahmen studienrelevanter Dimensionen.

In dem in dieser Arbeit vertretenen Ansatz wird den Einflüssen der beruflichen Umwelt und der im Beruf erlernten Bewältigungsstrategien als Verhaltenskonsequenz eine große Bedeutung eingeräumt. Erfolgreich erlerntes berufliches

Verhalten kann demnach Modellcharakter für die Bewältigung von Studiensituationen besitzen. Bei einer Unterscheidung nach den von Dann et al. (1978) geprägten Begriffen „potentielle" und „rezipierte" Umwelt wird in dieser Arbeit die potentielle Umwelt charakterisiert durch die „Bildungslandschaft" in Form der Gründung der Reformhochschule und einem weit verbreiteten Willen zur Weiterbildung bei den Erwachsenen. Verstärkt wird dieser Wille durch die häufig erlebte Notwendigkeit des Verdrängungswettbewerbs durch eine höhere berufliche und allgemeine Qualifikation. Diese mitprägenden Struktureigenschaften sind unabhängig von der jeweiligen subjektiven Wahrnehmung durch die Studierenden und unterliegen als quasi kultureller Kontext den individuellen Verhaltensstrategien. Rezipierte Umwelt setzt sich nach dieser Definition zusammen aus den Arbeits-, Familien- und Studienbedingungen, die wahrnehmungsrelevant sind und unmittelbar auf das Verhalten einwirken.

Bei der Konstruktion des Designs auf der Basis theoretischer Vorannahmen ist von zwei Möglichkeiten zur Konzeption von Umweltausschnitten (Teilumwelten) auszugehen. Zum einen kann Umwelt definiert werden als eine für jeden einzelnen Studierenden bestehende, zum anderen als eine für alle Individuen der Institution Fernuniversität *gemeinsam* existente. Bei letzterer Definition werden interindividuelle Unterschiede vernachlässigt. Diese zwei Ansätze werden in der Art realisiert, daß im Bereich der Fernuniversität die Umwelt als eine für alle Individuen der Institution gemeinsame konzipiert wird. Dieses betrifft insbesondere den Bereich der Deskription. Im Bereich des subjektivistischen Ansatzes wird durch die Erfassung von Umweltdimensionen über die Aussagen der Individuen die jeweils spezifisch bestehende Umwelt konzipiert.

Die objektivistische Analyse potentieller Umwelten erfaßt organisations- und sozialstrukturelle Merkmale und Relationen, so z. B. Dozent/Student, Kommunikationssysteme, Sanktionssysteme sowie Prüfungen etc.. Bei der subjektivistischen Erfassung potentieller Umwelten durch die Erhebung über die Sozialisanden geht es z. B. um Verhaltensinteraktionen aller Studierenden und die persönlichen Merkmale, die als verhaltensdeterminierend angesehen werden und die Berührung von Umweltsachverhalten im Studiengang. Die subjektivistische Erfassung rezipierter Umwelten befaßt sich mit der Beschreibung und Interpretation von Sachverhalten, zu denen die Sozialisanden aufgrund der Mitgliedschaft als Fernstudenten in der Lage sind. Im Rahmen projektiver Verfahren kann z. B. das subjektive Bild der Fernuniversität erfaßt werden. Da die rezipierte Umwelt auf der individuellen Ebene individuenspezifisch ist, zielt der in dieser Untersuchung gewählte Ansatz stärker auf eine generelle oder mehrheitliche Rezeption.

Die Begründung dafür ist folgende: Bei der Zielsetzung einer Veränderung der Fernstudienbedingungen für den Einzelnen wird sinnvollerweise bei solchen Umwelteffekten angesetzt, die möglichst unmittelbar, d. h. direkt auf das Studierverhalten und damit auch auf die studentische Sozialisation einwirken. Die rezipierte Umwelt hat bereits den Empfänger erreicht. Ihre Wirkungen sind direkt ablesbar. Bei potentiellen Umwelten sind die Wirkungen dagegen nicht eindeutig. In dem Fall, daß keine Kognitionsänderung beabsichtigt ist, wirken alle Maßnahmen immer auf die potentielle Umwelt zurück. Zusätzlich orientiert sich die Diagnoseebene in der vorliegenden Arbeit an den Adressaten der Untersuchungsergebnisse. Dabei stehen Interventionen im Bereich der organisatorischen und sozialen Struktur des Fernstudiums im Vordergrund und weniger Maßnahmen zur Verbesserung der individuellen Studienberatung.

Entsprechend dem Ziel, eine Analyse der Situation von Erwachsenen im Fernstudium zu leisten, die möglichst viele Aspekte einer realitätsangenäherten Beschreibung der komplexen Situation enthält, wird mit einer situationspragmatischen Kombination von quantitativen und qualitativen Methoden versucht, unterschiedliche Bereiche eines Phänomens zu beleuchten. Der Stellenwert der hier zu wählenden qualitativen Untersuchungsteile ist in der zusätzlichen Gewinnung von Daten und Informationen zu sehen, die der Individualität des Erlebens des Fernstudiums und einer direkten Form von Subjektivität Rechnung tragen.

Ein Teil des zu entwickelnden Ansatzes muß mehr oder weniger konventionell sein, insbesondere deshalb, weil die qualitativen Bestandteile in den durch eine standardisierte Befragung explizit und implizit definierten theoretischen Rahmen eingebettet sind. Über den Rahmen der Fragestellung hinaus haben gerade diese Bestandteile den Wert der Erkenntnisgewinnung zur Generierung weiterführender Fragestellungen. Über einen interpretativen Vergleich der quantitativen und qualitativen Elemente wird zu prüfen sein, in welchem Umfang vorgegebene Alltagsstrukturen mit denen der beteiligten Studierenden deckungsgleich sind. Nicht diskutiert werden soll hier die Problematik der Anwendung vollkommen offener bzw. narrativer Befragungsmethoden mit ihrer scheinbar theoriefreien idiographischen Position (vgl. dazu Abels, Heinze, Horstkemper und Klusemann, 1977; Bertels, Stratmann und Thielmann,

1978; Heinze und Klusemann, 1978 oder Herrmanns, 1981). In dieser Arbeit geht es im Sinne einer qualitativen Strategie zur Gewinnung quantitativer Erkenntnisse um ein explizit theoriegeleitetes Vorgehen, wobei in den „offeneren Methoden" Aspekte des Verstehens bedeutsam werden.

4.2 Die Auswahl adäquater Methoden

Aus forschungspragmatischen und -ökonomischen Gründen wird ein Teil der Untersuchungen mit der Methode der schriftlichen Befragung durchgeführt. Die damit verbundenen Probleme und Auswirkungen auf die Inhalte des Untersuchungsgegenstandes sind als bekannt vorauszusetzen und zum Teil auch bereits diskutiert worden (vgl. z. B. Anger, 1969; Hafermalz, 1976 oder Mummendey, 1987). Aufgrund der Zielrichtung dieser Arbeit wäre es allerdings bedenklich, sich ausschließlich auf die schriftliche Befragung als einzige Erhebungsmethode zu stützen. Die Befragten haben eher die Möglichkeit, ergebnisverzerrende Reaktionstendenzen, wie z. B. Aussagen im Sinne sozialer Erwünschtheit zu zeigen. Forschungsartefakte dieser Art werden sich gerade bei Befragungen nie vollkommen ausschließen lassen. Es ist allerdings anzunehmen, daß durch den Einsatz verschiedener Methoden i. S. von Campbell und Stanley (1963) die Gefahr der Forschungsartefakte gemindert wird.

4.2.1 Die Verwendung von Skalen

Neben der Entwicklung und Zusammenstellung einer Anzahl von einzelnen Items zur Erfassung relevanter Aspekte der ausgewählten Teilumwelten soll mit zum Teil adaptierten oder neu zusammengestellten Skalen gearbeitet werden. Diese Skalen haben im wesentlichen den Vorzug einer höheren Reliabilität. Hierbei bietet es sich an, auf die im Rahmen der Konstanzer Untersuchungen verwendeten Skalen als Itempool zurückzugreifen. Dann et al. (1978) weisen darauf hin, daß mit der Verwendung von Skalen Dimensionen definiert werden können, auf denen verschiedene Umwelten verschiedene Positionen einnehmen. Ähnlich wie in den Konstanzer Untersuchungen die sozialisationsrelevanten Aspekte der Bildungsinstitutionen über Skalen erfaßt wurden, sollen in dieser Arbeit die für die Behandlung der Problemstellung relevanten Aspekte der ausgewählten sozialisationsrelevanten Teilumwelten erhoben werden.

Gerade wenn man rezipierte Umweltsachverhalte, die ja kognitiv organisiert sind, mittels Befragung erfassen will, bietet es sich an, die relevanten kognitiven Repräsentationen auf solchen Skalen abzubilden. (Dann et
al., 1978, S. 136)

Die Konstanzer Untersuchungen lehnen sich an die Erfahrungen an, die z. B.
G. Stern (1970) mit seinen „Klima-Skalen" gewonnen hat. Die Vorzüge der
Verwendung solcher Skalen können in den folgenden Argumenten gesehen
werden:

- Mittels begründeter Kriterien ist überprüfbar, ob die angesprochenen
  Umweltsachverhalte tatsächlich in der angenommenen Weise kognitiv
  repräsentiert sind.

- Für die Auswertung ist ein relativ hohes Meßniveau von Vorteil.

- Durch die Zusammenfassung in Umweltdimensionen wird der Redun-
  danz der Umweltdimensionen Rechnung getragen.

- Die gewonnenen Informationen sind auswertungstechnisch leichter zu
  bewältigen.

Neben diesen Vorteilen ist allerdings auch einzuräumen, daß durch eine solche
Vorgehensweise Informationen verloren gehen. Durch die gleichzeitige Verwendung weiterer Verfahren wird versucht, diese Schwäche in der vorliegenden Arbeit auszugleichen. Zu Grenzen und Möglichkeiten der Verwendung der
verschiedenen Skalen zur Erfassung von Lernumwelten vgl. insbesondere v.
Saldern (1987).

Ein objektivistischer Ansatz zur Erfassung von Umweltstrukturen wird mit
der gewählten Methode nicht geleistet. Die Rahmenbedingungen im Sinne
einer objektiven Umweltdeskription können hier nur unter Bezug auf Sekun-
därliteratur skizziert werden. Soweit es konkrete Studienbedingungen betrifft,
werden diese ergänzt durch die Alltagserfahrungen des Autors als Mitarbeiter
an der Fernuniversität. In dieser Arbeit wird - wie bereits ausgeführt - versucht, über einen subjektivistischen Ansatz, der in der Sozialisationsforschung dem objektivistischen gleichwertig ist, Umweltdimensionen zu erfas-

sen. Das diesem Ansatz unterliegende Problem bleibt allerdings, daß die Einflüsse der Persönlichkeit auf die subjektiven Daten nicht konkret bestimmbar sind. Es werden deshalb subjektive Daten von unterschiedlicher Qualität erhoben. Bei den Person-Umweltbeziehungen, die im Mittelpunkt der Fragestellung stehen, erfordert dieses drei Arten von Items. Das sind zum einen die wahrgenommenen Umweltsachverhalte, zum anderen das eigene Verhalten und zum dritten Umweltsachverhalte und deren Einfluß auf das konkrete Verhalten der Befragten.

Ein Rückgriff auf bereits bekannte und erprobte Skalen, wie auf die der Konstanzer Untersuchungen, muß immer die Frage nach der inhaltlichen Kongruenz der Problemstellungen berücksichtigen. So können z. B. die von Dann et al. (1978) entwickelten Dimensionen als Anregungen genommen werden, um im Kontext der hier behandelten Fragestellung zusätzliche Informationen zu erhalten. Obwohl in dieser Untersuchung die Erfassung von Merkmalen der Teilumwelten durch Skalen nur einen sekundären Stellenwert besitzt und es nicht das Ziel ist, zusätzlich zu den bereits existierenden weitere Meßinstrumente zu entwickeln, sollen alle in dieser Arbeit eingesetzte Skalen den üblichen Gütekriterien genügen.

4.2.2 Die Bedeutung schriftlicher Äußerungen

Wie bereits ausgeführt wurde, ist beabsichtigt, neben der empirischen Erfassung der zu untersuchenden Sachverhalte durch Fragebögen, eine Auswertung und Interpretation schriftlicher Äußerungen der Studierenden vorzunehmen. Damit soll eine Erweiterung der Analyse komplexer Alltagssituationen erwachsener Fernstudierender erreicht werden. Hierbei stehen weniger die formalen Merkmale im Vordergrund, sondern die bedeutungsmäßig interpretierbaren Inhalte der schriftlichen Kommentare. Diese sind als abgeschlossene Produkte menschlichen Verhaltens zu verstehen, d. h. als konservierte Texte, die häufig auch als Dokumente oder „records" bezeichnet werden (vgl. Soeffner, 1982, S. 2ff). Aufgrund der in dieser Arbeit initiierten Form der freien schriftlichen Äußerung zur Studiensituation handelt es sich bei dieser Vorgehensweise nicht um eine scheinbar theoriefreie Annäherung an den Untersuchungsgegenstand. Die Form der Analyse soll deshalb zusätzlich Informationen liefern, die auch Rückschlüsse auf eine mögliche Diskrepanz zwischen theoretischem Anspruch und methodischem Vorgehen in der Untersuchung erlauben. Damit ist die Möglichkeit zu einer interpretativen Korrektur oder Ergänzung der in der schriftlichen Befragung ermittelten Ergebnisse gegeben. Unter einer solchen Erwartungsperspektive ist die Gesamtuntersuchung als ein Initialstimulus zum Beginn einer Interaktion zwischen Studierenden und Forscher zu verstehen und stellt einen Mittelweg dar zwischen der eher konventionellen schriftlichen Befragung im Hauptteil der Untersuchung und einer ausschließlich qualitativen Vorgehensweise, wie sie z. B. im Rahmen des Projektes „Lebenswelt von Fernstudenten" erprobt wurde (vgl. u. a. Abels et al., 1977 oder Heinze, 1979).

Janowitz (1948) spricht von der Inhaltsanalyse „content analysis" als von einer Methode zur Deskription von Kommunikationsinhalten (vgl. dazu auch Janis, 1943 und Berelson und Lazarsfeld, 1948). Die schriftlichen Kommentare in dieser Arbeit bilden selektiv Aspekte der sozialen Wirklichkeit der Studierenden ab. Dabei ist zu berücksichtigen, daß zwischen Text und Kontext keine eindeutige Beziehung besteht. Hinter dieser theoretischen Annahme stehen zwei Kommunikationsmodelle. Zum einen das *Repräsentationsmodell* und zum zweiten die *Reflexionshypothese*. Die Modelle enthalten die Frage: Spiegeln die Kommentare die Wirklichkeit des Alltags der Fernstudierenden wider oder sind sie Vorreiter und lösen die Veränderungen aus? Diese Frage ist eng mit der historischen Entwicklung des Modells verknüpft und zielt im wesentlichen auf Textbeiträge in den Medien. Hier findet sich eher die Doppelfunktion eines Textes, zum einen die Wirklichkeit abzubilden und zum anderen auf eine veränderte Wirklichkeit hinzuarbeiten. Im Kontext der hier zu behandelnden Fragestellung ist davon auszugehen, daß der Aspekt der Abbildung von Wirklichkeitssausschnitten aus dem studentischen Alltag überwiegt. Dieses u. a. deshalb, weil die Studierenden zur Wiedergabe persönlicher Erfahrungen aufgefordert werden sollen. Da Untersuchungen aber nicht nur einen Selbstzweck haben (sollen), sondern auch Hinweise auf Probleme liefern, ist aufgrund der Inhalte der Kommentare implizit und explizit ebenfalls eine Intention zur Veränderung anzunehmen. Nach Osgood (1952, 1957) ist die Verwendung bestimmter Worte im Rahmen eines Textes der Ausdruck für spezifisch mentale Zustände des Kommunikators. Das oben kurz dargestellte Repräsentationsmodell erlaubt zusätzliche Rückschlüsse auf die Werthaltungen (Einstellungen) und Assoziationen der Studierenden in bezug auf den hier im Zentrum stehenden Sachverhalt des Fernstudiums. Nicht auszuschließen ist allerdings immer ein „kritischer" Bereich der Inferenz, da von seiten der Studierenden versucht werden kann, sich an Auffälligem (Sensationen) zu orientieren. Es ist deshalb sinnvoller, von einer relativen Inferenz zu sprechen.

Im Sinne von Rust (1980, 1983) werden in dieser Arbeit die quantitativen und qualitativen Aspekte der Vorgehensweise als komplementär verstanden. Die Quantifizierung der Analyse soll den Schluß von dem Kommentar auf die Alltagswelt der Studierenden erleichtern helfen. Es geht dabei um die (Re)-konstruktion individueller „Wirklichkeiten", allerdings nicht mit dem Ziel, der Vielzahl inhaltsanalytischer Verfahren (vgl. z. B. Mayring, 1985 oder Wiedemann, 1985) ein weiteres hinzuzufügen, sondern mit einer Erweiterung des methodischen Zugangs im Rahmen der Gesamtuntersuchung eine angemessene Berücksichtigung individueller und komplexer Lebenszusammenhänge zu erreichen. Die Interpretation hat dabei die Funktion der Rekonstruktion der Textbedeutung im Kontext des Geschehens. Zur weiteren Begründung des geplanten Analyseschrittes ist darauf hinzuweisen, daß die quantitativen Methoden des Erfassens von Problemzusammenhängen in der Regel selektiv vorgehen und damit immer in der Gefahr stehen, wesentliche Beziehungen auszusparen. Dagegen kann eine Inhaltsanalyse der freien Kommentare - hier verstanden als Themenanalyse - durch einen interpretativen Zugang helfen, diese Lücken zu schließen.

Voraussetzung ist die begriffliche Festlegung der Inhaltsanalyse im Rahmen dieser Arbeit auf die Inhalte der zur Verfügung stehenden schriftlichen Kommentare. Dabei ist die besondere kommunikative Situation insofern zu berücksichtigen, als durch den vorgegebenen Rahmen der Kommunikator (Fernstudent) seine Inhalte im Hinblick auf den Rezipienten (Forscher) formuliert. D. h. der Kontext der Situation bestimmt vermutlich die Inhalte dahingehend, daß Akzentuierungen in dem definierten Themenbereich vorgenommen werden, während Problemstellungen außerhalb dessen nicht weiter thematisiert werden. Nach Merten (1983, S. 15/16) kann Inhaltsanalyse demnach definiert werden als eine „Methode zur Erhebung sozialer Wirklichkeit, bei der von Merkmalen eines manifesten Textes auf Merkmale eines nicht manifesten Kontextes geschlossen wird".

Ein Sinn der Analyse der Inhalte der Kommentare als Themenanalyse im Rahmen der vorliegenden Untersuchung ist nur dann zu sehen, wenn eine Interdependenz zwischen den Inhalten und der Struktur des Kontextes, hier verstanden als Umwelt der Studierenden, zulässig ist. Dieses ist allerdings nach wie vor im strengen Sinne nicht leistbar (vgl. dazu Merten, 1983, S. 23 ff.). Das Hauptargument bleibt somit die Logik des Vergleichs. Dabei geht es nicht um eine Autorenanalyse im Sinne der Hermeneutik literarischer Texte, sondern um die Analyse von subjektiv erlebten Wirkzusammenhängen im Erwachsenenalter. Es bleibt allerdings zu berücksichtigen, daß die Kommentare nicht die „Wirklichkeit" sind. Sie sind vielmehr zu verstehen als Deutungen oder auch Umdeutungen einer Welt, die auf eine hypothetisch angenommene Art existent ist. Dieses Verständnis der Relation zwischen Text und Wirklichkeit hat seine Grundlage im Symbolischen Interaktionismus. Soeffner (1982, S. 37 ff.) spricht in diesem Zusammenhang treffend vom Text als „Leben aus zweiter Hand".

4.2.3 Der Bedeutungsgehalt von Zeichnungen

Zur Erweiterung des qualitativen Zugangs zu der dieser Gesamtuntersuchung zugrundeliegenden Themenstellung soll den Studierenden die Möglichkeit eingeräumt werden, ihr mentales Bild der Fernuniversität zeichnerisch umzusetzen. Diese Methode ist im Rahmen empirischer Untersuchungen bisher kaum erprobt worden und kann deshalb auf kein standardisiertes Auswertungsverfahren zurückgreifen. Gerade dieses unterstreicht aber den Reiz der Vorgehensweise. So ergibt sich für den einzelnen Fernstudierenden die Möglichkeit, anhand kreativer Ausdrucksformen neben der Beantwortung des Fragebogens und der Erstellung eines schriftlichen Kommentars, eine „dritte Perspektive" der Problemstellung zu erarbeiten.

Den inhaltlichen und methodischen Hintergrund bilden projektive Verfahren im weitesten Sinne (Murray und Morgan, 1935). Historisch betrachtet treffen hier zwei fachimmanente Entwicklungslinien aufeinander. Dieses ist zum einen die systematische Erfassung menschlicher Verhaltensweisen unter experimentellen Bedingungen (vgl. Schmidt, 1984) und zum anderen die aus der klinischen Erfahrung gewonnene und weiterentwickelte Interpretation relativ freier und spontaner „Äußerungen" einer Person (Pongratz, 1984). Den Bezugsrahmen für die projektiven Verfahren bilden psychodynamische Persönlichkeitsmodelle (Freud, 1966), die davon ausgehen, daß bei der Auseinandersetzung mit entsprechendem Stimulusmaterial eine Verstehens- und Verhaltensbereitschaft zum Ausdruck kommt, in der wesentliche Anteile der „inneren Welt" projiziert oder externalisiert werden.

Der auf Sigmund Freud zurückgehende Begriff der Projektion wird hier allerdings nicht in dem engen psychopathologischen Sinne verstanden, sondern
analog der projektiven Hypothese, die versucht, ein erweitertes psychologisches Projektionskonzept durch die Verbindung von psychoanalytischem Persönlichkeitsmodell und psychodiagnostischer Methode zu schaffen. Vogel und
Vogel (1977) schreiben dazu:

> Alle Verhaltensäußerungen des Menschen, die geringfügigsten ebenso wie
> die auffälligsten, enthüllen seine Persönlichkeit und bringen sie zum Aus-
> druck; mit „Persönlichkeit" soll das „individuelle Prinzip" bezeichnet
> werden, dessen Träger eine Person ist. „Verhalten" umfaßt im weiteren
> Sinne das durch die Lebensgeschichte dokumentierte historische Verhal-
> ten, daß in der aktuellen äußeren Lebenssituation und in der dinghaften
> Umwelt „gewonnene" Verhalten, die Arten der willkürlichen und gewohn-
> heitsmäßigen Ausdrucksbewegungen eines Menschen sowie sein „inne-
> res" Verhalten im Sinne seiner Wahrnehmungsweisen, Phantasien und Ge-
> danken. (S. 392)

Der Mensch besitzt eine Vielzahl von Möglichkeiten, seine Stimmungen,
Empfindungen und Einstellungen kreativ auszudrücken (z. B. Malerei, Literatur, Musik). Unter einer psychologischen Fragestellung finden solche Ausdrucksformen in der Mehrzahl der Fälle in den unterschiedlichsten Therapie-
formen Verwendung (vgl. Wildlöcher, 1974 oder Sehringer, 1983). Es ist unzweifelhaft, daß trotz der mangelnden theoretischen und methodischen Absicherung solcher Verfahrensweisen Erfolge bei psychisch Kranken erzielt werden können (Eschenbach, 1978).

Die Verwendung der Zeichnung als Ausdrucksmittel im Rahmen einer sozialpsychologisch orientierten Arbeit impliziert die Vorannahme, daß auch aktuelle Lebensbedingungen eine Umsetzung in Zeichnungen finden (können).
Dabei ist allerdings zu berücksichtigen, daß für die Mehrzahl der Erwachsenen
dieses Medium nicht mehr die Vertrautheit besitzt, die es für die meisten Kinder hat. Trotzdem stellt die Aufforderung zum Zeichnen eine Aufgabe dar, die
viele beteiligte Studierende veranlassen kann, auf ihre eigene Vorstellungs-
und Fantasiewelt zurückzugreifen und diese in einem kreativen Gestaltungsakt
auszuformen. Dabei wird durch das Mittel der Zeichnung das aktive Gestalten
betont im Gegensatz zu dem passiven Erfahren von Bildern, wie z. B. im
Thematischen-Apperzeptions-Test (TAT) (Murray, 1943). Die Bereitschaft,
sich an diesem Teil der Untersuchung zu beteiligen, wird vermutlich auch da-

von beeinflußt, in welchem Ausmaß die durch die Instruktion angesprochene Situation als relevant erlebt wird. Auch forschungsökonomische Gründe lassen das Mittel der Zeichnung unter der gegebenen Zielsetzung als sinnvoll erscheinen, da zum einen der Aufwand der Studierenden von diesen selbst zu bestimmen ist und zum anderen eine vergleichende Analyse auch bei einer größeren Zahl von Zeichnungen noch handhabbar erscheint.

Die Skepsis vieler Erwachsener gegenüber dem Medium Zeichnung wird bei der spezifischen Population dieser Untersuchung möglicherweise noch verstärkt durch den offensichtlich spielerischen Charakter dieser Aufgabe. Die Aufforderung, eine Problemsituation zu zeichnen, appelliert eher an die Funktionslust und Bereitschaft zu experimentieren. Dieses ist aber unter den häufig subjektiv erlebten Studienbedingungen vermutlich für viele Studierende zu zeitaufwendig und ineffektiv, andererseits vielleicht motivierend. Nach Erikson (1973) ist es aber gerade die Funktion des Spiels oder allgemeiner, des kreativen Gestaltens, die inneren Vorgänge zu externalisieren. Die mögliche Umkehrung vom passiven Erfahren zum aktiven Gestalten macht den „Spieler" zum „Herren" der Situation. In diesem Teil der Gesamtuntersuchung werden deshalb Erlebnisse mit stark affektivem Gehalt erfaßt werden. Die inhaltliche Überlegung konzentriert sich vor allem auf die These, daß eine subjektive Konzentration der Problemstellung in der Verwendung zeichnerischer Symbole erkennbar sein wird (vgl. Scharfenberg und Kämpfer, 1980 oder Freud, 1966). Dabei ist die Auswertung der Zeichnungen neben der Analyse des Einzelfalles darauf ausgerichtet, solche Erlebnisstrukturen aufzudecken, die im Zusammenhang mit dem Fernstudium für viele Betroffene von Bedeutung sein können.

4.3 Operationalisierungen und Entwicklung der Instrumente

Zur Evaluation der beim Forscher existierenden Vorstellungen des Problemfeldes „Fernstudium" wurden an verschiedenen Orten (Studienzentren) offene Gruppeninterviews mit Fernstudierenden geführt. Die Auswertung dieser Gespräche mündete ein in die Erstellung eines Fragebogens. Aus diesem wurde nach einer Verständlichkeitsprüfung durch 30 freiwillige Fernstudenten und eine nochmalige Überarbeitung die für die eigentliche Untersuchung verwendete Endform erstellt[12].

Ziel der Vorinterviews war es zum ersten, die auf der Basis der dargestellten Theorien, Konzepte, empirischen Ergebnisse und berufspraktischen Erfahrungen entwickelte Problemsicht und Fragestellung auf ihre Relevanz und Vollständigkeit hin zu prüfen. Dabei wird Relevanz verstanden als ein Aspekt „ökologischer Validität" oder als Frage formuliert: In welchem Umfang ist die subjektive Struktur der Realität des Forschers identisch mit derjenigen der Gesprächspartner? Vollständigkeit ist nicht als ein absolutes Maß zu verstehen, sondern als Erfassung derjenigen Themen, die ein hohes Maß an intersubjektiver Gemeinsamkeit aufweisen. Zum zweiten sollen die Aussagen der Interviewten Hinweise darauf liefern, ob die theoretisch begründeten Interdependenzen zwischen einzelnen Teilumwelten als solche von den Beteiligten bewußt erlebt werden oder wenigstens über deren Aussagen erschlossen werden können. Zum dritten liefern die Ergebnisse der Interviews Hilfen bei der Formulierung der Items für die schriftliche Befragung. Den Vorinterviews kommt dabei in diesem Verfahren eine besondere Funktion zu. Sie sind im Sinne einer befragtenzentrierten Gesprächsführung (Bommert, 1977) so angelegt, daß die Befragten ihre Deutung der Alltagssituation zunächst einmal voll entfalten können. Da diese Interviews mit studentischen Arbeitsgruppen durchgeführt werden, beschränkt sich die Funktion des Interviewers darauf, vorher definierte Ankerreize aus dem Themenbereich Studiensituation in die Runde zu geben und diese durch die Gruppenmitglieder diskutieren zu lassen.

Mit der Hilfe der jeweiligen Studienzentren wurden Studierende gebeten, an den Interviews teilzunehmen. In allen Fällen wurden die Gesprächstermine mit den ohnehin geplanten Treffen von Arbeitsgruppen, denen die freiwilligen Studierenden angehörten, verbunden, so daß für die Studierenden kein zusätzlicher organisatorischer Aufwand entstand. Die Interviewsorte wurden über die Bundesrepublik gestreut, um den unterschiedlichen regionalen Bedingungen (hier verstanden als Versorgungsdichte mit Studienzentren) Rechnung zu tragen[13]. Je nach Engagement der Beteiligten dauerten die Interviews zwischen

---

[12] Aus Platzgründen wird auf den Abdruck des umfangreichen Fragebogens verzichtet. Bei Interesse kann dieser beim Autor angefordert werden.

[13] Interviews wurden durchgeführt in Frankfurt (n=5), Köln (n=3), Lüneburg (n=2) und Bottrop (n=4).

einer und zwei Stunden. Um eine möglichst genaue Wiedergabe des Interviewverlaufes sicherzustellen, wurden diese anschließend - ohne Textkorrekturen - transkribiert. Das bedeutet, daß aus technischen Gründen einige Passagen nicht mehr reproduzierbar waren. Bezogen auf den Gesamttext waren etwa 10% aufgrund technischer Mängel oder störender Geräusche nicht zu identifizieren.

Bei der nachträglichen Reflexion der Interviewsituation wurde deutlich, daß eine spezifische Bedingung vorlag, die nicht generell in Interviewsituationen gegeben ist. Da Interviewer als auch Interviewte ihre eigenen Erfahrungen mit dem gleichen Problembereich hatten, kann nicht ausgeschlossen werden, daß die kommunikative Situation von den Befragten dazu benutzt wurde, Veränderungsinteressen zu artikulieren. Eine dadurch möglicherweise gegebene Akzentverschiebung ist nicht unbedingt nachteilig, sondern für das Anliegen dieser Arbeit eher in zweierlei Hinsicht von Vorteil. Zum einen lenkt sie den Blick auf mögliche Schwachstellen des Fernstudiensystems und zum anderen läßt sie psychische Probleme, die eventuell mit solchen Schwachstellen im Zusammenhang stehen, besser erkennen.

4.3.1 Teilumwelt Fernstudium

Lernbedingungen und Studierverhalten: Als zentrale Strukturdaten werden die Zugehörigkeit zu einem spezifischen Fachbereich, das Studienjahr (Semesterzahl) sowie die Art der Hochschulzugangsberechtigung definiert. Aufgrund einer Vielzahl empirischer Untersuchungen (vgl. auch Miller, 1978) sowie der intersubjektiven Unterschiedlichkeiten in den Interviewbeiträgen ist zu erwarten, daß auch im Fernstudium studiengangspezifische Einflüsse zum Tragen kommen. Damit wird die weitere Differenzierung der Teilumwelt „Fernstudium" in Subumwelten mit partiell unterschiedlichen Strukturen notwendig. Da in Untersuchungen an Präsenzhochschulen Entwicklungs- und Sozialisationsprozesse im Studienverlauf nachgewiesen werden konnten, wird im Kontext dieser Arbeit der Anzahl der Studienjahre ebenfalls eine Bedeutung beigemessen. Aus den Vorinterviews können für solche Entwicklungen allerdings keine eindeutigen Hinweise gewonnen werden. Aufgrund der angestrebten Querschnittsanalyse kann dabei nur bedingt auf sozialisatorische Prozesse im Fernstudium geschlossen werden. Der durch das objektive Datum Studienjahr operationalisierte Faktor Zeit scheint aber im Fernstudium aus den bereits angesprochenen Gründen der Studiendauer gleichwohl von erheblicher Bedeutung zu sein. Die dadurch gegebene „Irrealität" des Studienziels wird immer wieder in den Interviewbeiträgen erkennbar. Bedeutsam wird ein möglicher Artefakt, da diese (Studien-)Zeit im Leben eines Erwachsenen eine Entwicklungsspanne umfaßt, die eine Vielzahl möglicher Veränderungen einschließt, die nicht mit dem Studium im Zusammenhang stehen müssen.

Die Berücksichtigung der formalen Hochschulzugangsberechtigung als ein weiteres Strukturmerkmal für die Umwelt Fernstudium findet ihre Begründung im bereits erläuterten theoretischen Ansatz dieser Arbeit. Die Vorerfahrung der Studierenden und damit die Konturierung ihrer jeweils spezifischen Identität bedingt eine mehr oder weniger problematische Integration in ein an klassischen Wissenschaftsmodellen orientiertes Fernstudium. Die Richtung der Wirkung dieser „Vorgeschichte", die sich in dem Hochschul-Zugangszertifikat operationalisiert, ist dabei nicht eindeutig abzuschätzen. So zeigen Untersuchungen die Aufsteigermentalität und die hohe Leistungsmotivation der „Nichtabiturienten", was in dieser Situation auf eine insgesamt positivere subjektive Bewertung der Umwelt Fernstudium schließen läßt (Miller, 1980). Andererseits ist aber zu erwarten, daß aufgrund anders geprägter Lernerfahrungen möglicherweise mehr Schwierigkeiten im Umgang mit einem akademischen Studium auftreten. Die Bedeutung der Vorerfahrungen in diesem Bereich wird auch in den Interviews thematisiert.

Die Dimensionen Lernbedingungen und Studierverhalten setzen sich zusammen aus verschiedenen Teilaspekten, die diesen Bereich aus unterschiedlichen Blickwinkeln beleuchten. Dabei wird insbesondere der Problemvielfalt Rechnung getragen, die auch in den Vorinterviews deutlich wird. Gleichzeitig soll aber die interne Konsistenz der Gesamtdimension nicht aufgelöst werden. Aufgrund der geringen Präsenz personaler Elemente ist das kognitive Lernen ein zentraler Bestandteil des Studiums. Nicht nur die vermittelten Inhalte, sondern auch die spezifischen Bedingungen, unter denen gelernt wird oder unter denen das Lernverhalten sich entwickelt, stellen wichtige Faktoren dar. Diesen unterschiedlichen Bedeutungen wird mit den nachfolgend dargestellten Teilbereichen Rechnung getragen.

Belegungsverhalten: Stärker als bei den Studierenden an Präsenzhochschulen tragen die Fernstudenten konkrete, meist aus den beruflichen Erfahrungen abgeleitete Erwartungen an das Studienangebot heran. Diesem steht ein in weiten Teilen festgelegtes Curriculum gegenüber. Die Bewertung des Studienmaterials unter der Perspektive beruflicher Anwendbarkeit wird in den Vorinterviews deutlich. Handlungsalternativen bieten sich dem Studierenden letztlich nur in der Auswahl des Kursangebotes im Belegungsverfahren. Das schließt nicht aus, daß belegte Pflichtkurse nicht oder nur nachlässig bearbeitet werden. Trotzdem bietet die Ausnutzung des formal gegebenen Spielraumes bei der Kursbelegung eine Möglichkeit zur aktiven Gestaltung des Studiums unter Berücksichtigung persönlicher Studieninteressen. Diesem kann auch insofern Rechnung getragen werden, als Kurse anderer Lehrgebiete zusätzlich belegt werden können. Die in der Teildimension Belegungsverhalten erfaßten Verhaltensweisen sollen einen Hinweis auf die Relationen zwischen rezeptivem und aktivem Studierverhalten geben.

Engagement: Ein weiterer wichtiger Indikator für eine über die ausschließliche Stoffaufnahme hinausgehende Ich-Beteiligung der Studierenden ist die Auseinandersetzung mit Kontext-Informationen zum Studium. Hierzu war in den Interviews keine deutliche Stellungnahme zu erkennen. Es kann auch als ein höheres Maß an Emanzipation verstanden werden, wenn Studierende nicht nur Wissen ansammeln, sondern sich zusätzlich aktiv präsent oder kognitiv und affektiv mit der internen und der bildungspolitischen Entwicklung des Fernstudiums auseinandersetzen. Nur ein hohes Maß an Informationen erlaubt die „Manipulation" der Umwelt, d. h. ein aktives, auf die individuellen Bedürfnisse abgestimmtes Umgehen mit der Umwelt Hochschule. Die in diesem Zusammenhang zu erfassenden Verhaltensweisen können auch als ein Element der Aneignung der Umwelt Hochschule verstanden werden.

Stoffbearbeitung, Problemverhalten und Vorerfahrungen: Unter dieser Teildimension werden Formen des Umgangs mit dem Studienmaterial allgemein und in spezifischen Problemsituationen untersucht. Dabei erklärt sich die Bedeutung dieses Teils für die Gesamtuntersuchung dadurch, daß zum einen aufgrund der häufig anzutreffenden Isoliertheit der Studierenden auf an anderen Orten und in anderen Situationen erlernte „Bewältigungsstrategien" zurückgegriffen wird. Zum anderen ergeben sich Rückschlüsse auf drei grundsätzliche Strategien:

- hartnäckige Einzelarbeit
- Suche sozialer Kontakte
- Ausklammerung oder Umgehung des Problems

Diese drei „Typen" scheinen für die Charakterisierung möglicher Verhaltensstrategien umfassend genug zu sein. Für die Entwicklung solcher Bewältigungsstrategien sind neben Alltagserfahrungen - hier im wesentlichen Berufserfahrungen - auch die in der Schule erlernten Strategien von prägender Wirkung, so daß dieser Frage ebenfalls nachgegangen wird.

Planungsverhalten: Häufig wird versucht, die vielfältigen Probleme zeitlicher und inhaltlicher Art, die im Rahmen der Bewältigung des Lehrmaterials auftreten können, durch eine straffe Planung zu bewältigen. Diese wird im Idealfall mitbestimmt durch die Vorgaben der jeweiligen Studien- und Prüfungsordnung. Aufgrund des Doppelcharakters der Planung ist allerdings eine eindeutige Wechselwirkung eines solchen Verhaltens mit der allgemeinen Studiensituation nicht bestimmbar. Optimal scheint ein Planungsverhalten zu sein, das auf der Basis einer konsequenten Langzeitplanung hinreichenden Spielraum läßt für die spontane Reaktion auf Situationsveränderungen. Ist dieses nicht gegeben, sind eher psychische Probleme, wie z. B. Angst vor unvorhergesehenen Situationen, zu vermuten.

Selbstbewertung: Neben den subjektiv erhobenen „objektiven" Strategien ist für eine erfolgreiche Bewältigung der Studiensituation die psychische Befindlichkeit der Studierenden von Bedeutung. Das Bewußtsein, sich in der Teilumwelt Fernstudium gern aufzuhalten und diese auch positiv bewältigen zu können, prägt wesentlich die gesamte Wahrnehmung der Umwelt und die daraus resultierenden Handlungen.

Praxisrelevanz der Studienmaterialien: Neben der Auseinandersetzung mit der allgemeinen hochschulischen Wirklichkeit dokumentieren Inhalt und Struktur des Studienmaterials einen wesentlichen Bestandteil des Studienalltages. Aufgrund der bereits angesprochenen Einbindung der Fernstudierenden in nicht hochschulische Lebenszusammenhänge ist davon auszugehen, daß eine höhere Bereitschaft zum Lernen für viele Studierende dann gegeben ist, wenn die Lehrmaterialien erkennbare Bezüge zum beruflichen Alltag und/oder der allgemeinen Lebenspraxis enthalten. Die Interdependenz der unterschiedlichen Teilumwelten, in denen ein Fernstudent lebt und handelt, wird umso wirksamer, je adäquater sie auch in den fachspezifischen Inhalten aufgearbeitet wird. Die im Rahmen der theoretischen Erörterungen dargestellten Vorteile von Transfer- und Interferenzwirkung sollten gerade in einem auf Erwachsene ausgerichteten Studium besondere Berücksichtigung finden. Dabei ist aber aufgrund unterschiedlicher Lebenserfahrungen die kognitive Struktur nicht-hochschulischer Umwelten vermutlich präziser ausgebildet. Dieses erfordert eine andere Transferleistung. Gleichzeitig besteht aber eine notwendige sozialisatorische Wirkung des Studienmaterials gerade darin, bestehende kognitive Strukturen zu hinterfragen und möglicherweise zu modifizieren.

Didaktische Konzeption: Der Zugang zu den Inhalten kann durch eine erwachsenengerechte Aufbereitung des Studienmaterials erleichtert werden. Insbesondere in einer Situation, in der die Studierenden weitgehend auf sich allein gestellt sind und vermutlich unter erschwerenden Bedingungen das Lehrmaterial durcharbeiten, ist eine Optimierung der didaktischen Konzeption eine wesentliche Unterstützung des Studienalltags.

Prüfungssystem: Über die Bedeutung der Prüfung als „Herrschaftsinstrument" im Studienbetrieb gibt es hinreichend Ausführungen. Ohne diese Position in aller Konsequenz zu teilen, bleibt das Problem, daß durch die sekundären Begründungen, wie z. B. Möglichkeit zur Leistungskontrolle oder Vorgaben durch allgemeine Richtlinien, Leistungsbarrieren geschaffen werden, die zum einen dem Lernstil Erwachsener und zum anderen auch den allgemeinen Lebensbedingungen nicht gerecht werden. Es ist allerdings zu vermuten, daß die Studierenden, die aus ähnlich repressiven und starren Alltags- bzw. Berufsbedingungen kommen und diese Normen weitgehend internalisiert haben, mit diesem System weniger Schwierigkeiten haben. Dahinter stehen Aspekte der Sozialisation entfremdeten Lernens.

4.3.1.1 Zusammenfassender Überblick

Die nachfolgende Übersicht veranschaulicht die unterschiedlichen Dimensionen zur empirischen Analyse der Teilumwelt Fernstudium:

Strukturdaten
Studienbedingungen
    Zeitbedingungen
    Belegungsverhalten
    Engagement
Arbeitsstrategien
    Stoffbearbeitung
    Problemverhalten
    Vorerfahrung
    Selbstbeurteilung
    Planungsverhalten
Bewertungen
    Theorie/Praxis
    Didaktik/Konzeption
    Prüfungssystem
Kontaktsituation
Skalen
    Studienzufriedenheit
    Hochschulsozialisation
    Alltagsbezug

4.3.2 Teilumwelt Beruf

Ebenso wie bei der Konzipierung der Teilumwelt Fernstudium geht es bei der Entwicklung der Konzeption der beruflichen Umwelt darum, den für die Alltagsstrukturen bedeutsamen Lebensbereich in theoretisch begründete Dimensionen zu untergliedern. Dieses erlaubt eine detailliertere Analyse von Einflüssen der Berufsumwelt auf andere Umwelten und umgekehrt. Aus der Vielzahl möglicher Dimensionen sowie der aus den Interviews ermittelten Problembereichen wurden aufgrund der Fragestellung solche definiert, die in einer vermuteten Beziehung zu Familie, Freizeit und Studium stehen.

Strukturdaten: Aus den aufgearbeiteten Konzepten und Untersuchungen zur beruflichen Sozialisation ist abzuleiten, daß einige zentrale Merkmale die Wahrnehmung und Strukturierung der subjektiven beruflichen Umwelt sowie die Identität nachhaltig beeinflussen. Ein solches Merkmal ist die berufliche Stellung. Diese ist sowohl Ausdruck eines spezifischen Selbstverständnisses als auch Kriterium für gesellschaftliche Status- und Schichtzuweisungen. Außerdem ist davon auszugehen, daß die Stellung in einer - auch informalen - Organisationshierarchie Rückwirkungen auf die allgemeine Lebensgestaltung hat.

Ebenso wie in der Umwelt Fernstudium ist auch in der beruflichen Umwelt die Bestimmung der Arbeitszeit pro Tag ein Kriterium für die Intensität der beruflichen Sozialisation. Auf einer anderen Ebene stellt diese Meßgröße einen Faktor dar, der aufgrund gegebener Zeitbegrenzung (24-Stunden-Tag) und begrenzter psychischer und physischer Kapazität einen eindeutig meßbaren Einfluß auf andere Teilumwelten ausübt.

Einen eher indirekten Einfluß auf die Identität als berufstätiger Fernstudent hat die Größe der Organisation in der man beschäftigt ist. Während in kleineren Unternehmen Aspekte der Person des Beschäftigten oftmals eine andere Bedeutung haben, ist bei großen Unternehmen davon auszugehen, daß hier bei gleichzeitiger Bindung an das Unternehmen vielfach eine ausgeprägte „Weiterqualifikationsideologie" herrscht, da insgesamt eine bessere Karriereperspektive gegeben ist.

Unmittelbarer auf die Intensität der beruflichen Sozialisation wirkt die Dauer der Berufstätigkeit. Alle Überlegungen zu diesem Gebiet lassen den Schluß zu, daß eine Internalisierung beruflicher Normen und Werthaltungen sowie Verhaltensweisen erst über eine Vielzahl von Jahren erworben wird.

Die Gesamtdauer der Berufstätigkeit ist ebenso von Bedeutung wie die Dauer der Zugehörigkeit zur derzeitigen Arbeitsorganisation (Unternehmen, Behörde etc.). Aus diesen beiden Variablen wird dann rechnerisch eine „synthetische" konstruiert, die Aufschluß über die Zahl der „Wechsler" gibt. Die Erfahrung des Arbeitsplatzwechsels impliziert die Fähigkeit, sich auf neue räumliche und soziale Umwelten einzustellen und läßt vermuten, daß damit auch eine partiell größere Fähigkeit gegeben ist, die neue Umwelt Fernstudium zu integrieren.

Bedeutsam für den Umgang mit den Bedingungen eines Fernstudiums sind außerdem konkrete Vorerfahrungen aus anderen Weiterbildungsbereichen. Diese vermitteln nicht nur ein Gefühl für die zeitliche Mehrbelastung, sondern auch für die möglichen sozialen Folgewirkungen solcher Prozesse.

Das Klima am Arbeitsplatz: Während die bisher beschriebenen Merkmale einen eher objektiven Hintergrund haben, sind die weiteren Dimensionen auf die psychische Verarbeitung der Umwelt Beruf ausgerichtet. Ein Indikator für die klimatischen Bedingungen am Arbeitsplatz ist die Tatsache, ob Kollegen und Arbeitgeber über das Fernstudium informiert sind. Wenn Fernstudium ein identitätsbildender Faktor ist, kann davon ausgegangen werden, daß eine „Unterdrückung" dieses Teils der Identität zu psychosozialen Schwierigkeiten und auf einer konkreten Verhaltensebene zur Isolierung des gesamten privaten Bereichs von den Kollegen führt. Dieses verweist unmittelbar auf den subjektiven Stellenwert des Studiums. Die Situation des „Verschweigens" wird um so schwieriger, je höher die Bedeutung des Studiums für die Verbesserung beruflicher Chancen eingeschätzt wird. Damit erhöht sich aber auch gleichzeitig die Gefahr des Scheiterns. Ebenfalls bestimmend für die klimatischen Bedingungen ist das Maß an Fremdbestimmtheit am Arbeitsplatz. Hier ist ebenfalls davon auszugehen, daß dieses einen entscheidenden Einfluß auf den Umgang mit dem Studium hat.

Bedeutung des Arbeitsplatzwechsels: Nähe oder Distanz zur Berufsumwelt als konkrete Arbeitsumwelt werden durch Aussagen zum angestrebten Wechsel nach einem erfolgreichen Studium deutlich.

4.3.2.1 Zusammenfassung

Die folgenden Dimensionen zur Teilumwelt Beruf werden aufgrund der Vorüberlegungen und der Ergebnisse der Vorinterviews zusammengestellt:

Strukturdaten
Berufliche Sozialisation
Klima
Mobilität

Skala

Kollegenkontakte
Teamstrukturen
Einzelleistung
Reglementierung

4.3.3 Teilumwelt Familie

Die theoretischen Ausführungen zur Familie ergänzen sich mit dem Inhalt des Textauszuges aus den Vorinterviews insofern als deutlich wird, daß es sehr viele gesellschaftliche Einflüsse sind, die auf die familieninternen Strukturen wirken. Im Rahmen der vorliegenden Arbeit wurde der Familienstand als bedeutsames Strukturmerkmal ausgewählt, weil die Art der familiären Bindung (alleinlebend, mit Ehepartner und Kindern etc.) vermutlich deutlich unterschiedliche Subumwelten strukturiert. Aus diesem Grund ist die Anzahl der Kinder ein ebenfalls wichtiges Bestimmungsmerkmal.

Die Variable Geschlecht wird zwar primär dem Bereich der Identität zugewiesen, ist aber für eine Analyse der internen Familienstrukturen ebenfalls von großer Bedeutung. Einen eher klimatischen Einfluß auf die Teilumwelt Familie läßt die Tatsache vermuten, daß man sich in einer Lebensgemeinschaft befindet, in der der Partner/die Partnerin ebenfalls studiert oder bereits studiert hat. Hieraus ist ein positiver Aufforderungscharakter in bezug auf das Fernstudium ebenso abzuleiten wie ein mögliches intensiveres Verständnis für eventuelle Studienprobleme.

Die kognitive Repräsentanz von familiären Umweltstrukturen wird auf zwei Datenebenen erfaßt. Zum einen werden mit einer Anzahl von Einzelitems die Belastungssituation und die damit verbundenen Schuldgefühle erfaßt und zum anderen das Ausmaß an Planung und aktiver Strukturierung der Familiensituation. Das Bindeglied zwischen der Familie und der Außenwelt sind die sozialen Kontakte. Im Rahmen dieser Teiluntersuchung wird erfaßt, ob diese eher durch den Studierenden selbst oder durch den Partner wahrgenommen werden.

4.3.3.1 Zusammenfassender Überblick

Die folgenden Dimensionen wurden für die Teilumwelt Familie zusammengestellt

Strukturdaten
Bildungsniveau
Familienklima
Skala
    Familienunterstützung
    Familienabsprache

4.3.4 Identität

Die Identität der Fernstudierenden im Rahmen dieses Projektes wird in den Bereichen operationalisiert, die für eine Veränderung durch das Studium als relevant angesehen werden können. Dabei ist zu beachten, daß damit der Begriff der Identität keinesfalls umfassend und allen Alltagsbezügen gerecht werdend definiert ist. Es geht eher um Aspekte einer studentischen Identität, die besonders dargestellt werden soll. Diese ist als mit den anderen definierten Teilumwelten in Beziehung stehend zu sehen.

Zwei wichtige Grundelemente der Identität sind das Lebensalter, nicht ausschließlich verstanden als chronologisches Alter sowie das Geschlecht als ein Strukturelement, das nach allen bisher bekannten Erfahrungen in unserem Kulturkreis zu einer spezifischen Umweltstruktur beiträgt[14].

Aspekte der Identität sollen durch die Bestimmung der eigenen Sicht als Fernstudent in Abgrenzung zu den Studierenden an Präsenzuniversitäten herausgearbeitet werden. Hierbei ist die Grundannahme, daß es insbesondere die strukturelle Andersartigkeit des Fernstudiums ist, die zu einer spezifischen Identitätsbildung als Erwachsener im Fernstudium beiträgt. Das Ausmaß der Ich-Beteiligung am Fernstudium, als Indikator für eine Identifikation, läßt eben-

---

[14] Inzwischen gibt es zu diesem Themenbereich umfangreiche psychologische Literatur. So z. B. Peterson, Wekerle und Morley (1978), Flade (1987) oder Ostner (1981).

falls auf den Stellenwert des Studiums in der subjektiven Gewichtung einzelner identitätsbestimmender Elemente schließen. Zu diesen, primär auf die studentische Situation ausgerichteten Fragen, kommen allgemeine, die eher auf grundsätzliche Strukturen schließen lassen. Dieses ist vermutlich am sichersten über die Art der individuellen Zukunftsplanung zu erfassen.

Neben den Einzelitems, die ein möglichst differenziertes Bild ergeben sollen, werden im Zusammenhang mit der Studiensituation auftretende psychosomatische Probleme analysiert, da vielfach die Wechselwirkungen zwischen allgemeinen Lebensbedingungen und ihren Auswirkungen nicht real erfaßt werden.

4.3.4.1 Zusammenfassender Überblick

Die nachfolgende Zusammenstellung zeigt die Dimensionen der studentischen Identität.

Strukturdaten
Selbstbild
Fremdbild
Identifikation
Skala
    Eingeschränkte Studienfähigkeit
    Depressiv getönte vegetative Störungen
    Gefühl sozialer Ablehnung

4.4 Skalen zu den Umweltbereichen

Nachfolgend werden ausgewählte Skalen, deren Herkunft sowie der Prozeß der Adaptation für diese Untersuchung vorgestellt, die ergänzend zu den vorgestellten Sammlungen einzelner Items spezifische Dimensionen der Teilumwelt erfassen helfen sollen[15]. Dabei werden, soweit sinnvoll und notwendig, Ergebnisse der Faktoren- und Itemanalysen dargestellt und diskutiert. Die jeweiligen Werte zu den einzelnen Untersuchungsschritten werden in entsprechenden Tabellen zusammengefaßt.

---

[15] Da die einzelnen Skalen in den entsprechenden Publikationen zugänglich sind, wird auf eine detailllierte Darstellung an dieser Stelle verzichtet.

4.4.1 Skala Studienzufriedenheit

Ausgehend von einer umfangreichen Zahl von Untersuchungen zur Arbeitszufriedenheit von Berufstätigen (vgl. Fischer, 1985) wird in dieser Untersuchung versucht, eine empirische Analyse der Zufriedenheit mit den Bedingungen im Fernstudium durchzuführen. Hintergrund dieser Teiluntersuchung ist
die Überlegung, daß ein Studium teilweise analoge Strukturen zur Arbeitswelt aufweist, wie in den Ausführungen zum Fernstudium diskutiert wurde.
In der Ausgangsversion der Skala, die auf die Zufriedenheit in konkreten Berufsumwelten abzielt, werden theoretisch die folgenden Dimensionen entwickelt:

- Selbstverwirklichung
- Resignation
- Bezahlung
- Firma bzw. Atmosphäre (vgl. Fischer, 1985, S. 207 ff.).

Bereits in früheren empirischen Untersuchungen (Miller, 1980, Miller und
Rechtien, 1981) wurde die von Fischer und Lück (1972) entwickelte Skala
zur Arbeitszufriedenheit so modifiziert, daß für die Umwelt Hochschule fakto-
renanalytisch bedeutsame Dimensionen gewonnen werden konnten. Die Verwendung einer modifizierten Skala auch bei Fernstudenten ist aus zwei, nicht
vollkommen voneinander unabhängigen, Gründen sinnvoll. Zum einen dürfte, entsprechend der theoretischen Orientierung dieser Arbeit, die Wahrnehmung der Studienbedingungen als Arbeitsbedingungen wesentlich ausgeprägter sein als bei Präsenzstudenten. Zum anderen sind Aspekte der Zufriedenheit
im Rahmen der Analyse subjektiver Umweltbedingungen, wie in den theoretischen Ausführungen diskutiert wurde, von großer Bedeutung. Für die Übertragung auf die Zufriedenheit mit dem Hochschulstudium werden dabei die
folgenden Dimensionen benannt:

- Selbstverwirklichung
- Resignation
- Identifikation
- fachspezifische Atmosphäre

Eine Weiterverwendung dieser Skala für die Analyse der Zufriedenheit im Fernstudium machte aber eine nochmalige Modifikation der Skala notwendig. Insbesondere Aspekte der fachspezifischen Atmosphäre, die entsprechend der Definition durch die Interaktionsprozesse in Lehrveranstaltungen und sonstigen Kontakten zu Lehrenden geprägt werden, entfallen weitgehend unter den im Fernstudium herrschenden Bedingungen.

4.4.1.1 Faktorenanalyse

Faktorenanalysen, die zu den einzelnen Faktoren und im weiteren Verlauf zu den einzelnen Subskalen führen, wurden - wie bei allen im Rahmen dieser Arbeit verwendeten Skalen - mit dem SPSS-Programm (vgl. Nie, Bent und Hull, 1970) durchgeführt. Nach einer Faktorenextraktion nach der Hauptachsenmethode wurde eine iterative Kommunalitätenschätzung vorgenommen. Anschließend wurden Varimax-Rotationen durchgeführt, die orthogonale Faktoren mit dem Ziel der Vereinfachung der Spalten der Faktorenmatrix produzieren. Das Kriterium für die Anzahl der zu extrahierenden Faktoren war ein Eigenwert von mindestens 1.0 (vgl. Überla, 1968 oder Revenstorf, 1980).

Tabelle 2: Eigenwerte der Skala Studienzufriedenheit

Faktor	Eigenwert	Varianz	Varianz kum.
1	6.3	25.2	25.2
2	2.3	9.2	34.4
3	1.4	5.6	40.0
4	1.3	5.1	45.1
5	1.1	4.5	49.6
6	1.0	4.1	53.7

Die Daten der Tabelle zeigen insgesamt sechs Faktoren mit Eigenwerten größer als 1.0. Diese sechs Faktoren erklären zusammen 53.7% der Gesamtvarianz. Zwei Faktoren sind dabei von größerer Gewichtigkeit. Der erste Faktor mit einem Eigenwert von 6.3 erklärt 25.2% der Gesamtvarianz, der zweite mit einem Eigenwert von 2.3 noch 9.2% der Gesamtvarianz, der dritte und der vierte Faktor erklären jeweils gut 5% der Gesamtvarianz, so daß die ersten vier Faktoren insgesamt 45% der Gesamtvarianz erklären. Da von einer Ursprungsskala mit vier Dimensionen ausgegangen wird und bei der sich abzeichnenden sechs-Faktoren-Lösung zumindest die Faktoren fünf und sechs als sehr schwach angesehen werden müssen, wird die Berechnung eines vier-Faktoren-Modells durchgeführt. Es zeigt sich eine klare Zuordnung der einzelnen Ladungen zu den vier Faktoren. Die Ergebnisse zeigen eine große Ähnlichkeit mit denen der empirischen Untersuchung an Präsenzstudenten (Miller und Rechtien, 1981). Erkennbar wird, daß Aspekte der Selbstverwirklichung und der Resignation bzw. der Unzufriedenheit sowohl in der beruflichen als auch in der studentischen Umwelt von Bedeutung sind. Der Aspekt der Zukunftschancen verweist eher auf die zukunftsverändernde Wirkung des Fernstudiums, während die Bewertung des Studiums als „harte Zeit" auch Aspekte der Atmosphäre einschließt.

Die Analyse der Schwierigkeitsindizes ist Teil der Itemanalyse der klassischen Testtheorie (vgl. Lienert, 1969, S. 87ff) und ermittelt den Anteil der „richtigen" zu den „falschen" Antworten im Sinne der Testkonstruktion. Im Falle der Skalenkonstruktion sind „richtige" Antworten diejenigen, bei denen die Mehrzahl der Befragten Kommilitonenkontakte und Studieninitiative bekundet. Die Analyse des Schwierigkeitsindexes hat im Rahmen der hier gewählten Vorgehensweise eine weniger bedeutsame Funktion, hilft aber bei der Bestimmung der Differenzierungsfähigkeit des Items und der ausreichenden Streuung der Schwierigkeitsindizes.

Selbstverwirklichung (Faktor I)
Der erste Faktor enthält Items, die das Fernstudium sehr deutlich als ein Element der Selbstverwirklichung bewerten. Aus diesem Grund wird die oben genannte Kurzbezeichnung dieses Faktors gewählt (Alpha = 0.77).

Unzufriedenheit (Faktor II)
Der zweite Faktor enthält Items, die insgesamt die Unzufriedenheit mit der konkreten Studiensituation zum Ausdruck bringen. Die Kurzbezeichnung des Faktors lautet entsprechend (Alpha = 0.73).

Zukunftschancen (Faktor III)
Der Faktor enthält Items, die dem Fernstudium bei der Bewältigung der individuellen Zukunft einen hohen Stellenwert beimessen. Die Kurzbezeichnung des Faktors lautet entsprechend (Alpha = 0.69).

Harte Zeit (Faktor IV)

Dieser Faktor enthält Items, die das Fernstudium als die härteste Zeit des Lebens beschreiben. Dieses führt zu einer erheblichen Einschränkung in anderen Lebensbereichen. Die Kurzbezeichnung lautet entsprechend (Alpha = 0.56).

Die Analyse der Schwierigkeitsindizes zeigt durchgängig hohe Prozentwerte, d. h. bis auf wenige Ausnahmen sind im testtheoretischen Sinne die Items als leicht anzusehen. Es gibt also eine größere Anzahl derjenigen Aussagen, die Zufriedenheit mit dem Studium anzeigen. Die Betrachtung der einzelnen Items zeigt, daß von der Zahl der Items her nahezu gleichstarke Subfaktoren und damit Subskalen gebildet werden konnten. Die Trennschärfen der aus Faktor I gebildeten Likertskala sind akzeptabel und der Reliabilitätskoeffizient mit Alpha 0.77 ist gut. Die Trennschärfen im Faktor II liegen bis auf eine Ausnahme im guten Bereich. Das Item wurde dennoch in der Skala belassen, da der Reliabilitätskoeffizient mit Alpha 0.73 einen hohen Wert besitzt. Die Trennschärfen im Faktor III sind ebenso wie der Reliabilitätskoeffizient mit Alpha 0.69 zufriedenstellend. Das gleiche gilt bis auf eine Ausnahme für den Faktor IV. Hier ist ein Item auffällig. Der Reliabilitätskoeffizient liegt mit Alpha 0.56 gerade noch im Toleranzbereich.

4.4.2 Skala Hochschulsozialisation

Da bei den spezifischen Bedingungen einer akademischen Weiterqualifikation neben dem Beruf und allen anderen Verpflichtungen eine Sozialisation durch geographisch-physikalische Umweltbedingungen nur sehr bedingt angenommen werden kann, zielt die zu entwickelnde Skala insbesondere auf die Analyse der Bedingungen der sozialen Umwelt Hochschule, die sich u. a. in der Existenz der Kommilitoninnen und Kommilitonen manifestiert.

Konstruktion und Vortestung der Skala sind darauf angelegt, eine differentielle Analyse und Messung relevanter Einzelaspekte der hochschulischen Sozialisation in Form verschiedener Subskalen zu erfassen. In Anlehnung an andere Sozialisationsuntersuchungen sollen zumindest Aspekte der Einflüsse durch Kommilitonenkontakte und des inhaltlichen Interesses am Fachgebiet erfaßt werden. Diese Überlegungen bestimmen Auswahl und Konstruktion der Items. Zur methodischen Überprüfung wird ebenfalls die Faktorenanalyse eingesetzt. Diese ist trotz der Heterogenität der Stichprobe als Suche nach zentralen Faktoren der Sozialisation in dem hier vorgegebenen Rahmen zulässig.

Zur Entwicklung der Skala für die untersuchungsspezifische Fragestellung werden die Subskalen der Konstanzer Skala der „Hochschulumwelt" (UW-PH) herangezogen (Dann et al., 1978, S. 359). Mittels eines Expertenratings durch Projektmitarbeiter und Studierende wird eine Auswahl der Items vorgenommen. Ziel dieses Verfahrens war zum einen die Kürzung der umfangreichen Ausgangsskala für die Verwendung im Rahmen dieser Untersuchung und zum anderen die inhaltliche Konzentration auf die „Kommilitonenkontakte" als wahrscheinlich primär sozialisierende Bedingung und das „Wissenschaftsinteresse" als ebenfalls bedeutsame Sozialisationskomponente. So ist die Studentenstichprobe bei aller Heterogenität in einem wesentlichen Kriterium einheitlich. Alle Befragten sind der Umwelt Fernuniversität als sozialisierende Einflußgröße ausgesetzt, so daß die Analyse der Faktorenstruktur über die Gesamtheit der befragten Studierenden durchgeführt wird und nicht auf der Ebene möglicher Subpopulationen.

Durch die aufgrund der vorgenommenen Itemauswahl zu erwartende Kürzung und inhaltliche Modifikation der Ausgangsskala ist es angebracht, mit einer Berechnung der Faktorenstruktur der „neuen" adaptierten Skala, eine vorgesehene Differenzierung verschiedener innerer Aspekte von Sozialisation durch die Hochschule an der Stichprobe zu überprüfen. Zu bedenken ist dabei, daß alle Items sowohl Bedeutungsträger als auch Bedeutungskomponenten beinhalten. D. h. sie stellen Aspekte der Sozialisation ebenso dar wie Bewertungskriterien der Sozialisation. Die Faktoren verdeutlichen demnach, in welchem Ausmaß die Beantwortung jeder Frage primär vom jeweiligen Bedeutungsträger oder von der Bedeutungskomponente abhängig gemacht wird.

4.4.2.1 Faktorenanalyse

Die nachfolgende Tabelle zeigt, daß insgesamt vier Faktoren mit einem Eigenwert größer als 1.0 errechnet wurden, daß aber nur der erste Faktor mit einem Eigenwert von 3.87 einen bedeutsamen Teil der Varianz erklärt (24.2%). Bereits der zweite Faktor mit einem Eigenwert von 1.95 weist einen erheblich geringeren Anteil erklärter Varianz auf (12.2%). Die Faktoren III und IV bringen nur noch geringfügige Ergänzungen der erklärten Varianz. Im Hinblick auf den ohnehin zu erwartenden großen Umfang des Fragebogens werden deshalb die beiden schwachen Faktoren eliminiert, so daß diese Skala in einer zweidimensionalen Form Verwendung findet. Eine Rotation des 2-Faktoren-Modells wurde vorgenommen.

Tabelle 3: Eigenwerte der Faktoren zur Hochschulsozialisation

Faktor	Eigenwert	Varianz	Varianz kum.
1	3.9	24.2	24.2
2	2.0	12.2	36.4
3	1.2	7.6	43.9
4	1.0	6.5	50.4

Die Betrachtung der Ladungen des zweiten Faktors zeigt insgesamt ein nicht sonderlich befriedigendes Bild. So weisen nur sechs Items eindeutig höhere Ladungen auf. Alle sechs beschreiben ein überdurchschnittliches inhaltliches Interesse, welches sich auch in Aktivitäten ausdrückt, wie z. B. dem zusätzlichen Belegen von Studienangeboten und dem Einholen von Informationen über Lehrveranstaltungen an anderen Universitäten.

Eine Betrachtung der Trennschärfen der ersten Subskala „Kommilitonenkontakte" zeigt insgesamt ein zufriedenstellendes Ergebnis. Lediglich ein Item liegt in einem kritischen Bereich. Erwartungsgemäß zeigt sich hier auch eine niedrige Faktorenladung. Trotzdem soll dieses Item in der Skala verbleiben. Die Analyse der Trennschärfen für den zweiten Faktor zeigt durchgängig schlechte Werte, so daß dessen weitere Verwendung als problematisch angesehen werden muß.

Die Reliabilität zur Überprüfung der internen Konsistenz der Subskalen wurde mit dem Alpha-Koeffizienten aus dem SPSS-Programm berechnet. Der Wert von Alpha = 0.82 für den ersten Faktor ist außerordentlich hoch und berechtigt zu einem Einsatz der Subskala im Rahmen dieser Untersuchung. Der Reliabilitätskoeffizient für den zweiten Faktor liegt mit 0.36 so niedrig, daß auf eine Verwendung dieser Subskala verzichtet wird.

Kommilitonenkontakte (Faktor I)
Dieser Faktor beschreibt das Ausmaß der Kontakte zwischen den Kommilitoninnen und Kommilitonen. Die unterliegende Annahme ist, daß als Ersatz für die an den Präsenzuniversitäten möglichen Formen der

gemeinsamen Bildung einer studentischen Identität die im Fernstudium stattfindenden Kontakte das Entstehen einer studentischen Subkultur begünstigen (Alpha = 0.82).

Wissenschaftsinteresse (Faktor II)
Dieser Faktor beschreibt das Ausmaß der über den Pflichtanteil im Studium hinausgehenden Initiative der Studenten. Die dahinter stehende Annahme ist, daß das Interesse an und die Auseinandersetzung mit hochschulpolitischen und/oder wissenschaftspolitischen Ereignissen einen Rückschluß auf den Stellenwert des Studiums für den einzelnen erlaubt. Diese Tendenz wird noch verstärkt, wenn der Studierende sich auch für über das eigentliche Fachstudium hinausreichende Inhalte interessiert (Alpha = 0.35).

4.4.3 Skala Alltagsbezug

Mit dieser Skala wird versucht, die Bewertung des Alltags- bzw. Berufsbezuges des Studiums, insbesondere der Studienmaterialien, zu erfassen. Hintergrund ist die Annahme, daß eine real vorhandene oder subjektiv empfundene Trennung zwischen Studieninhalten und allgemeiner Lebenssituation zu Schwie@rigkeiten im Studium führt und einer hochschulischen Sozialisation hinderlich ist. Zur Auswahl der Items für eine solche Skala wurde wiederum auf den Itempool der Konstanzer Untersuchung zurückgegriffen und hier insbesondere auf die dort entwickelte Subskala „Praxisbezug (PRAX)". Im Zuge des oben beschriebenen Verfahrens des Expertenratings und der Voruntersuchung wurde eine Verringerung der Itemzahl sowie eine Konzentration auf die entwickelte Teilfragestellung erreicht. Dabei ist es von besonderer Bedeutung, daß die Zielgruppe dieser Untersuchung bereits über aktuelle alltags- und berufspraktische Erfahrungen verfügt und somit der in den Konstanzer Skalen enthaltene antizipatorische Aspekt entfällt.

Die Tabelle der Eigenwerte als auch die Ergebnisse der weiteren Berechnungen sprechen für die Eindimensionalität im Sinne der Konstanzer Skala „Praxisbezug". Die Trennschärfen der Items sowie der Reliabilitätskoeffizient mit Alpha = .67 ist ebenfalls zufriedenstellend, so daß eine Verwendung als Skala sinnvoll erscheint.

Tabelle 4: Eigenwerte der Skala Alltagsbezug

Faktor	Eigenwert	Varianz	Varianz kum.
1	2.7	33.4	33.4
2	1.2	15.5	48.9
3	1.1	13.6	62.5

4.4.4 Skala zur Teilumwelt Beruf

Zu den Einzelindikatoren für eine sozialisatorische Wirkung der beruflichen Umwelt werden subjektive Aussagen über die nachfolgend dargestellte Skala Berufsumwelt miterhoben. Diese soll auf dem entsprechenden Meßniveau Aussagen zu dem Grad der sozialen Verflechtung der Studierenden mit ihrer beruflichen Umwelt ermöglichen. Nachfolgend werden solche Items und Skalenteile der Konstanzer Untersuchungen herangezogen, die - ähnlich der Vorgehensweise zur Konzeption der Teilumwelt Studium - die Qualität der sozialen Umwelt Beruf näher erfassen. Dabei werden wiederum durch „Experten" die ausgewählten Skalenteile gekürzt und auf die in dieser Arbeit relevanten Fragestellungen konzentriert. Als Vergleichselemente zu den Aussagen im Teilbereich Fernstudium sind bei der Analyse der Strukturen der beruflichen Umwelt Aspekte der Interaktion mit den Kollegen sowie das Ausmaß an Reglementierung oder Selbstbestimmung am Arbeitsplatz von besonderem Interesse. Entsprechend den Ausführungen zur Sozialisation durch den Beruf sind die Fähigkeiten zur Kooperation und die Bereitschaft zur Interaktion mit den Kollegen (auch außerhalb einer konkreten Arbeitssituation) sowie die Fähigkeit zum selbständigen Arbeiten auch für eine erfolgreiche Bewältigung der Studiensituation von Bedeutung. Die unter diesen Aspekten ausgewählten Skalenbestandteile werden für die Situation am Arbeitsplatz umformuliert, so daß insgesamt eine unter forschungsökonomischen Gesichtspunkten handhabbare Skala entwickelt werden kann. Angestrebt wird eine Dichotomisierung in die Dimensionen „Kollegenkontakte" und „Reglementierung".

4.4.4.1 Faktorenanalyse

Die Analyse der Faktorenstruktur zeigt insgesamt vier Faktoren mit Eigenwerten größer 1.0. Diese erklären zusammen 53.9 % der Varianz. Am stärksten ist der erste Faktor mit einem Eigenwert von 2.7. Der zweite und der dritte Faktor sind in etwa gleich stark, der vierte Faktor ist mit einem Eigenwert von 1.2 der schwächste.

Tabelle 5: Eigenwerte der Faktoren zur beruflichen Umwelt

Faktor	Eigenwert	Varianz	Varianz kum.
1	2.7	21.0	21.0
2	1.6	12.5	33.5
3	1.5	11.5	45.1
4	1.2	8.9	53.9

Reliabilitätskoeffizienten und Trennschärfen der Items sind aufgrund der Kürze der Subskalen nicht bei allen vier Faktoren befriedigend, so daß die zusätzliche Analyse der Merkmale der beruflichen Umwelt mittels Skalen nur für die Subskalen Kollegenkontakte und Teamstrukturen vertretbar erscheint.

Kollegenkontakte (Faktor I)
Der erste Faktor enthält Items, die ein Kontaktverhalten beschreiben, welches weit über den beruflich notwendigen hinausgeht. Die Items definieren unterschiedliche Situationen, die auch die privaten Bindungen zu den Kolleginnen oder Kollegen umfassen. Die Kurzbeschreibung des Faktors lautet aus diesem Grund „Kollegenkontakte" (Alpha = 0.56).

Teamstrukturen (Faktor II)
Die Items des zweiten Faktors beschreiben im allgemeinen Aspekte eines guten Arbeitsklimas bei klar vorgegebenen Teamstrukturen. Die Kurzbezeichnung des Faktors lautet deshalb „Teamstrukturen" (Alpha = 0.52).

Einzelleistung (Faktor III)
Der dritte Faktor beschreibt eine Arbeitsplatzsituation, in der im wesentlichen die Einzelleistung, möglicherweise in der Konkurrenz zu den Kollegen, gefordert ist. Diese Situation bedingt auch eine Auseinandersetzung mit beruflichen Problemen während der Freizeit. Die Kurzbezeichnung des Faktors lautet deshalb „Einzelleistung" (Alpha = 0.49).

Reglementierung (Faktor IV)
Dieser Faktor im Bereich der beruflichen Umwelt beschreibt eine Arbeitssituation, die durch ein starres Reglement die Einzelinitiative weitgehend verhindert. Die Kurzbezeichnung lautet „Reglementierung" (Alpha = 0.45).

4.4.5 Skala zur Teilumwelt Familie

Wie bereits ausgeführt wurde, hat die Mehrzahl der Fernstudierenden bereits eine eigene Familie gegründet oder lebt in einer familienähnlichen Lebensgemeinschaft. Deshalb wird mit der Skala zur Familienumwelt versucht, wichtige Strukturen der sozialen Umwelt Familie zu erfassen. Dabei wird auch diese Skala nach dem bereits beschriebenen Verfahren für die spezifische Untersuchungsfragestellung modifiziert. Die Gesamtskala soll dabei zwei inhaltlich differente Dimensionen enthalten. Im Gegensatz zur Konstruktion der bisher vorgestellten Skalen wurden die entsprechenden Items auf der Basis der Informationen der Vorinterviews weitgehend selbständig zusammengestellt.

4.4.5.1 Faktorenstruktur

Entsprechend den theoretischen Vorüberlegungen wird eine Zweidimensionalität der Skala erwartet. Es zeigten sich bei der Zusammenstellung der Eigenwerte insgesamt fünf Faktoren mit Eigenwerten größer als 1.0. Diese erklären einen Anteil von ca. 53% an der Gesamtvarianz. Es zeigen sich ein sehr starker erster Faktor und zwei schwächere. Um die vorgegebene Dimensionalität zu realisieren, wird die Zwei-Faktoren-Lösung angestrebt. Die Faktorenladungen zeigen, daß auf einem dritten Faktor lediglich zwei Items nennenswerte Ladungen aufweisen, so daß eine Rotation der zwei Faktoren erfolgen konnte.

Tabelle 6: Eigenwerte der Faktoren zur familiären Umwelt

Faktor	Eigenwert	Varianz	Varianz kum.
1	3.2	19.1	19.1
2	1.8	10.7	29.8
3	1.6	9.4	39.2
4	1.2	7.1	46.3
5	1.2	6.9	53.3

Die Werte der Itemanalyse zeigen im wesentlichen vertretbare Trennschärfen der einzelnen Items sowie Reliabilitätskoeffizienten, die eine Verwendung der beiden Subskalen ermöglichen.

Familienunterstützung (Faktor I)

Dieser Subfaktor enthält Items, die im wesentlichen auf eine Unterstützung des Studierenden durch die Familie hinweisen. Die Kurzbezeichnung lautet deshalb „Familienunterstützung" (Alpha = 0.59).

Familienabsprache (Faktor II)

Dieser Faktor enthält solche Items, die auf eine klare Absprache und Planung innerhalb der Familie schließen lassen (Alpha = 0.56).

4.4.6 Skala Studentische Probleme

Obwohl die Anstöße zur Entwicklung der Ursprungsskala zur Analyse studentischer Probleme zu Beginn der 70er Jahre gegeben wurden (vgl. Sander und Lück, 1974), sind Probleme wie

- Anonymität des universitären Massenbetriebes
- mangelnde Durchschaubarkeit von Studiengängen, Lehr- und Prüfungsinhalten
- geringe Informationshilfen
- geringer Praxisbezug der Studieninhalte

nach wie vor aktuell und ungelöst. Hinzu kommt die in den letzten Jahren in nicht wenigen Studiengängen zunehmend stärker auftretende Angst vor der Arbeitslosigkeit nach dem Studium. Diese Situation ist allerdings mit der von berufstätigen Fernstudierenden nicht unmittelbar vergleichbar. Die anderen aufgeführten Probleme sind dagegen zum Teil auch für die Situation der Fernstudierenden bedeutsam. Die Anonymität des Massenbetriebes wird ersetzt durch die Anonymität des allein Studierenden. Ohne im einzelnen alle Gründe analysieren zu können, scheint hier mit eine Ursache für die auffallend hohen Abbrecherquoten im Fernstudium zu liegen (vgl. Bartels et al., 1980, 1984).

Eine Analyse der Auswirkungen der akademischen Weiterbildung und der Veränderungen in den angrenzenden Umweltbereichen fordert eine detailliertere Untersuchung möglicher Wechselwirkungen. Dieses macht aber eine isolierte Betrachtung von Studienproblemen als Krankheit oder Privatsache des Einzelnen unmöglich. Vielmehr soll gerade eine Subsumtion dieses Aspektes unter dem zu operationalisierenden Begriff der Identität „seine ganzheitliche Verflechtung der Studiensituation mit kognitiven, affektiven und sozialen Entwicklungsprozessen des Studenten" deutlich machen (Sander und Lück, 1974, S. 2). Die Skala „Studentische Probleme" ist auch deshalb von Bedeutung, weil sie gerade unter den spezifischen Bedingungen eines isolierten und anonymisierten Studiums Hinweise auf negative Sozialisationseffekte geben kann. Darunter soll verstanden werden, daß die bereits angesprochene Trennung zwischen Bildung und Wissensvermittlung implizit ein Sozialisationsideal schafft, das bei Reduktion zwischenmenschlicher Orientierungen den gesellschaftlichen Werten einer primär technischen Intelligenz den Vorrang einräumt. Das Defizit psychosozialer Absicherung kann bei Aspekten der Identitätsveränderung im Erwachsenenalter zu Verunsicherung und Konflikten führen. Gerade der fehlende Vergleich mit anderen Studenten kann dann bewirken, daß auftretende Probleme beim Studierenden Schuldgefühle und Versagensängste hervorrufen.

In der Originalfassung (Sander und Lück, 1974) enthält der Fragebogen 44 Items zu allgemeinen Erlebens- und Verhaltensstörungen, Fragen zu konkretem Studienverhalten und zu Störungen der Studientätigkeit. Diese Items entstammen der „Problem-check-list" von Mooney und Gordon (1950). Sie beziehen sich auf Motivation, Stimmung, vegetative Reaktionen und Sozialkontakt. Durch Faktorenanalysen auf Itemebene ergaben sich drei Faktoren, so daß die jeweiligen Items zu Subskalen, die unabhängige Problembereiche darstellen, zusammengefaßt werden konnten:

1. *Eingeschränkte Studienfähigkeit* (Items wie Unsicherheit über Begabung, Entscheidungsschwierigkeiten, Konzentrationsstörungen usw.)

2. *Depressiv getönte vegetative Störungen* (Items wie Nervosität, Spannungen, Schwäche, Schwermütigkeit, sich abgespannt und gerädert fühlen, usw.)

3. *Gefühl sozialer Ablehnung* (Items wie Verletztsein, Kontaktschwierigkeiten, Gefühle des Unverstandenseins durch andere, Gefühl unsympatisch zu sein, Minderwertigkeitsgefühle haben usw.) (vgl. Sander und Lück, 1974, S. 31).

Die Subskalen sind inhaltlich relativ konsistent und zuverlässig. Daraus ist zu schließen, daß die in den Items einer Dimension genannten Verhaltensweisen und Störbereiche positiv untereinander korrelieren und verschiedene Aspekte und Problembereiche erfassen. Dieses ist auch für die hier vorgelegte Arbeit von Bedeutung, da die einzelnen Faktoren nicht als isolierte Teile anzusehen, sondern untereinander verbunden sind.

Für eine Verwendung der Skala im Rahmen der hier dargestellten Untersuchung werden die meisten Items unverändert übernommen, zumal die Ergebnisse der an Präsenzstudenten vorgenommenen Untersuchung von Miller (1981) die von Sander und Lück (1974) entwickelten Dimensionen widerspiegelten.

Die Daten der Faktorenanalyse lassen insgesamt sechs Faktoren mit Eigenwerten größer als 1.0 erkennen. Diese erklären zusammen 48.5 % der Gesamtvarianz. Der erste Faktor mit mit einem Eigenwert von 10.5 erklärt 29.3 % der Gesamtvarianz, der zweite Faktor mit 1.9 noch 34.5 % der Gesamtvarianz, so daß die ersten drei Faktoren insgesamt ca. 39.0 % der Gesamtvarianz erklären. Die Berechnung eines Drei-Faktoren-Modells zeigt eine klare Zuordnung der einzelnen Ladungen zu den drei Faktoren.

Tabelle 7: Eigenwerte der Faktoren zu Studienproblemen

Faktor	Eigenwert	Varianz	Varianz kum.
1	10.5	29.3	29.3
2	1.9	5.2	34.5
3	1.6	4.4	38.8
4	1.3	5.1	45.1
5	1.1	3.2	45.6
6	1.1	3.0	48.5

Die Bewertung der Trennschärfen der einzelnen Items in den drei Subskalen zeigt insgesamt positive Ergebnisse, so daß unter Berücksichtigung der ebenfalls guten bis zufriedenstellenden Reliabilitätskoeffizienten einer Verwendung der Skala im Rahmen der Untersuchungen zugestimmt werden kann. Lediglich in der Subskala „Gefühl sozialer Ablehnung" liegen die Trennschärfen für drei Items in der Nähe des kritischen Bereiches. Alle drei Subskalen weisen eine hohe innere Konsistenz auf mit einem Reliabilitätskoeffizienten Alpha von über 0.76. Die Verteilung der Schwierigkeitsgrade kann als durchaus befriedigend angesehen werden. Insgesamt liegen sie eher im „schwierigen" Bereich, d. h. in diesem Fall, daß die studentischen Probleme - entgegen der Intention der Skala - nicht so ausgeprägt sind. Am wenigsten schwierig sind die Items, die inhaltlich zum einen Nervosität und zum anderen das Nichtloskommen von Ideen beschreiben. Am schwierigsten ist das Item, das die Häufigkeit von Selbstmordgedanken anspricht. Insgesamt sind damit auch aus theoretischer Sicht ausreichend „schwierige Items" gegeben, um diejenigen Personen mit geringen psychosozialen Problemen hinreichend differenzieren zu können.

Eingeschränkte Studienfähigkeit (Fak. I)

   Der Faktor beschreibt einen Zustand der Unsicherheit und des Gefühls der sozialen Ablehnung, das zu einer Beeinträchtigung der sozialen Beziehungen im Studium führen kann. Dieses ist insbesondere in einem auf Isolation angelegten Studiensystem als zusätzliche Erschwernis zu sehen (Alpha = 0.87).

Gefühl sozialer Ablehnung (Fak. II)

   Dieser Faktor enthält Items, die den Zustand, wie z. B. Probleme mit dem anderen Geschlecht, Selbstmordgedanken, Nichtverstandenwerden, Unausgefülltsein und Hoffnungslosigkeit, beschreiben (Alpha = 0.86).

Depressiv getönte vegetative Störungen (Fak. III)

   Der Faktor enthält Items, die im wesentlichen den Zustand der inneren Unruhe und Angst beschreiben. Hinzu kommen solche wie Schlafprobleme oder der Verlust sexuellen Interesses (Alpha = 0.77).

4.5 Die Untersuchungsinstrumente

4.5.1 Der Fragebogen

Wie bereits ausgeführt, soll ein großer Teil der Untersuchungsdaten mittels einer schriftlichen Befragung gewonnen werden. Zu diesem Zweck werden alle im Zusammenhang mit den Operationalisierungen entwickelten Einzelitems sowie die entsprechenden Skalen zu einem Fragebogen zusammengestellt. Ebenso wie bei den Einzelitems werden auch für die verwendeten Skalen fünfstufige Antwortvorgaben verwendet. Das findet zum einen seine Begründung darin, daß dieses auch bei den adaptierten Skalen in anderen Untersuchungen so praktiziert wurde und zum anderen darin, daß dadurch die formale Gleichheit zwischen Einzelitems und Skalen in dem hier zu entwickelnden Fragebogen gewährleistet ist. Diese formale Gleichheit wird angestrebt, um die Einzelitems mit den Skalenitems mischen zu können, ebenso wie auch die Themenbereiche im Fragebogen aufgelöst werden, um die üblichen Artefakte (halo-Effekt, Verzerrungen etc.) weitgehend ausschließen zu können. Außerdem ist zu befürchten, daß bei inhaltlicher und formaler Gleichartigkeit über längere Passagen des Fragebogens hinweg Ermüdungserscheinungen auftreten, die zu einer Antworttendenz im mittleren Vorgabenbereich führen.

Auf offene Fragen muß bei dem geplanten Umfang der Befragung verzichtet werden. Diese Entscheidung wird zusätzlich unterstützt durch das Vorhaben, in weiteren Teiluntersuchungen „offenere" oder „qualitativere" Verfahren einzusetzen. Bei Fragen nach den „objektiven" Umweltdaten sowie zur Biographie der Studierenden werden solche Antworten vorgegeben, die sich aus den Operationalisierungen ableiten lassen bzw. aus der Hochschulstatistik zu entnehmen sind.

Beispiel.: In welchem Fachbereich studieren Sie?

Mathematik/Informatik
Erziehungs- und Sozialw.
Wirtschafts- und Rechtsw.

Bei den subjektiven Daten werden jeweils fünfstufige Antwortvorgaben gemacht. Dabei werden die einzelnen Stufen mit einer auf die Fragestellung abgestimmten Bezeichnung versehen. Dieses Verfahren wird gewählt, um den Befragten die Möglichkeit zu differenzierteren Stellungnahmen einzuräumen. Mehr als fünf Antwortstufen ergeben nach allgemeinen Erfahrungen keinen wesentlich höheren Grad an Differenziertheit und überfordern - insbes. bei der Vielzahl der Items in diesem Fragebogen - die Beantworter.

Beispiel.: Mit der didaktischen Aufbereitung des Studienmaterials bin ich zufrieden

stimmt genau
stimmt weitgehend
stimmt zum Teil
stimmt weniger
stimmt überhaupt nicht

Alle Antwortkategorien werden mit Code-Ziffern versehen, die von den Befragten in das entsprechende Kästchen zu übertragen sind. Die Verfahrensweise wird in der vor dem Fragenteil befindlichen Instruktion erläutert.

Zur Verwendung der Skalen im Rahmen der schriftlichen Befragung ist auf die Darstellung ihrer guten bis befriedigenden Kennwerte zu verweisen. Dabei ist noch einmal hervorzuheben, daß es im Rahmen der Analyse darum geht, mit Hilfe der Instrumente inhaltliche Fragestellungen zu bearbeiten und nicht zu neuen, verbesserten Skalen zu kommen. Die Bedeutung der Skalen in der Gesamtheit der verwendeten Methoden und Instrumente ist eine nachgeordnete. Ihr Einsatz ist nur sinnvoll im Zusammenhang mit den anderen Erhebungsverfahren, um eine Annäherung an den zu analysierenden Sachverhalt aus mehreren unterschiedlichen methodischen Positionen heraus und auf mehreren Ebenen zu versuchen.

Zur vorherigen Kontrolle inhaltlicher Unkorrektheiten und des Zeitaufwandes für die Beantwortung werden zwanzig freiwillige Fernstudierende gebeten, den Gesamtfragebogen einer „Experten-Prüfung" zu unterziehen. Das Ergebnis dieser letzten Überprüfung führt zur Kürzung des Fragebogens um solche Items, die von großer inhaltlicher Ähnlichkeit sind und bei einigen Items, die nicht Bestandteil der verwendeten Skalen sind, zu Umformulierungen. Insgesamt entsteht ein Fragebogen, der in einem Zeitraum von etwa einer halben Stunde ausgefüllt werden kann.

4.5.2 Themenanalyse der schriftlichen Kommentare

Auf der letzten Seite des Fragebogens werden die Studierenden wie folgt aufgefordert[16]:

"Falls Sie zu Ihrer Zeichnung noch Ausführungen machen wollen oder zum Fragebogen noch Anmerkungen haben, benutzen Sie dazu bitte die letzte Seite".

---

[16]Die Aufforderung bezieht sich sowohl auf die Bitte, Zeichnungen anzufertigen, als auch auf die Möglichkeit, schriftliche Kommentare zu erstellen.

Allgemein entspricht die Deskription von Inhalten der Textanalyse (Titz-mann, 1977). Ein solches Verfahren führt im Rahmen dieser Arbeit aller-dings deshalb nicht weiter, da nur eine syntaktische Beschreibung im Sinne einer qualitativen Analyse von Wörtern etc. geleistet wird. Es wird bei der Auswertung der schriftlichen Kommentare, zu denen die Studierenden aufge-fordert werden, ein Verfahren gewählt, das am ehesten mit dem einer Themen-analyse vergleichbar ist. D. h. aus dem theoretisch entwickelten und empi-risch erfaßten Zusammenhang werden vorab Kategorien gebildet, die durch die Analyse der Texte ergänzt werden und auf der semantischen Ebene alle vor-kommenden Inhalte abdecken sollen.

Aufgrund der Indikatorenentropie ist allerdings zu beachten, daß die Wahr-scheinlichkeit des Auftretens bestimmter Textmerkmale steigt, je umfangrei-cher die Erhebungseinheiten (Kategorien) definiert werden. Die auch in diesem Untersuchungsteil auftretende Problematik ist die einer trennscharfen Defini-tion solcher Kategorien. Diese Schwierigkeit tritt in dieser Arbeit um so stär-ker auf, als es sich gerade aufgrund der theoretischen Vorüberlegungen um enge Wechselwirkungen handelt, die über ein solches Verfahren erfaßt werden sollen. D. h. die einzelnen Kategorien oder Themen überlagern sich vermut-lich stark.

Zusätzlich zu der Analyse einzelner Themen soll deren Bedeutung für die Kommunikatoren miterfaßt werden. Blumer (1973) weist in diesem Zusam-menhang darauf hin, daß bei der Kategorienbildung nicht nur die Fragestel-lung und die dahinter stehende Theorie bedeutsam sind, sondern ebenso der vorliegende Text. Dieses schon deshalb, weil die Kategorien des „Senders" nicht unbedingt identisch sein müssen mit denen des Empfängers. Wenn da-bei jeder einzelne Kommentar in mehrfacher Hinsicht analysiert wird, soll da-bei versucht werden, nicht ausschließlich subjektive Interpretationen zu lie-fern (vgl. Hund, 1968). Nach Berelson und Lazarsfeld (1948) sind dabei die folgenden Aspekte zu beachten:

1. Aufdeckung relevanter Merkmalsdimensionen. Hier werden dazu die im Rahmen der Operationalisierungen entwickelten Dimensionen der ein-zelnen Teilumwelten herangezogen.

2. Herstellung einer Ordnung durch die Bildung von Kategorien.

3. Analyse der Beziehungen von Kategorien. Dieses deckt sich mit der Zielsetzung der Untersuchung, die Wechselwirkungen zwischen diesen einzelnen Dimensionen der Teilumwelten deutlich zu machen.

Holsti (1969, zitiert nach Merten, 1983, S. 95) stellt dabei die folgenden Forderungen zur Bildung eines Kategorienschemas auf:

a) Das Kategorienschema soll theoretisch abgeleitet sein, d. h. es soll mit den Zielen der Untersuchung korrespondieren;

b) das Kategorienschema soll vollständig sein, d. h. es soll die Erfassung aller möglichen Inhalte gestatten;

c) die Kategorien sollen wechselseitig exklusiv angelegt sein;

d) die Kategorien sollen einem einheitlichen Klassifikationsprinzip genügen;

f) die Kategorien sollen eindeutig definiert sein.

Wie bereits ausgeführt, ist die Intention der Themenanalyse die Inferenz auf den Kommunikator (Fernstudent) und dessen Lebenssituation. Sie bildet somit die Basis für die Kontingenz- und Bedeutungsfeldanalyse. Dieses Verfahren wurde zuerst an Presseuntersuchungen entwickelt und erprobt (vgl. Willey, 1926 oder Laswell, 1927). Problematisch ist, daß auch bei diesem Verfahren eine Reduktion von Informationen stattfindet. Der Vorteil ist allerdings eine ökonomische Handhabung der großen Zahl der Kommentare. Gleichzeitig geht es darum, neben der gegebenen Individualität des Erlebens und Verhaltens für alle Studierenden gleichermaßen relevante Umweltbedingungen im Zusammenhang mit dem Fernstudium festzustellen. Ausgegangen wird bei einer solchen Vorgehensweise vom Repräsentationsmodell, d. h. die Inhalte stellen die subjektive Wirklichkeit der Studierenden dar. Aufgrund der zu erwartenden Fülle der Kommentare und unter Berücksichtigung der Fragestellung soll hier im wesentlichen auf der semantischen Ebene nach den Themen (Themenanalyse) und Assoziationen (Themenketten) gefragt werden. Dabei wird eine systematische und regelgeleitete Vorgehensweise angestrebt. Systematisch wird hier verstanden als Offenlegung der Vorgehensweise und der Texte. Durch die „Diskursivität" der Analyse wird diese nachvollziehbar.

Theoriegeleitet bedeutet hier die Anknüpfung an das bisherige theoretische und empirisch-praktische Wissen über den Analysegegenstand.

4.5.3 Zeichnungen und ihre Interpretation

In den theoretischen Erörterungen wurde bereits auf eine wichtige Grundannahme für die Auswertung von Zeichnungen hingewiesen. Diese ist, daß von der Verwendung erkennbarer Symbole zur Gestaltung eines Ausdrucks Gebrauch gemacht wird (vgl. Fetscher, 1978 oder Sehringer, 1983). Bei der Auseinandersetzung mit Zeichnungen ist dabei allerdings die durch eine Instruktion vorgegebene Konzentration auf ein Thema zu berücksichtigen. In der vorliegenden Arbeit lautet diese:

"Oft ist es so, daß man den Gesamteindruck, den man von einer Sache hat, leichter in einem Bild als in Worten wiedergeben kann. Wir haben uns gedacht, daß es Ihnen vielleicht Spaß macht, Ihr Bild der Fernuniversität einmal selbst zu zeichnen.

Falls Sie zu Ihrer Zeichnung noch Ausführungen machen wollen oder zum Fragebogen noch Anmerkungen haben, benutzen Sie dazu bitte den noch zur Verfügung stehenden Platz".

D. h., daß solche Elemente und Elementenverbindungen in den Zeichnungen zur Analyse und Interpretation herangezogen werden, die aus dem bisherigen theoretischen Konzept plausibel erklärt werden können. Eine weitergehende Analyse ist schon deshalb nicht möglich, weil durch die Erhebungsmethode das jeweilige Individuum relativ undifferenziert im Hintergrund bleibt. Das Analyseraster wird deshalb vor dem Hintergrund der Gesamtuntersuchung schrittweise eng am vorliegenden Bildmaterial entwickelt. Dabei zielt die Interpretation jeweils nur auf die Suche nach ergänzenden Informationen zur Beantwortung der globalen Fragestellung.

Wie auch bei den Kommentaren, wird jede einzelne Zeichnung für sich interpretiert und in einem weiteren Schritt eine vergleichende Bewertung aller Zeichnungen vorgenommen. Anders als bei den Kommentaren werden allerdings in einem ersten Analyseschritt die Zeichnungen - sofern dieses möglich ist - nach einzelnen Aussagegruppen geordnet, um die Auswertung insgesamt inhaltlich klarer strukturieren zu können.

Die Funktion der Zeichnungen im Zusammenhang mit den anderen Untersuchungen liegt insbesondere darin, einem hohen Maß an Subjektivität Ausdrucksmöglichkeiten zu geben (vgl. Seifert und Seifert, 1965), wobei dieses Mittel nicht für alle Beteiligten gleichermaßen handhabbar ist.

4.6 Vorgehensweise

Das nachfolgende Schaubild verdeutlicht die Struktur der einzelnen Untersuchungsschritte, wie sie im vorhergehenden Kapitel dargestellt wurden.

Abbildung 3: Struktur der Gesamtuntersuchung

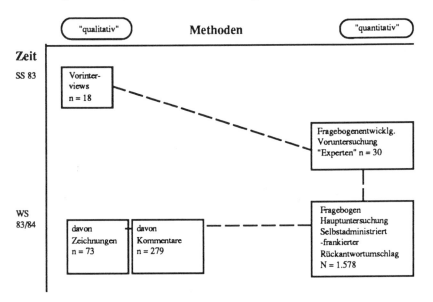

Aus der methodologischen Diskussion ist ableitbar, daß die einzelnen Teiluntersuchungen auf der vertikalen Achse nach eher qualitativen und eher quantitativen Vorgehensweisen geordnet werden können. Der horizontalen Darstellung unterliegt implizit die Zeitachse für den Untersuchungszeitraum. Die Untersuchungen beginnen mit dem vorbereitenden Schritt der Informationssammlung und Problemeingrenzung in den Vorinterviews. Aus den Ergebnissen dieser Gespräche sowie aus den theoretischen Überlegungen und den alltagspraktischen Erfahrungen wird dann der Fragebogen mit den Einzelitems und den Skalen konstruiert. Nach der Vorprüfung durch die „Experten" wird dieser gekürzt und z. T. inhaltlich modifiziert. Der endgültige Fragebogen mit Instruktion und Rückantwortumschlag wird zusammen mit dem Erhebungsbogen für die erste Zeitbudgetanalyse und einem weiteren Rückantwortumschlag an alle Teilzeitstudenten versandt.

Zur Initiierung weiterer Untersuchungsteile beinhaltet der Fragebogen außerdem die Aufforderung, sich schriftlich zum Instrument und zur Problematik des Fernstudiums zu äußern sowie eine Zeichnung zum Thema anzufertigen.

5. Untersuchungsergebnisse

5.1 Struktur der Darstellung[17]

Nach der Entwicklung der Untersuchungskonzeption unter Rückgriff auf Teile der Vorinterviews werden in diesem Kapitel die Ergebnisse der einzelnen Teiluntersuchungen dargestellt und diskutiert. Auf eine vollständige Wiedergabe der Originalmaterialien wie Zeichnungen und schriftliche Kommentare wird aus Gründen der Lesbarkeit der Arbeit sowie aus Platzmangel verzichtet. Soweit es sinnvoll und notwendig erscheint, werden einzelne Zeichnungen oder schriftliche Kommentare beispielhaft dargestellt.

Vor Beginn der Darstellung der eigentlichen Untersuchungsergebnisse und deren Interpretationen wird auf der Basis der Randauszählung der schriftlichen Befragung eine Deskription der Stichprobe sowie der durch die Befragung definierten Teilumwelten geleistet. Mit der Reihenfolge der Darstellung der Ergebnisse soll eine schrittweise Annäherung an den Problemsachverhalt versucht werden. Bei der Interpretation der Daten der schriftlichen Befragung werden dann die Ergebnisse der Themenanalyse und der Interpretation der Zeichnungen berücksichtigt, so daß der durch die Befragung gegebene „Realitätsverlust" ansatzweise ausgeglichen wird.

5.2. Deskription der Stichprobe

An der Befragung aller Teilzeitstudierenden des Studienjahres 1983/1984 haben sich insgesamt 1578 Studierende durch Ausfüllen und Rücksendung des Fragebogens beteiligt. Die Rücklaufquote beträgt damit 16.3% der Gesamtzahl des entsprechenden Studienjahres in Höhe von 9702 eingeschriebenen

---

[17] Im Verlauf der Darstellung der Ergebnisse werden die nachfolgenden Begriffe häufiger verwendet und deshalb abgekürzt.
FB = Fachbereich
Mathe = Fachbereich Mathematik und Sozialwissenschaften
ESW =Fachbereich Erziehungs- und Sozialwissenschaften
WiWi = Fachbereich Wirtschafts- und Rechtswissenschaft
Bei der Darstellung wird durchgängig der Terminus Studierende verwendet. Sofern nicht gesondert auf das Geschlecht hingewiesen wird, sind damit jeweils Studierende beiderlei Geschlechtes gemeint.

Studierenden. Da aus internen Erwägungen die Studierenden des Fachbereichs Elektrotechnik nicht in die Befragung einbezogen worden sind, verringert sich die Grundgesamtheit um 885 Studierende auf 8817. Deshalb kann nicht von einer *Totalerhebung* aller Teilzeitstudierenden gesprochen werden. Durch die kleinere Grundgesamtheit der Studierenden der *Zufallsstichprobe*, bestehend aus den o. g. drei Fachbereichen, erhöht sich die Rücklaufquote auf 17.9%

Die nachfolgenden Schaubilder demonstrieren zum einen die Aufteilung der an der Befragung mitarbeitenden Studierenden auf die drei Fachbereiche und im Vergleich dazu die prozentuale Aufteilung aller Teilzeitstudierenden auf die drei Fachbereiche nach den Unterlagen der Hochschulstatistik.

Abbildung 4: Aufteilung der Befragten auf die Fachbereiche (in Prozent)

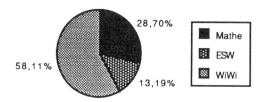

Abbildung 5: Aufteilung der Studierenden entsprechend der Angaben der Hochschulstatistik 1983/1984 (in Prozent)

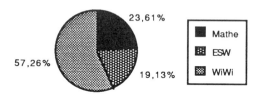

Die Relationen der Prozentanteile zwischen den drei Fachbereichen sind bei der Stichprobe und der Grundgesamtheit in etwa gleich. Die Mitarbeit an der

130

schriftlichen Befragung ist bei den Studierenden im FB Mathe prozentual am stärksten und bei denen im FB ESW am niedrigsten.

Bei der Analyse der Altersverteilung innerhalb der Stichprobe wird ebenfalls, soweit vorhanden, ein Vergleich mit den entsprechenden Daten der Hochschulstatistik durchgeführt. Trotz der teilweise unterschiedlichen Kategorienbildung ist eine in etwa gleichlaufende Struktur der Altersverteilung zwischen Stichprobe und Grundgesamtheit erkennbar. Die Mehrzahl der Befragten, sowohl in der Untersuchungsstichprobe als auch in der Grundgesamtheit, befindet sich in einem Alter zwischen 25 und 40 Jahren.

Die Analyse der Geschlechterverteilung der befragten Studierenden zeigt eine nahezu vollständige Übereinstimmung zwischen Stichprobe und Grundgesamtheit. Die Mitarbeit bei der schriftlichen Befragung ist bei beiden Geschlechtern gleichstark.

Eine Aufschlüsselung der Daten nach dem Familienstand zeigt, daß sowohl in der Stichprobe als auch in der Grundgesamtheit die Gruppe der verheirateten Studierenden am stärksten vertreten ist. Der Vergleich der weiteren Angaben zeigt allerdings, daß die Ledigen in der Stichprobe leicht unter- und die Verheirateten leicht überrepräsentiert sind.

Die Daten über die bisher absolvierten Studienjahre zeigen, daß auch hier die Verteilung der Studierenden der Stichprobe über die Studienjahre in etwa die gleiche Struktur aufweist wie bei der Grundgesamtheit. Auffällig ist, daß mit zunehmender Zahl der Studienjahre der Prozentanteil der Beteiligten an der Befragung steigt.

Von den 1578 beteiligten Studierenden haben 1016 (64.4%) die allgemeine Hochschulreife im Vergleich zu 83.6% der Grundgesamtheit. Von den restlichen 35.6% der Befragten haben 13.0% die Fachhochschulreife und 19.7% die Graduierung oder sonstiges.

Die vergleichende Analyse einiger Schlüsseldaten zur sozio-biographischen Struktur zeigt, daß die wesentlichen Elemente der Grundgesamtheit der Gruppe der Teilzeitstudierenden in der Stichprobe adäquat abgebildet sind, so daß generell von einer Repräsentativität der Ergebnisse für die Gruppe der Teilzeitstudierenden ausgegangen werden kann. Bei der Feststellung der Repräsentativität wird auf eine Überprüfung kombinatorischer Merkmale verzichtet, da diese, soll sie nicht eklektizistisch sein, auf Hypothesen über mögliche Verweigerungsstrategien zurückgreifen müßte, wie sie in der Sozialforschungsliteratur über die Repräsentativität von Stichproben entwickelt wurden. Solche Wechselwirkungen sind überdies nicht sehr wahrscheinlich, da eine hohe Repräsentativität bezüglich der Einzelmerkmale erreicht werden konnte.

Eine Übertragung auf Gruppen mit einem abweichenden Hörerstatus ist bestenfalls bei Vollzeitstudierenden möglich, bei Gast- bzw. Zweithörern ergeben sich insbesondere aus der Unverbindlichkeit des Studiums und der damit gegebenen geringeren Zeitbelastung deutlich andere Studienbedingungen.

5.3 Auswertung der Themenanalysen

Die zumeist handschriftlichen Kommentare am Ende des Fragebogens wurden zur besseren Lesbarkeit mit der Schreibmaschine übertragen und in der zufällig entstandenen Reihenfolge mit einer Kennziffer von 001 bis 279 versehen. In Anlehnung an die Strukturen und Dimensionen der vorher definierten Teilumwelten und der studentischen Identität wird ein erstes vorläufiges Kategorienschema entwickelt, im Verlauf der Textanalyse verfeinert und auf die Einhaltung der in den theoretischen Ausführungen genannten Bedingungen hin überprüft.

Zusätzlich werden Kategorien zu dem Globalthema „Befragung" entwickelt, da in der Aufforderung an die Studierenden der Hinweis enthalten ist, auch zum Fragebogen Anmerkungen zu machen[18]. Jeder Kommentar wird insgesamt dreifach analysiert. In einem ersten Schritt wird die schriftliche Äußerung, sofern sinnvoll und notwendig, zusätzlich interpretiert. Dabei wird darauf geachtet, den inhaltlichen Rahmen des Kommentars nicht spekulativ zu überschreiten, sondern der jeweils individuellen Aussage erläuternd nachzuspüren. Dieser Analyseschritt ist in dem Sinne qualitativ, als auf eine eher verstehend und interpretierende Weise der Komplexität des jeweils individuellen Falles gerecht zu werden versucht wird.

---

[18] Das vollständige Kategorienschema zur Themenanalyse befindet sich aus drucktechnischen Gründen im Anhang und kann zum besseren Verständnis der Darstellung herangezogen werden.

Auf einer zweiten Ebene werden dann die einzelnen in dem Kommentar ange-sprochenen Themen bestimmt und zur weiteren Auswertung jeweils mit den zutreffenden Kennziffern des Kategorienschemas an den entsprechenden Stel-len neben dem Gesamtkommentar versehen. Bei Eindeutigkeit der inhaltli-chen Richtung der Kategorien wird nur die Kennziffer aufgeführt. Bei inhalt-lich neutral formulierten Kategorien wird bei einem negativen Kommentar die Kennziffer mit einem Minuszeichen versehen. Die Auflistung und die Ge-wichtung dieser Themen erlaubt eine Schwerpunktbildung im Rahmen des Untersuchungsschrittes sowie einen interpretativen Vergleich mit den Ergeb-nissen der schriftlichen Befragung.

Auf einer dritten Auswertungsebene werden die erkennbaren Argumentations-ketten abgebildet. Die subjektiv erlebte Beziehung einzelner Themen zueinan-der wird neben dem jeweiligen Kommentar ebenfalls durch die Kennziffer ge-kennzeichnet. In einem letzten Analyseschritt werden diese daraufhin unter-sucht, in welchen Themenbereichen die häufigsten Beziehungen zwischen einzelnen Kategorien erlebt werden.

Beispiel: An dem nachfolgenden Originalkommentar wird die Vorgehensweise beispielhaft verdeutlicht.

Ich halte es für sehr wichtig, neben einem Studium, das unvermeidbar sehr theoretisch ist, einen Praxis-bezug zu haben. Aus diesem Grunde bin ich neben dem Studium halbtags berufstätig und habe als Stu-dienform das Fernstudium gewählt, obwohl dies zum sehr starken Teil eine wahre „Knochenarbeit" dar-stellt, insbesondere, da sich viele Professoren schein-bar profilieren müssen, indem sie Kurse anbieten, die an Schwierigkeitsgraden nichts mehr zu wünschen übrig lassen.
Obwohl ich persönlich über keine nennenswerten Probleme aufgrund des Studiums klagen kann, soll-ten manche Kursautoren, insbesondere im Bereich Mathematik und Theoretischer Informatik, zur Strafe noch ihre eigenen Kurse bearbeiten (leider gab es die-se Kurse noch nicht, als diese Herrschaften noch die

Bänke der Unis drückten). Außerdem halte ich es
nicht für sehr sinnvoll, in einer solchen Befragung
mit diesen Fragestellungen ultimative Formulierungen zu verwenden, wie „nie", „überhaupt nicht",
„trifft genau zu", obwohl ich an verschiedenen Stellen auch diese Bewertung verwendet habe. Diese sollte aber stets approximativ verstanden werden. Aus-
wahlalternativen sollten weniger einschränkende Alternativen anbieten, obwohl dies den geringsten Teil
der Fragestellungen betrifft.
(Mathe / 10.2 / 2.5- / 3.3- / 2.5- zu 3.3- /14.5)

Erste Interpretation: Dieser Kommentar signalisiert eine grundsätzliche Ein-
sicht in die Notwendigkeit, in einem Studium sehr „theoretische Bestandteile"
zu bearbeiten. Die Verbindung zur Praxis - hier verstanden als Berufspraxis -
wird über eine entsprechende Strukturierung des eigenen Lebens gesucht. Die
so geschaffene Situation wird als außerordentlich schwere „Knochenarbeit" erlebt. Diese Schwierigkeit wird im wesentlichen den „Profilierungsbedürfnis-
sen" der Lehrenden angelastet. Die Darstellung des Problems bemüht sich immer deutlich zu machen, daß der Kommentator zwar einerseits die Probleme
erlebt, sich diesen aber gewachsen fühlt. So ist die Relativierung der Probleme mit den Kursen bei der Forderung nach dem Durcharbeiten ihrer eigenen
Kurse für die Autoren (Lehrenden) ein Hinweis darauf, daß er selbst diese
Kurse besser versteht als die Autoren. Gleichzeitig wird damit wiederum der
Eindruck erweckt, daß der Kommentator - trotz aller Schwierigkeiten - das
Studium meistert. Aus dieser Position heraus kann er auch „Strafen" verteilen
und eine autoritär abwertende Bewertung „diese Herrschaften" des Lehrkörpers
vornehmen.

5.3.1 Auswertung nach Häufigkeit

Insgesamt wurden 279 Kommentare verfaßt. Die Liste der Kategorien umfaßt
111 Themen. Insgesamt werden 737 Themennennungen ermittelt, d. h. pro
Thema werden durchschnittlich 6,7 Nennungen abgegeben. Der größe Anteil
an Nennungen liegt bei dem Thema „Fragen unzureichend". Dieses Ergebnis
ist insofern nicht überraschend, als bei der Heterogenität der Alltagsstrukturen
in vielen Fällen Einzelaspekte durch den Fragebogen nicht hinreichend aufge-
griffen werden können. Gleichzeitig bestätigen diese Hinweise die Sinnhaftig-

keit der Ergänzung des Untersuchungsinstrumentariums durch die Möglichkeit zusätzlicher Kommentare, um das subjektiv erlebte Defizit ausgleichen zu können. Andererseits ist darauf hinzuweisen, daß lediglich 2,8% aller Befragten auf die unzureichende Themenbreite des Fragebogens hinweisen. Dieser geringe Prozentsatz bestätigt zusätzlich zu anderen Ergebnissen, daß es offensichtlich gelungen ist, im Rahmen der vorgegebenen Fragestellung ein hohes Maß an Alltagsrepräsentativität zu erreichen. Auf den Rangplätzen zwei und drei liegen dann Themen, die sich konkret inhaltlich mit Problemen im Rahmen der Fragestellung der Untersuchung befassen. Neben der Möglichkeit, durch eine entsprechende Antwort im Rahmen der schriftlichen Befragung die aktuellen Probleme mit der Alltagszeit auszudrücken, wurde mit 30 Nennungen noch einmal nachdrücklich das Thema Zeitmangel akzentuiert. Dieses unterstreicht den hohen Stellenwert der Zeitproblematik im Rahmen eines Fernstudiums neben dem Beruf und anderen Verpflichtungen, wie er in den theoretischen Vorüberlegungen bereits diskutiert worden ist.

Eine sehr dominante Verpflichtung ist der Beruf. Daraus erklärt sich die häufige Nennung des Themas „Beruf unabdingbar". Darunter werden alle jene Kommentare subsumiert, die ausdrücken, daß der Beruf zwingend notwendig ist und die dadurch gesetzten Alltagsbedingungen unveränderbar sind. Diese „beherrschende" Position der Strukturbedingungen der beruflichen Umwelt kann zu einem nicht geringen Teil als das zentrale Charakteristikum des mittleren Erwachsenenalters angesehen werden. Das Ergebnis der Themenanalyse insgesamt unterstreicht somit die Annahme des Repräsentationsmodells in bezug auf die Widerspiegelung von Alltagsbedingungen durch den Text der Kommentare.

Auf den Rangplätzen 4 - 7 liegen Nennungen mit Themen aus dem Bereich „Befragung". Dabei weisen 28 Kommentare auf den nach Meinung der Schreiber zu großen Umfang des Fragebogens hin. Eine Feststellung, die insbesondere unter der Perspektive zu geringer Zeit durchaus von Bedeutung ist. Im einzelnen äußern sich die Schreiber in 27 Kommentaren positiv zu der durchgeführten Befragungsaktion. 24 Kommentatoren äußern sich ablehnend zu der Aufforderung, die Problematik zeichnerisch umzusetzen und 23 Äußerungen weisen auf die Mehrdeutigkeit einiger gestellter Fragen hin. Unter dem Thema „Fragen mehrdeutig" werden allerdings auch alle Kommentare subsumiert, die auf Wiederholungs- bzw. Fangfragen abzielen.

Auf dem achten Rangplatz liegt das Thema „Didaktik und Konzeption der Kurse". Von der Gesamtzahl der Äußerungen dazu sind 20 Kommentare negativ und nur einer positiv. Diese Aussagentendenz ist eindeutiger als es die Ergebnisse der schriftlichen Befragung erwarten lassen. Auf Rangplatz neun stehen zwei Themen. Beide beschreiben unterschiedliche Aspekte der Kontaktsituation der Fernstudierenden. Das Thema „räumliche Distanz" zeigt, daß die großen Entfernungen zur Hochschule und/oder zu einem Studienzentrum häufig als belastend empfunden werden. Das zweite Thema betrifft die „Allgemeine Beratung und Betreuung". Dabei drücken 15 der Kommentare negative und vier Kommentare positive Bewertungen aus. Insgesamt wird also häufiger im Zusammenhang mit schlechten Erfahrungen ein Kommentar abgegeben.

18 Äußerungen bejahen ausdrücklich das Fernstudienangebot oder die Fernuniversität als Institution. Auf Rangplatz 12 liegen alle Kommentare zum Fragebogen, die wegen ihrer geringen Häufigkeit und inhaltlichen Heterogenität zu der Kategorie „Sonstiges" zusammengefaßt werden. Auf Rangplatz 13 liegen insgesamt drei Themen mit jeweils 11 Nennungen. Zum einen das Thema „Anonymität", das einen weiteren Hinweis auf die spezifischen Kontaktbedingungen im Fernstudium liefert. Zum anderen wird in einem weiteren Thema auf Ehe- oder Partnerprobleme hingewiesen. Als drittes Thema wird auf die unzureichenden Antwortvorgaben im Fragebogen hingewiesen. Dieses deutet ebenso wie das Thema „Fragen unzureichend" darauf hin, daß einige Studierende für die Wiedergabe ihrer spezifischen Situation entweder in den Fragen oder aber in den Antwortvorgaben keine hinreichende Möglichkeit gesehen haben.

Mit jeweils 10 Nennungen liegen auf dem 16. Rangplatz zwei Themen aus dem Bereich Familie und eines aus dem der emotionalen Aspekte. Von den 10 Nennungen des Themas „Kinder" sind neun in ihrer Bedeutung kritisch, d. h. es wird auf die Belastungen durch die Anwesenheit von Kindern in der Familie hingewiesen. Nur eine Nennung ist neutral in dem Sinne, daß die Tatsache „Kinder" lediglich erwähnt wird, ohne daß eine positive oder negative Bedeutung des Themas erkennbar wird.

Ebenfalls 10 Kommentare weisen auf die Schwierigkeit hin, Hausfrauenrolle und Berufstätigkeit konfliktfrei miteinander zu integrieren. Dieses wird zum einen ausschließlich problembezogen dargestellt, zum anderen aber auch unter Hinweis auf den Fragebogen. Damit wird die Problematik angesprochen, in der vorgegebenen Gleichsetzung von Hausfrauen- und Berufstätigkeit eine adäquate Abbildung der realen Situation erkennen zu können.

5.3.2 Gewichtung der Themengruppen[19]

Die Vielzahl der Nennungen sowie die Rangliste der am häufigsten genannten Themen zeigt die subjektiv stark unterschiedlichen Alltagsstrukturen der Fernstudierenden. Während die ersten Auswertungsschritte der individuellen Repräsentanz von Umweltbedingungen durch die Wiedergabe der Kommentare sowie deren Interpretation Rechnung tragen sollen, dienen die nachfolgenden Auswertungsschritte eher dem Versuch, für eine Mehrzahl der Betroffenen gleichermaßen relevante Alltagsbedingungen, hier verstanden als Themen und Beziehungsgeflechte, herauszufiltern. Eine Zusammenfassung der Einzelthemen zu inhaltlich konsistenten Themengruppen ergibt danach folgende Ergebnisse:

Studiensystem: Hierunter werden die Einzelthemen 1.1 - 1.8 sowie 8.2 - 8.7 zusammengefaßt. Insgesamt fallen unter dieses Sammelthema 59 Nennungen, das sind ca. 8% aller Themennennungen. Die Analyse der inhaltlichen Bedeutung zeigt, daß bei den durchgängig neutral formulierten Kategorien 1.1 - 1.8 von 34 Nennungen insgesamt 25 negative Kommentare abgegeben wurden. Die in den Kategorien 8.2 - 8.7 genannten Themen „Sorge um Sicherung....." lassen auf das subjektive Empfinden eines Problems schließen, so daß insgesamt zu diesem Sammelthema 48 (81%) kritische Stellungnahmen festzustellen sind[20].

Kontaktsituation: Hierunter werden alle Kategorien von 2.1 - 2.8 sowie die Kategorie 9.3 zusammengefaßt. Insgesamt wurden zu diesem Thema 70 Kommentare (9.5%)) abgegeben. Zur inhaltlichen Bedeutung der Themen ist anzumerken, daß die Kategorien 2.1 und 2.2. in ihrer Formulierung bereits negativ und alle anderen Kategorien von 2.3 bis 2.8 neutral formuliert sind.

---

[19] Die Bedeutung der Kennziffern ist aus der Tabelle im Anhang zu ersehen

[20] Der seit der Zeit der Befragung erfolgte weitere Ausbau der Fernuniversität und die gewachsene Anerkennung machen die damaligen Sorgen der Studierenden heute gegenstandslos.

Lediglich zur Kategorie 2.3 „Beratung und Betreuung" gab es vier positive Kommentare, so daß zu dem Sammelthema insgesamt 66 (94%) kritische Kommentare abgegeben wurden. Dabei wird davon ausgegangen, daß die unter 9.3 genannte Forderung nach einer „Verbesserung der Betreuung und Beratung" von einer subjektiv erlebten Problemsituation ausgeht.

Studienmaterial, Prüfungen und Klausuren: Unter diesem Sammelthema werden alle Kategorien von 3.1 bis 3.5 sowie die Kategorien 9.2 und 9.4 zusammengefaßt. Insgesamt wurden zu diesem Sammelthema 44 (6.0%) Kommentare abgegeben. Bis auf zwei Äußerungen sind alle Kommentare negativ, so daß insgesamt 95.5% als kritisch eingestuft werden müssen.

Zeitbudget: Hierunter werden die Nennungen der Kategorien 5.1 und 5.2 zusammengefaßt. Insgesamt wurden 37 (5.0%) Nennungen abgegeben. Alle Nennungen sind in ihrer inhaltlichen Bedeutung gleich, so daß von einem häufig empfundenen Zeitmangel im Fernstudium ausgegangen werden kann.

Bedeutung des Studiums: Die subjektive Bedeutung des Studiums wird in den Kategorien 6.1 - 6.14 zusammengefaßt. Insgesamt werden 61 (8.3%) Nennungen zu diesem Thema abgegeben. Die Häufigkeit der Nennungen der einzelnen Bedeutungen des Fernstudiums variieren von 9 (6.7%) für „Studium als Hobby" (6.7) bis zu „Nachholmöglichkeit" und „Möglichkeit zur Lebensveränderung" (6.10) mit jeweils zwei Nennungen. In dieser Themengruppe können die Kategorien 6.4, 6.5 und 6.13 noch einmal zusammengefaßt werden, da sie die Bedeutung des Studiums im wesentlichen im Zusammenhang mit dem ausgeübten Beruf sehen. Auf diese drei Kategorien entfallen zusammen 16 Nennungen, d. h. ca 26% der Nennungen zur Bedeutung des Studiums berücksichtigen den Berufsbezug.

Emotionale Situation: Hierunter werden die Kategorien 7.1 - 7.10 zusammengefaßt. Insgesamt wurden 62 (8.4%) Nennungen registriert. Die einzelnen Kategorien sind nach ihrer inhaltlichen Bedeutung in zwei Gruppen zu unterteilen. In der einen werden mit den Kategorien 7.1, 7.4 sowie 7.8 positive Äußerungen und in der anderen mit den Kategorien 7.2, 7.3, 7.6, 7.7 und 7.9 negative Äußerungen gebündelt. Berücksichtigt man eine vorliegende negative Äußerung zum Thema 7.1 „Zufriedenheit", wurden je 30 positive und negative Kommentare abgegeben. Zwei Kommentare „Sonstiges" werden nicht berücksichtigt. Die Anteile der Zufriedenen und der Unzufriedenen sind - bezogen auf diesen Untersuchungsteil- gleich groß.

Beruf: Hierunter werden die Kategorien 10.1 - 10.8 zusammengefaßt. Insgesamt wurden dazu 49 (6.6%) Nennungen abgegeben, wobei das Thema 10.1 „Beruf unabdingbar" weitaus am häufigsten genannt wurde.

Familie: Die Äußerungen zur Familie werden in den Kategorien 11.1 - 11.8 zusammengefaßt. Insgesamt wurden zu diesem Themenbereich 42 (5.7%) Nennungen abgegeben. Während nur zwei Kommentare auf eine Unterstützung durch die Familie hinweisen und in fünf Fällen eine günstige Situation dadurch besteht, daß der Partner ebenfalls studiert, werden in 33 (78.5%) Kommentaren Probleme angesprochen.

Freizeit: Hierunter werden alle Kategorien von 12.1 - 12.5 zusammengefaßt. Insgesamt wurden zu diesem Sammelthema 17 (2.3%) Nennungen abgegeben. Innerhalb der Kommentare wird am häufigsten auf die fehlende Freizeit hingewiesen.

Identität: Die Angaben zur Identität werden in den Kategorien von 13.1 - 13.10 zusammengefaßt. Insgesamt wurden zu diesem Themenbereich 44 (6.0%) Nennungen abgebenen. Am häufigsten genannt wird dabei das Thema 13.3 „Höheres Lebensalter".

Befragung: Hierunter werden alle Kategorien von 14.1 bis 14.15 zusammengefaßt. Entsprechend der Aufforderung an die Studierenden ist dieses das Sammelthema mit den häufigsten Nennungen. Insgesamt wurde dieses Thema in 210 (28.5%) Kommentaren angesprochen. Da Inhalte und Bedeutung der einzelnen Kommentare bereits besprochen wurden, soll an dieser Stelle darauf nicht weiter eingegangen werden.

Die nachfolgende Rangliste der Themengruppen verdeutlicht, daß knapp 30% der Nennungen zur Befragung Stellung beziehen, ca. 40% unmittelbar studienbezogene Themen betreffen und ca. 20% Themenbereiche außerhalb des engeren Problemkreises Studium betreffen.

Abbildung 6: Rangliste der Themengruppen

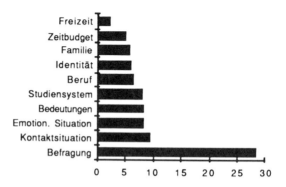

5.3.3 Auswertung der Themenketten

Neben der Definition einzelner Themen innerhalb der Kommentare werden jeweils dort, wo diese erkennbar sind, die im Text vorhandenen Beziehungen zwischen einzelnen Themen mit Hilfe der Kategoriennummern und entsprechenden Symbolen festgehalten. Ziel dieses Analyseschrittes ist es, im Vergleich zu den in der schriftlichen Befragung festzustellenden Wechselwirkungen auch hier erlebte Wechselbeziehungen innerhalb der und zwischen den Umwelten zu ermitteln. D. h. eine detailliertere Betrachtung dazu, in welcher Häufigkeit und in welcher Beziehungsstruktur subjektiv erlebte Zusammenhänge zwischen einzelnen Themen geäußert werden. Bei diesem Analyseschritt geht zwar die jeweilige Wirkungsrichtung der Beziehungen verloren, diese kann aber mit der Interpretation der Kommentare herausgearbeitet werden, so daß eine logisch interpretative Zusammenführung beider Untersuchungsschritte eine entsprechende inhaltliche Füllung der Ergebnisse liefern kann.

Aus den Kommentaren wurden insgesamt 97 „Gedankenketten" herausanalysiert. Da häufig mehr als zwei Themen miteinander in Beziehung stehen, werden Themenketten mit zwei und mehr Themen zerlegt, so daß alle Themen jeweils mit den genannten in einer 2-dimensionalen Hilfsmatrix mit insgesamt 111 x 111 Kategorien eingetragen werden können. Aus den Werten dieser Hilfsmatrix werden dann in einem weiteren Schritt die Häufigkeiten ausgezählt, mit denen jedes Thema jeweils mit einem weiteren in Zusam-

menhang gebracht wird. Einen Überblick über die Rangfolge derjenigen Themen, die mit anderen in Zusammenhang genannt werden, zeigt die abgebildete
Tabelle.

Tabelle 8: Häufigkeit der Themen, die jeweils mit mindestens einem anderen
im Zusammenhang genannt wurden

Rang	Thema	Häufigkeit
1	10.1	49
2	5.2	42
3	2.1	20
4	7.4	19
	7.7	19
	11.4	19
7	3.2	17
	11.3	17
9	7.5	16
10	13.3	15
11	12.1	13
	10.6	13
13	2.3	11
14	6.4	10
	13.4	10
	12.5	10
	11.8	10
	1.2	10
19	2.5	9
	6.11	9
	6.9	9
	6.8	9
	11.5	9
	11.6	9
25	5.1	8
	6.2	8
	15.0	8

95 weitere Nennungen mit Häufigkeiten von 7 und weniger werden aus Platzgründen nicht aufgeführt. Die Tabelle veranschaulicht das große Gewicht der
Themen 10.1 „Beruf unabdingbar" und 5.2 „Zeitmangel". Diese werden mit
weitem Abstand am häufigsten im Zusammenhang mit anderen Themen ge-

nannt. Mit großem Abstand folgt auf diese beiden Einzelthemen dann eine Gruppe, deren Themen zwischen 20 und 17 mal im Zusammenhang mit anderen Themen genannt werden. Dieses sind die Themen „Räumliche Distanz" (2.1), „Frust - ineffektive Zeit" (7.4), „Fernstudium psychische Belastung" (7.7), „Kinder" (11.4), „Didaktik und Konzeption der Kurse" (3.2) sowie „Eheprobleme - Partnerprobleme" (11.3).

Aus der Matrix der Nennungen werden in einem weiteren Analyseschritt alle diejenigen Themen-Beziehungen herausgefiltert, die zweimal und mehr einen Zusammenhang mit einem weiteren Thema haben. Diese Beziehungen werden dann zu einer Strukturgraphik zusammengefaßt. Bei der Erstellung des Schaubildes wird der Schwerpunkt der Darstellung auf die (Re-)Konstruktion von Argumentationsketten gelegt. Die räumliche Distanz zwischen den einzelnen Themenpunkten wird unter den Gesichtspunkten der Anschaulichkeit und der inhaltlichen Begründung festgelegt, so daß zwei Themenpunkte mit gleicher Stärke der Beziehung zu einem dritten durchaus in unterschiedlicher Entfernung stehen können. Die Stärke der Beziehung wird graphisch veranschaulicht. Nur dort, wo die Anbindung einer Argumentationskette von einer Beziehungsstärke von mindestens zwei (Nennungen) an die Gesamtstruktur über eine Beziehung mit einer Stärke von 1 besteht, wird eine solche ausgewiesen.

Alle anderen Beziehungen mit nur einer Nennung werden aus Gründen der Anschaulichkeit der Graphik nicht berücksichtigt. Inhaltlich wird diese Entscheidung noch dadurch gerechtfertigt, daß Beziehungen mit nur einer Nennung nicht von höherer allgemeiner Relevanz sind.

Abbildung 7: Graphik der Themenbeziehungen

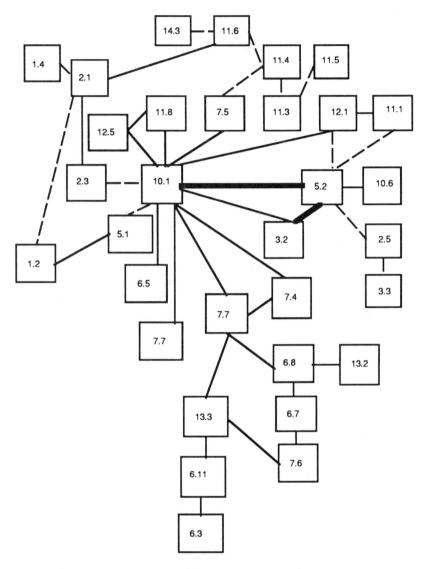

Das Schaubild spiegelt sehr deutlich die wesentlichen Argumentationsstrukturen der Kommentare wider und zeigt damit auch die theoretisch abgeleiteten und in den einzelnen Teiluntersuchungen empirisch zu überprüfenden Wechselwirkungen zwischen den definierten Teilumwelten. In der Graphik ist die zentrale Stellung des Berufes bei der Strukturierung der übrigen Teilumwelten erkennbar. Die Tatsache, daß der Beruf als „unabdingbar" angesehen wird und damit unumstößliche Bedingungen für die Gestaltung des Alltags setzt, ist insbesondere in zwei Aspekten der Graphik ausgedrückt. Zum einen ist das Thema 10.1 insgesamt 12 mal in einer direkten Beziehung zu einem anderen Thema und zum anderen steht es in der Beziehung mit der größten Stärke (10 Nennungen) zum Thema 5.2 „Zeitmangel".

Bei der nachfolgenden weiteren Interpretation der Graphik werden beispielhaft „typische" Kommentare wiedergegeben, die trotz ihrer Subjektivität die analysierten allgemeineren Argumentationsstrukturen erkennen lassen.

Beispiel: Bei der Beantwortung der Fragen ist mir aufgefallen, daß der Fragende hinsichtlich des Selbstverständnisses der Fernuniversität und in den Fragen von einer ganz anderen Position ausgeht als ich. Damit soll nicht die unbedingte Notwendigkeit dieser Einrichtung in der Erwachsenenfort- und Weiterbildung bestritten werden; die Schwierigkeiten, die sich bei mir im Laufe des Studiums ergeben, muß ich relativieren. Sie sind immer im Zusammenhang mit freiwilliger, selbstauferlegter Verpflichtung eines Studiums verbunden. So erhalten Probleme gleicher Art (z. B. gestellte Anforderungen im Beruf bzw. im Studium) eine andere Bedeutung; die des Berufes können z. B. existentieller Art sein, die des Studiums sind dies jedoch nie, zumal sie aus einer selbstgewählten Verpflichtung resultieren. Probleme hinsichtlich des Studiums ließen sich - hinsichtlich des Studierenden - auf ein Mindestmaß reduzieren, wenn man eine Selbsteinschätzung hinsichtlich des persönlichen Umfeldes, der Familie, der eigenen Belastbarkeit und Willigkeit und der eigenen Fähigkeiten vornehmen könnte. Dies ist aber - wie bei einem Präsenzstudium - nicht oder erst teilweise im Laufe des Studiums möglich. Für mich persönlich hat die Beantwortung der gestellten Fragen wiederum gezeigt, daß mir das Studium die Möglichkeit gibt, die „Vorherrschaft meines Berufes" in meinem Leben zurückzudrängen, eine gewisse Flexibilität zu erhalten bzw. wiederzugewinnen. Die Fragen beschreiben häufig eine Situation, die aus Zwang, Einbindung, schlechthin einem „Muß" resultieren und im Grunde genommen das Umfeld beschreiben könnten, das den Beruf, weil Existenzgrundlage, charakterisiert. Ich darf nicht verkennen, daß das Studium eine - meist bedeutende - Belastung für den Studierenden und seine Umgebung darstellt. Nur bin ich der Meinung, daß die Chance - gleich welcher Art - all die Nachteile überwiegt.

(14.8 / 6.9 / 6.10 / 10.1 / 7.7 / 7.4)

Der Beruf steht im Zusammenhang mit der emotionalen Situation der Studierenden (7.5, 7.4, 7.7). Eine Analyse der verschiedenen Themenketten zeigt die Variationsbreite der Lebenszusammenhänge, wie sie in den einzelnen Kommentaren wiederzufinden ist. Eine in der Regel problematische Wechselbeziehung wird erkennbar, wenn die Themenkette von 10.1 zu 7.5 ("schwierige Situation") aufgenommen wird. D. h. das Studium neben dem „unabdingbaren" Beruf wird bei einer bestimmten Kombination von Bedingungsfaktoren der familiären Umwelt als schwierig angesehen. Das Fernstudium kann zum einen zu Problemen mit dem Ehepartner führen (10.1 - 7.5 - 11.3) oder in der Verbindung mit Kindern (oder einem Kind) die Ehe belasten. Dabei führt eine Familiensituation mit Kindern häufiger zu Schuldgefühlen gegenüber der gesamten Familie (11.5) als dieses durch Schwierigkeiten mit dem Partner bewirkt wird.

Beispiel: Insgesamt stellt sich für den mit diesem Bogen teilnehmenden Fernstudenten die Gesamtsituation seines Fernstudiums wie folgt dar:
Das Fernstudium ist ein großer Anreiz, eine bisher nicht erreichte und zunächst auch nicht angestrebte akademische Ausbildung zu erreichen.
In seiner jetzigen - wenn auch modifizierungsfähigen - Form ist das Fernstudium die einzige Möglichkeit, das o. g. Ziel zu erreichen.
Die psychische und arbeitsmäßige Belastung ist sehr groß weil:
1. Insgesamt keine Abstriche an der Berufsforderung und zu erbringenden Berufsleistungen gemacht werden.
2. Freizeit im Sinn der Definition der Zeit-Budget-Analyse berufs- und studienbedingt fast entfällt bzw. stark reduziert ist.
3. Das Studium Zeit, die für die Familie - besonders für die Kinder aufzubringen ist - erfordert und die somit der Familie entzogen wird. Die Familie muß, um der Weiterbildung des Vaters willen, zurückstecken. Das bringt eine zusätzliche psychologische Belastung in Form von Schuldgefühlen in der sich immer wieder neu stellenden

Frag ob es gerechtfertigt sei, um der eigenen Aus- und
Weiterbildung willen die Familie zurücktreten zu lassen.
Es ist auch eine Frage der persönlichen „Vergangen-
heitsbewältigung" in der Form des Nachholens oder
Revidierens, teilweise Revidierens einer vor Jahren ge-
fällten oder unterlassenen Berufsentscheidung.
(6.6 / 7.7 / 1o.1 / 12.1 / 11.4- / 11.5 / 6.11 / 10.1 zu
11.4 zu 11.5 zu 6.11)

Wenn diese Situation außerdem von einer Hausfrau erlebt wird (11.6), ergänzt
sich die Problemsituation häufig aufgrund der großen räumlichen Entfernung
zur Fernuniversität oder einem Studienzentrum (2.1), da diese Tatsache be-
gleitet wird durch eine mangelhafte Studienberatung und Betreuung (2.3). Bei
Berufstätigen wird dieser Mangel offensichtlich als nicht so gravierend bewertet (10.1 - 2.3 - 2.1).

Beispiel: A) Hauptproblem:
Neben Beruf (halbtags) und Haushalt würde abends und
an Wochenenden noch genügend Zeit für ein sinnvolles
Studium zur Verfügung stehen. Das Hauptproblem liegt
jedoch in Vereinbarung von Studium und Mutterrolle
(ein 2-jähriger Sohn). Ein konzentriertes und vor allem
ungestörtes Arbeiten ist kaum möglich.
(10.2 / 11.4 / 11.6 / 7.7)
B) Am Anfang erschien mir die Fernuni als undurch-
schaubare Institution. Heute hat sich der Durchblick
eher eingestellt durch Erfahrung und Kontakte mit Leu-
ten. Leider habe ich keine Möglichkeit, ein Studienzentrum oder mentorielle Betreuung in Anspruch zu nehmen. Dadurch fühle ich mich gegenüber den Studenten in
NRW benachteiligt. Wie schon im Fragebogen angedeutet, kann ich als Hausfrau und Mutter die Bereiche Be-
ruf/Familie/Freizeit nicht trennen. Für mein Studium ist
erschwerend, daß ich von meinen kleinen Kindern kei-
nerlei Rücksicht oder Verständnis für mein Studium erwarten kann.
(1.3 / 2.1 / 11.6 / 7.5 / 11.4 -) (11.6 plus 11.4 - plus
2.1 zu 7.5)

In dem Netz der inhaltlich und graphisch aufgezeigten Wechselwirkungen sind zwei Beziehungsgeflechte von besonderer Bedeutung.

a) Hausfrauen und Mütter haben vermutlich einen hohen Bedarf an Beratung und Betreuung und empfinden die räumliche Distanz zur Fernuniversität oder einem Studienzentrum als belastend. Diese Situation wurde offensichtlich durch den Fragebogen nicht hinreichend erfaßt (14.3). Hinzu kommen noch die Schwierigkeiten der Koordination der Prüfungs- und Klausurtermine (1.4) für diese Gruppe.

b) Ein weiteres, enges Geflecht zeigt sich innerhalb der Familie. Hier wird deutlich, daß durch das Studium eine Situation entsteht, welche die Studierenden mit allen Faktoren der Familie in eine konfliktreiche Beziehung eintreten lassen kann. Dabei entstehen nicht nur Probleme mit dem Ehepartner, sondern auch in der Beziehung zu den Kindern, so daß unter anderem Schuldgefühle hervorgerufen werden (7.5 - 11.3 - 11.4 - 11.5). Bedeutsam ist in diesem Zusammenhang, daß es zwischen den einzelnen Themen zur Familie in Teilen eine enge Verbindung gibt. Dieses demonstriert zum einen inhaltlich die hohe Sensibilität der einzelnen Familienfaktoren in der Reaktion aufeinander, zum anderen aber auch die Validität des Analyseverfahrens.

In Übereinstimmung mit anderen in diesem Untersuchungsteil gefundenen Ergebnissen zeigt sich im Zusammenhang zwischen Familienumwelt und Beruf noch ein anders geartetes Beziehungsgeflecht (10.1 - 5.2 - 12.1 - 11.1). Hier wird deutlich, daß im Zusammenhang zwischen Beruf und Familie, die dem Studierenden „wichtig" (11.1) ist, der Kompromiß zulasten der Freizeit (12.1) geht, so daß insgesamt immer ein „Mangel an Zeit" (5.2) bleibt. Da in diesem Beziehungsgeflecht keine Verbindungen zu dem Thema Kind (11.4) und Hausfrau (11.6) auftreten, ist davon auszugehen, daß eine Lebenssituation, die sich durch die dargestellten Bedingungen charakterisieren läßt, eher bei berufstätigen Männern vorzufinden ist.

Die Beziehung 10.1 - 12.5 - 11.8 bestätigt im wesentlichen noch einmal die Ausgangshypothese einer Wechselbeziehung zwischen den Teilumwelten Beruf (10.1), Familie (11.8) und der Freizeit (12.5) in einer Situation des Fernstudiums. Diese Beziehung zwischen Studium und Beruf wird dadurch besonders akzentuiert, daß Studierende in einer höheren beruflichen Position unter einem stärkeren Mangel an Zeit (5.2) leiden. Allerdings zeigen sich zu diesem Thema keine weiteren Verbindungen.

Bei der Analyse der Beziehungen zwischen konkreteren Elementen des Fernstudiums und den übrigen Umweltbereichen zeigt sich zum einen das häufig angesprochene Problem einer Erschwerung des Studiums durch Mängel in der Didaktik und Konzeption der Studienbriefe (3.2). Dieses führt für berufstätige Studierende (10.1) zu einer zusätzlichen Verknappung der Zeit (5.2). Inhaltlich gehört zu diesem Themenbereich die Kette 5.2 - 2.5 - 3.3. Die mangelnde fachliche und/oder menschliche Qualifikation der Lehrenden (2.5) führt nach Ansicht der Studierenden zu einem unnötig hohen Schwierigkeitsgrad der Studienbriefe (3.3). Dieser Sachverhalt belastet dann ebenfalls das Zeitbudget (5.2) der Studierenden.

Im Rahmen der Analyse der Wechselwirkungen zwischen dem Studium und den anderen Umweltbedingungen wird deutlich, daß der Termindruck, wie er von der Fernuniversität gesetzt wird (5.1), den Freiheitsspielraum der Studierenden einschränkt (1.2). Dieses ist bei Berufstätigen (10.1) mit einer großen räumlichen Distanz zur Fernuniversität offenbar besonders problematisch.

Beispiel   Freizeit und Familie überschneiden sich fast vollständig, so daß gilt:
Freizeit „X" = Familie.
Ein großer Teil der Freizeit müßte vom Beruf abgezweigt werden und voll für das Studium aufgewandt werden, so daß gilt:
Freizeit „Y" = Studium.
Aber das haut niemals hin, denn:
00.oo Uhr - 06.oo Uhr absolute Ruhezeit
06.oo Uhr - 07.oo Uhr Rüstzeit
07.oo Uhr - 12.oo Uhr Arbeitszeit (flexibel)
12.oo Uhr - 14.oo Uhr Mittags-Ruhezeit = f (Arbeitszeit)
14.oo Uhr - 17.oo Uhr Arbeitszeit (flexibel)
17.oo Uhr - 20.oo Uhr Familie = f (Arbeitszeit)
20.oo Uhr - 00.oo Uhr Ehefrau = f (Familie).
Die Wochenenden scheiden wegen der Kinder und der Bereitschaftsdienste nahezu aus. 10 Wochen gelang mir obige Zeitplanung und ich nutzte die Zeit von 20.oo bis

00.oo Uhr intensivst für das Studium; dann machte sich
der fehlende Schlaf bemerkbar, die fehlende Arbeitsgruppe und Resignation war das Ergebnis.
Zusatz: 4 Jahre Techniker-Abendschule   =
                                           Schlafdefizit
1/2 Jahr Schichtdienst   "
2 Jahre Berufsoberschule   "
und Familie
Kontakte zu anderen Studenten wären vielleicht die Lösung, weil die einzelnen Investitionen doch zusammen-
fließen; einen „Schiffbrüchigen" schleift aber keiner
gern mit.
Und bleibt für uns Bayern noch das Problem des fehlen-
den Studienzentrums. (Motivationsbeispiel: Alle Prüfungen - BWH XXX).
(4.5 / 13.4 zu 10 zu 11 zu 12 zu 5.2 / 11.4 - / 3.4 / 2.7 -
/ 2.1)

Eine Wechselbeziehung zeigt sich zwischen der Tatsache, als Fernstudierender
berufstätig zu sein und der Bedeutung des Studiums als Möglichkeit einer Zu-
satzqualifikation für den Beruf (6.5).

Ein weiteres Beziehungsgeflecht kann zwischen der Berufstätigkeit und emotionalen Aspekten nachgewiesen werden. So zeigt sich eine auf den ersten
Blick widersprüchliche Dreiecksbeziehung zwischen dem Thema „Studium als
psychische Belastung" (7.7) und dem Thema „Bejahung des Studiums" (7.4)
sowie der Berufstätigkeit (10.1). Dieser vordergründige Widerspruch löst sich
auf, wenn man die weiteren Verbindungslinien mit hinzunimmt. Insgesamt
zeigen sich zwei unterschiedliche Lebenssituationen.

a) 7.7 (Psychische Belastung) - 7.4 (Bejahung des Studiums) - 6.8 (Emanzipation) - 13.2 (weiblich) - 6.7 (Hobby)

Hinter dieser Themenkette stehen Frauen, die sich über das Studium emanzi-
pieren wollen. D. h. das Studium ist Mittel zum Zweck der Veränderung bestehender, als diskriminierend empfundener Bedingungen. Das führt einerseits
zu einer hohen Identifikation mit dem Studium, andererseits aber auch zu einer starken psychischen Belastung, da mit einem solchen Vorhaben vermutlich viele Konflikte verbunden sind. Dabei hat das Studium allerdings für
manche nach eigenen Ansprüchen den Charakter eines Hobbys.

b) 7.4 (Bejahung des Studiums) - 13.3 (Höheres Lebensalter) - 6.7 (Hobby) - 6.11 (Zweifel am Sinn des Studiums) - 6.3 (Interesse am Stoff) - 7.6 (Mangelnde Identifikation)

Hinter dieser Themenkette verbergen sich Studierende, die zum überwiegenden Teil bereits aus dem Berufsleben ausgeschieden sind oder bei denen das Ausscheiden in absehbarer Zeit bevorsteht. Da durch eine solche Situation ein unmittelbarer Berufsbezug des Studiums hinfällig ist, hat für viele (vermutlich bereits ausgeschiedene) das Studium den Stellenwert eines Hobbys. Für die anderen kommen in einer solchen Situation Zweifel am Sinn des Studiums, die vermutlich durch das Interesse am Stoff gemildert werden können. Bei denen, die ausschließlich ein Interesse am Stoff haben, ist allerdings das Ausmaß der Identifikation mit der Fernuniversität als Institution gering.

5.3.4 Bewertung der Vorgehensweise

Bei den dargestellten Ergebnissen der Untersuchungsverfahren gilt es insbesondere kritisch zu prüfen, in welcher Form den Forderungen nach Reliabilität und Validität Rechnung getragen werden konnte. Die genannten Gütekriterien liegen dabei sehr deutlich auf der Linie einer empirisch-analytischen (Sozial-)Psychologie und sind deshalb für die Bewertung dieser Teiluntersuchung nur bedingt verwendbar. In diesem Analyseschritt wird angestrebt, dem Kriterium der Reliabilität dadurch Rechnung zu tragen, daß die Entwicklung der Analyseschritte und ihr Vollzug in jedem Punkt offengelegt werden. Zwar ist die im Kommentar gewonnene individuelle Rekonstruktion der Studienerfahrungen beliebig neu interpretierbar (auch mit anderen Methoden), aber die diesen Kommentar beeinflussende Situation sowie die affektiven Bedingungen sind verloren und nicht mehr zu rekonstruieren. Sofern sie dokumentiert wurden, bleiben lediglich diejenigen Begleitprozesse erhalten, die auf der Seite des Forschers die Analyse beeinflußt haben können.

Wenn noch der Forderung nach Reliabilität der Untersuchung - im konventionellen Sinne - in etwa Rechnung getragen werden kann, so stehen die Bemühungen zur Erfüllung des Gütekriteriums Validität vor einem (scheinbaren?) Dilemma. Ein solches wird durch die doppelte Zielsetzung dieses Untersuchungsschrittes mitbegründet. So ist es - in Ergänzung zu der durchgeführten schriftlichen Befragung - ein wesentliches Ziel, gerade individuell geprägte

Kommentare zur Studiensituation zu erhalten. Diese können aber nur in dem Sinne valide sein, daß der jeweilige Kommentator sich in der Deutung und Interpretation seines Textes durch den Forscher wiedererkennt. Analog zum therapeutischen Diskurs geht es um die Schaffung einer bilateralen Kongruenz von Sinnstrukturen. Dieser letzte Schritt kann im Rahmen der hier vorgenommenen Untersuchung nur mittelbar, d. h. über die Publikation der Ergebnisse, vollzogen werden. Was bleibt, ist die Akzentuierung der Individualität und der Komplexität in einer eher nomothetisch orientierten Problemanalyse. Bildhaft kann somit von der Einführung einer vertikalen Betrachtungsebene gesprochen werden.

Auf der horizontalen Ebene wird dann bei einem Verlust an „subjektiver Gültigkeit" versucht, globalere Bedingungszusammenhänge im Sinne der Untersuchungsfragestellung ausfindig zu machen. Die Validität dieser Aussage ist dann eher in einem von Lisch und Kriz (1978) definierten konventionellen Sinne zu verstehen. Dabei wird die in diesem Schritt vollzogene stärkere Unterordnung inhaltlicher Aussagen unter formal-methodische Forderungen erkennbar. Im Rahmen dieser Arbeit wird die Gültigkeit der Ergebnisse der Themenanalyse aus den Teilen „Themengruppen" und „Themenketten" eher im Sinne einer current-validity überprüft.

Es ist zu betonen, daß die mit diesem Untersuchungsschritt angestrebten Ziele erreicht werden konnten. Die sinnvolle und notwendige Ergänzung der überwiegend geschlossenen Fragen des Fragebogens, durch eine Aufforderung an die beteiligten Studierenden, in freier schriftlicher Form zu der Problemstellung der Untersuchung persönliche Meinungen zu äußern, wird u. a. auch durch die große Zahl der abgegebenen Kommentare bestätigt. Die Häufigkeit der konkreten Artikulationen der nur unzureichenden Kongruenz zwischen Fragebogeninhalt und erlebter Lebenssituation ist ein weiterer Hinweis auf die Akzeptanz dieses Untersuchungsschrittes durch die Beteiligten. Die Berechtigung des theoretischen Ansatzes dieser Arbeit wird inhaltlich dadurch bestätigt, daß auf einer Ebene oberhalb der konkret erfahrenen subjektiven Lebenssituation Bedingungszusammenhänge identifiziert werden können, die jeweils auch für größere Gruppen von Studierenden von Bedeutung zu sein scheinen. Ohne auf die Ergebnisse im einzelnen noch einmal einzugehen, ist darauf hinzuweisen, daß für viele Fernstudierenden die Zeitbedingungen - unter der Maßgabe eines Berufes oder der Familie/ Partnerschaft - von besonderer

Bedeutung sind. Dabei werden auch hier die häufig vorzufindenden Unterschiede in den Lebensbedingungen bei Männern und Frauen deutlich.

5.4 Auswertung der zeichnerischen Darstellung

Entsprechend der theoretischen und methodischen Vorüberlegungen zur Funktion einer zeichnerischen Auseinandersetzung mit dem vorgegebenen Problembereich wird jede Zeichnung in einem ersten Schritt interpretativ erläutert. Vor dem Hintergrund der theoretischen Vorannahmen soll dieser Schritt die Informationen der Darstellung zum Thema „Fernstudium" entschlüsseln. In einem zweiten Analyseschritt wird dann versucht, die Zeichnungen anhand ihrer als wesentlich definierten Aussagen zu Aussagengruppen zusammenzufassen. Dabei ist die Gefahr einer falschen (im Sinne des Zeichners) Gewichtung der Aussagen durch den Prozeß des Interpretierens, Gewichtens und Ordnens nicht auszuschließen. Ebenso wie bei der Interpretation der Kommentare fehlt auch bei diesem Untersuchungsschritt die direkte Rückmeldung der Beteiligten.

Um den Gang der Interpretation nachvollziehbar zu machen und damit eventuelle Fehlerquellen aufdecken zu können, werden ausgewählte Zeichnungen und die dazu entwickelten Interpretationen im Anhang abgedruckt. Dieses ermöglicht die Überprüfung der Interpretationslogik und der Argumente für eine Zusammenfassung mehrerer Zeichnungen zu spezifischen Aussagengruppen. Insgesamt wurden 74 Zeichnungen angefertigt. Das bedeutet, daß ca. 5% der Rücksender des Fragebogens von der Aufforderung Gebrauch gemacht haben. Von diesen 74 Zeichnungen sind 70 im Sinne einer angemessenen Interpretation verwertbar. Vier Zeichnungen werden unter der Rubrik „Sammelkategorie" zusammengefaßt und nicht weiter interpretiert. Alle Zeichnungen sind mit einer Kennziffer versehen, auf die bei Bedarf verwiesen wird.

5.4.1 Zusammenfassung der Zeichnungen zu Themengruppen

Das Bild der Fernuniversität: In dieser ersten Themengruppe werde sieben Zeichnungen zusammengefaßt. Mit unterschiedlichen Stilmitteln - von realitätsangenäherten Darstellungen bis zur reinen Symbolik - wird die Institution Fernuniversität zeichnerisch gestaltet. Das dabei ebenfalls thematisierte Verhältnis von Hochschule und Studierenden erfährt zwar individuelle Charakterisierungen, läßt aber in keiner der Zeichnungen einen persönlichen Bezug erkennen. Vielmehr wird ein Über- und Unterordnungsverhältnis deutlich. Alle dargestellten Situationen lassen einen erheblichen Mangel an Möglichkeiten zur Identifikation mit der Institution Fernuniversität vermuten. So wird die Fernuniversität überwiegend als funktionale Behörde oder Verwaltung gesehen und hat selegierende Funktionen (vgl. Zeichnung Nr. 3). In einem Fall wird durch die Zeichnung die Angst vor der Zukunft der Institution verdeutlicht.

Interpretation Zeichnung 1: Die Fernuniversität als ein Schüttelsieb, um die „guten" von den „schlechten" zu trennen. Die Zahlenrelation ist dabei eindeutig. Es scheiden viel mehr Studierende aus, als erfolgreiche übrigbleiben. Für diese wenigen beginnt dann der Aufstieg auf der Karriereleiter. Der Begleittext zu dieser Zeichnung hebt als Kriterium für einen Studienerfolg allerdings nicht auf intellektuelle Fähigkeiten ab, sondern hält Dickfälligkeit und Gewitztheit für die notwendigen Fähigkeiten. Die dadurch ausgedrückte subjektive Erfahrung mit dem Fernstudium läßt darauf schließen, daß das Studium weniger als eine kritisch reflektierende Auseinandersetzung mit dem Studium erlebt wird, sondern eher als ein „Spiel" oder „Strategien" gegen die Studienbedingungen.

Zeichnung 1:

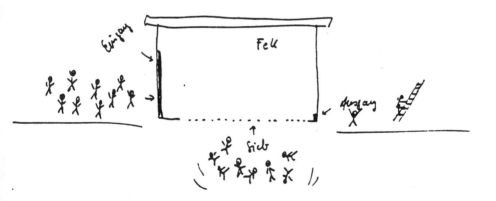

Die Fernuniversität als Burg Der Symbolgehalt der Zeichnungen dieser Themengruppe ist relativ einheitlich. Mit individuellen Abwandlungen wird die Fernuniversität als ein nur schwer zu erreichendes Ziel dargestellt. Bei dieser

Form der Darstellung hat insbesondere die vertikale Achse - das Oben und Unten - eine zentrale Bedeutung. Die Schutz verheißende Fernuniversität wirkt in der Massivität ihrer Darstellung gleichzeitig auch als Bedrohung für die Studierenden. Wer in dieser „Burg" aufgenommen wird bestimmen letztlich immer diejenigen, die bereits „in der Burg" sind. Die räumliche Distanz ist dabei auch immer gleichzeitig ein symbolhafter Ausdruck für die psychische Distanz, die es zu überwinden gilt. Der Leistungsaspekt wird dabei z. B. durch die Höhe des Berges oder die Breite des Wassergrabens um die Burg herum ausgedrückt. Für den mühsamen Aufstieg wird man anschließend durch den „Weitblick" entschädigt. Vermutlich ist man im Bewußtsein vieler Studierender nach einem erfolgreich abgeschlossenem Studium weniger angreifbar und befindet sich „gesellschaftlich oben".

Zeichnung 2:

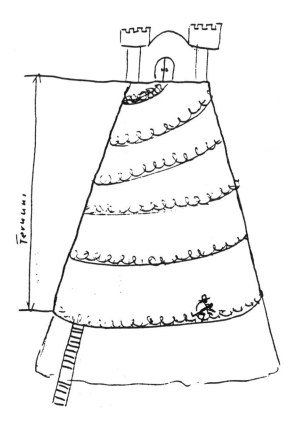

Interpretation Zeichnung 2: Die Fernuniversität liegt als Burg auf dem Gipfel eines Berges. Die Burg ist mit Zinnen bewehrt und das Tor ist geschlossen. Der Weg dorthin ist außerordentlich steil und beschwerlich. Der Studierende befindet sich noch am unteren Teil des Aufstieges. Die Burg auf dem Berg symbolisiert eine Institution, die ihrerseits die Möglichkeit zur Weitsicht hat und durch Konstruktion und Lage gegen Angreifer (Feinde) weitgehend geschützt ist. Im allgemeinen gibt es zwei Möglichkeiten, um in eine Burg

155

hineinzukommen. Entweder man bezwingt sie im Angriff oder man bittet um Aufnahme und genießt den Schutz und den Weitblick. Der Studierende auf der Zeichnung ist nicht als kämpferischer Ritter identifizierbar. Somit liegt die Vermutung nahe, daß er sich als „Bittsteller" Zugang zur Burg verschaffen will.

Auseinandersetzung mit dem Studiensystem: In der Gruppe dieser Zeichnungen sind solche zusammengefaßt, die sich unter der Verwendung unterschiedlicher Stilmittel mit dem Studiensystem auseinandersetzen. Einige Begriffe, die sich aufgrund der Einzelinterpretationen als bedeutsam für diese Gruppe einstufen lassen sind: Hoffen und Bangen, Irritation, Ratlosigkeit und Schwierigkeit. Offensichtlich ist die Thematik so schwierig, daß alle Zeichner sich veranlaßt sehen, einige schriftliche Anmerkungen zu ihren Darstellungen zu geben.

Auffallend ist, daß in fünf Zeichnungen die Darstellung der Fernstudierenden mit dem Mittel der kindlichen Strichzeichnung erfolgt. Im Kontext der inhaltlichen Aussage der jeweiligen Zeichnung ist die Schlußfolgerung angebracht, daß damit die „Infantilisierung" des/der Betroffenen gegenüber der Institution Fernuniversität (dem System) symbolisiert werden soll. Diese Annahme wird ergänzt durch die für alle Zeichnungen geltende Tendenz der rudimentären Darstellung der betroffenen Indivduen.

Zeichnung 3:

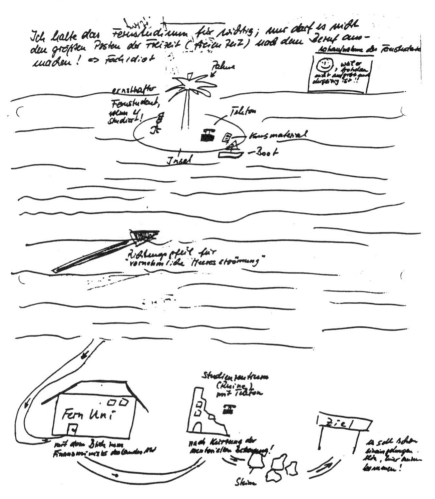

Interpretation Zeichnung Nr. 3: In dieser Zeichnung befindet sich der Fernstudent auf einer Insel, also isoliert vom übrigen Geschehen, ausgestattet mit dem Notwendigsten für ein Fernstudium. Die Zielerreichung ist nur mit dem Segelboot gegen die aus Richtung der Fernuniversität kommenden Winde möglich. Wenn man in diesem Bild bleibt, heißt das, ein umfangreiches Wissen und viel Erfahrung sind notwendig, um gegen den Wind zu segeln. Außerdem ist unter diesen Bedingungen ein direkter Kurs nicht möglich. Wenn der Studierende am diesseitigen Ufer angekommen ist, erwarten ihn allerdings weitere Schwierigkeiten. Diese stellen sich sowohl in Form einer Fernuniversität dar, die aufgrund mangelnder Finanzen besonders im Bereich Studienzentrum (Beratung und Betreuung) zur Ruine zerfallen ist, als auch in weiteren großen Steinen, die auf dem Weg zum Ziel liegen. Die abschließende Bemerkung des Zeichners soll in ironisierender Form auf die großen Schwierigkeiten bei der Erreichnung des Zieles hinweisen.

Auseinandersetzung mit dem Studienmaterial: Die zeichnerische Auseinandersetzung mit dem Studienmaterial in dieser Gruppe läßt Probleme auf zwei Ebenen erkennen. Zum einen zeigt sich eine „erdrückende" Fülle an Studienmaterialien, die zum Teil auch als Bedrohung empfunden wird. Zum anderen ist es die Schwierigkeit, mit den Inhalten der jeweiligen Studienbriefe umzugehen. Beide Problemebenen treten im Studienalltag vermutlich nicht unabhängig voneinander auf. Zu berücksichtigen ist bei der Interpretation aller Zeichnungen dieser Gruppe wiederum die Darstellung der betroffenen Personen. Neben Strichzeichnungen fällt auf, daß in anderen Zeichnungen die am Schreibtisch sitzenden Personen keine Hände haben. Dieses kann als ein Hinweis darauf gedeutet werden, daß das Studieren eher den Charakter des Ansammelns von Fakten besitzt und ein eigentliches „Be-greifen" der Inhalte nicht stattfindet.

Interpretation Zeichnung Nr. 4: Aus der Fernuniversität - als größtem Element der Zeichnung - regnet oder schneit ein Fülle von Studienmaterial auf die punktgroßen Studierenden herab. Bei dieser globalen Betrachtung sind die Größenrelationen eindeutig. Das unendlich kleine Element in der Darstellung ist der Studierende, auf ihn regnet es herab. Die Menge der Studierenden ist der Materialfülle ebenso hilflos ausgesetzt wie einem Regenschauer. In einer „Nahaufnahme" verdeutlicht der Studierende seine individuelle Situation. Die Konsequenz des oben beschriebenen führt für ihn zu einer Anhäufung von Studienmaterialien, die in der Zeichnung in Relation zum Haus und zur Person überproportionale Dimensionen hat.

Zeichnung 4:

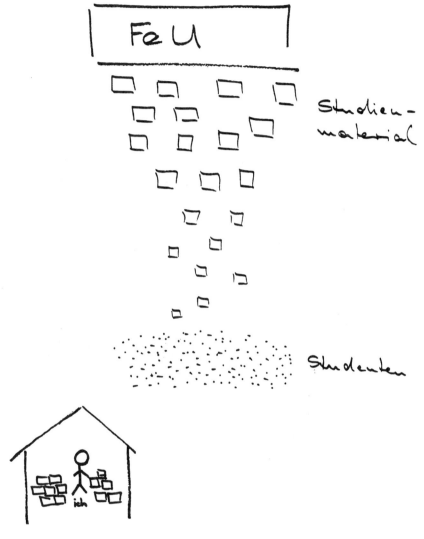

Anonymität: Die aus dieser Themengruppe zu interpretierende Frage ist: Wer oder Was ist die Fernuniversität? Die Zeichnungen lassen erkennen, daß den Studierenden weder Personen (Hochschulpersonal) noch konkrete Arbeitsvorgänge hinreichend bekannt sind. Entweder gibt es eher schematische Vorstellungen der Fernuniversität, oder die Wahrnehmung der Fernuniversität richtet sich ausschließlich auf die durch die Post überbrachten Materialien. Einen Weg aus dieser Anonymität finden lediglich zwei Zeichner(innen). Zum einen wird dabei diese Situation durch die Person des Briefträgers als einzige Bezugsperson erleichtert und zum anderen ist es die dargestellte Mitarbeit in einer Arbeitsgruppe.

Zeichnung 5:

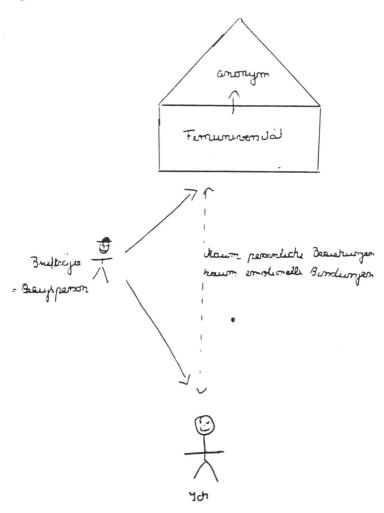

Interpretation Zeichnung Nr. 5: Auch hier ist die postalische Interaktion der Kernpunkt der Zeichnung, dabei wird die Darstellung des Problems durch die Person des Briefträgers erweitert. Dieser steht als Mensch und Bezugsperson zwischen der Fernuniversität und dem Studierenden. Eine nicht zum System Fernuniversität gehörende Bezugsperson hat somit (unbewußt) die Funktion, die Anonymität zu mildern.

Zeitliche Distanz zum Studienziel: Die drei Zeichnungen dieser Themengruppe gestalten das Problem der nicht unerheblichen zeitlichen Distanz zum Studienziel.

Zeichnung 6:

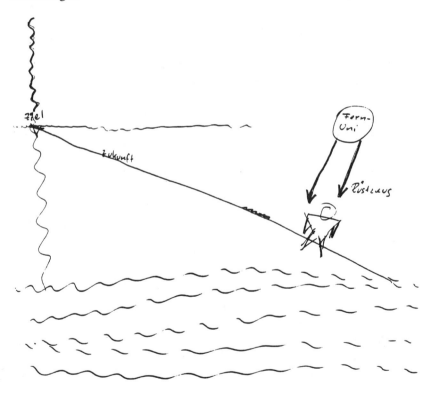

Im Zusammenhang mit den Darstellungen sind aber keine spezifischen Probleme zu erkennen. Im Gegenteil ist eher davon auszugehen, daß bei allen drei Zeichnern klare Zielantizipationen existieren. So führt in der nachstehend abgebildeten Zeichnung der „Zukunftspfeil" ohne Abweichungen aufwärts zum Ziel. Auch in einer weiteren Zeichnung ist der Weg zum Ziel ebenfalls gradlinig und deutlich bis zum Abschluß erkennbar.

Im Gegensatz zu den meisten anderen Zeichnungen unterliegt diesen Darstellungen eine eher positive psychische Verfassung in der Form, daß die Probleme im Zusammenhang mit dem Fernstudium als zu bewältigende Herausforderung gesehen werden, ohne daß störende Einflüsse erkennbar sind.

Interpretation Zeichnung Nr. 6: Die Fernuniversität vermittelt das „Rüstzeug", um ein in der Zukunft liegendes Ziel zu erreichen. Dabei ist von Bedeutung, daß der antizipierte Weg dorthin linear aufwärts geht. Diese graphische Umsetzung entspricht auch dem in unserem Kulturkreis weitverbreiteten Verständnis von Zeit als linearem Vektor in Richtung eines Zieles.

Räumliche Distanz zur Fernuniversität: Die konkrete räumliche Distanz - und damit vermutlich auch die psychische Distanz - ist das Thema dieser Gruppe von Zeichnungen. Dabei wurde die Distanz zur Fernuniversität bereits in anderen Zeichnungen mitthematisiert. Das Argument für die Zusammenfassung der Zeichnungen in dieser Gruppe liegt in der Konzentration der Aussage auf dieses Thema. Hier wird die räumliche Distanz auf eine vielfältige Art und Weise dargestellt. In der Mehrzahl der Zeichnungen ist die Fernuniversität „so weit entfernt", daß sie zu schematischen Objekten zusammenschrumpft. Selbst dort, wo sie auch optisch größer gezeichnet wird, ist keine weitergehende Differenzierung der Konturen zu erkennen. Vielmehr gibt es für den Studierenden keinen Zugang. Lediglich in einer Zeichnung wird eine (anstrengende) Überwindung der Distanz dargestellt.

Interpretation Zeichnung Nr. 7: Auf dieser Zeichnung ist die Fernuniversität nur mit dem Fernglas zu erkennen. Dabei ist aufgrund der Distanz nur noch der Standort Hagen erkennbar, nicht aber die Institution. Für den Studierenden handelt es sich wahrscheinlich um eine konturenlose und anonyme Institution. Der gezeichnete „Rahmen" soll vermutlich die Grenzen der Bundesrepublik Deutschland symbolisieren und damit die räumliche Entfernung akzentuieren.

Zeichnung Nr. 7:

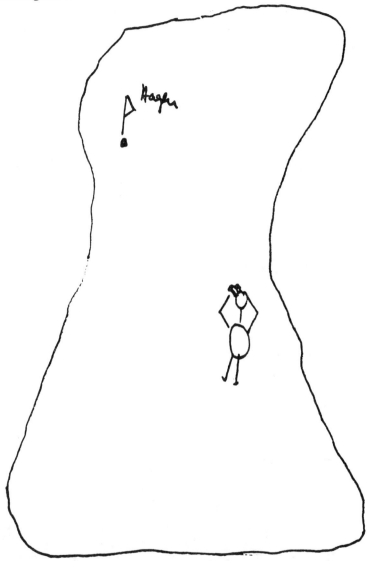

Allgemeine Betrachtungen zum Fernstudium: Alle Zeichnungen dieser Themengruppe lassen eine eher problemfreie Beziehung zwischen der Fernuniversität und den Studierenden erkennen. Dabei zeigt sich in zwei Zeichnungen

ein subjektiv als gleichwertig empfundenes Verhältnis zwischen Institution und Person. In beiden Zeichnungen wird der Fernstudierende allerdings nicht als Mensch gezeichnet, sondern als Element des Systems. Die anderen Zeichnungen dieser Gruppe stellen das Studium als einen steten Wechsel zwischen schönen und schlechten Tagen dar, wie es aus den Erfahrungen mit dem Wetter bekannt ist. Die Fernuniversität wird dabei mit positiven Symbolen versehen.

Zeichnung 8:

Interpretation Zeichnung Nr. 8: Durch die in ihr enthaltenen Elemente und ihren Stil verdeutlicht die Zeichnung den Alltag eines Fernstudenten, in dem die Überwindung räumlicher Distanzen eine große Bedeutung hat. So werden die Detailszenen überlagert von skizzierten Straßen, die zu verschiedenen Städten führen. Ebenso bedeutsam wie die Verbindungen zwischen den verschiedenen studienrelevanten Orten ist der Faktor Zeit. So symbolisieren insgesamt vier Uhren die allgemeine Dominanz der Zeitbedingungen sowie die Schwierigkeit, mit den Terminen für Klausuren erfolgreich umzugehen. Zu diesem Hin- und Herhetzen zwischen Orten und Terminen kommt dann noch ein Ausfall des Mentors hinzu mit der anonymen Aufforderung am Schwarzen Brett, wieder nach Hause zu fahren.

Während die Verbindung zu den Klausurorten und zum Studienzentrum mit Verkehrsmitteln bewältigt wird, gibt es von und zur Fernuniversität die postalische Verbindung. Zuhause stehen dann lange Reihen von Regalen mit Studienmaterial und auf dem überdimensionalen Schreibtisch türmen sich ebenfalls weitere Studienbriefe. Die Szene wird dominiert von der Zeit, den Straßen, den Verkehrsmitteln und einzelnen Hinweisen. Menschen tauchen nur schemenhaft auf und der Fernstudent selbst ist gegenüber der erdrückenden Fülle des Studienmaterials ganz klein.

Studium und Beruf: Das Fernstudium als Mittel für die berufliche Weiterbildung und damit Karriere ist das eigentliche Thema dieser Zeichnungen. Während es zum einen die subjektiv erlebte Diskrepanz zwischen Theorie und Praxis ist, sind es zum anderen die mit dem Studium verbundenen Zeiträume und Zwänge, die im Mittelpunkt der graphischen Umsetzung der Probleme stehen. Lediglich in einer Zeichnung wird die Aussage bildlich so konzentriert, daß nur eine Interpretation möglich ist. Aus der subjektiven Sicht des Zeichners ist ein erfolgreich abgeschlossenes Studium der Schlüssel zum Vorwärtskommen (im Beruf). Dahinter steht eine sehr hohe Erwartung an die Bedeutung eines abgeschlossenen Studiums in der Arbeitswelt.

Interpretation Zeichnung Nr. 9: Die Aussage dieses Bildes ist eindeutig. Das erfolgreich abgeschlossene Studium ist der Schlüssel für die Tür zum Erfolg. Dabei ist auffällig, daß durch das Mittel der Stilisierung nur die als wesentlich erachteten Symbole dargestellt werden.

Zeichnung Nr. 9:

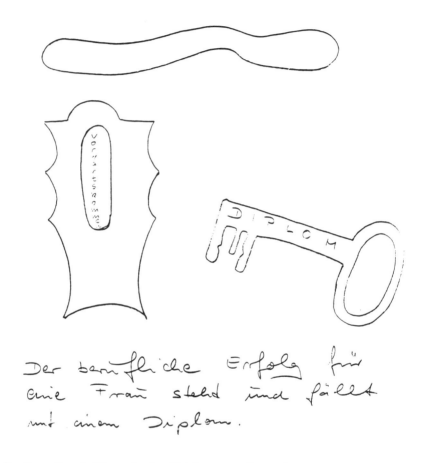

Der berufliche Erfolg für
eine Frau steht und fällt
mit einem Diplom.

Studium, Beruf, Alltag: In den Zeichnungen dieser Gruppe wird das Spannungsverhältnis zwischen den drei Teilumwelten Studium, Beruf und Freizeit thematisiert. Dabei wird bei zwei Zeichnungen deutlich, daß die damit verbundenen Konflikte vom Studierenden selbst getragen werden müssen. Deutlich werden aber in allen drei Zeichnungen die unerfüllten Wünsche nach Freizeit.

Zeichnung 10:

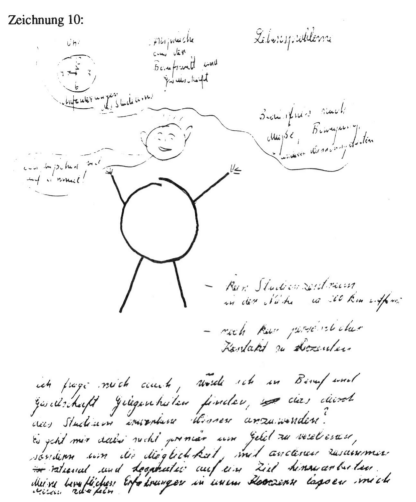

Interpretation Zeichnung Nr. 10: Über dem Kopf des Studierenden schwebt eine große Wolke, die sich aus einer Vielzahl von Anforderungen zusammensetzt. Diese sind: Das Studium bis spät in die Nacht, der Beruf und die Gesellschaft, allgemeine Lebensprobleme, der Mangel an Entspannung sowie Wissenserweiterung. Die einzelnen Anforderungen werden durch die Umrandung als eine große Wolke erlebt, die in ihrer Wirkung den Studierenden die Geste der Hilflosigkeit - ausgedrückt durch seitlich hochgestreckte Arme - machen läßt. Diese Situation wird durch den Text in der Sprechblase noch verdeutlicht.

Studium, Beruf, Familie: Die Zeichnungen zeigen jeweils eine geschlechts-spezifische Sicht der Problematik des Zusammenwirkens der drei genannten Teilumwelten. Das den beiden Zeichnungen unterliegende klassische Rollenbild ist dabei einheitlich. Während die Probleme für die Frau u. a. dadurch entstehen, daß sie neben Beruf und Studium auch den Hauhalt zu versorgen hat, steht der Mann an der vordersten „Front" und setzt sich kämpferisch mit den Anforderungen des Alltags auseinander.

Zeichnung 11:

Interpretation Zeichnung Nr. 11: Eine kämpferische Position gegenüber dem Beruf nimmt der Studierende und Familienvater in dem folgenden Bild ein. Er hat sich der auf ihn eindringenden Anforderungen der beruflichen Umwelt - symbolisiert durch ebenfalls mit Boxhandschuhen versehenen Kollegen - zu erwehren. Bei diesem Kampf hat er gleichzeitig die Familie „im Kreuz". Die Haltung des einen Kindes drückt Forderungen an den Vater aus. Die Anordnung der Familienmitglieder läßt vermuten, daß in erster Linie von den Kindern zusätzliche Belastungen erwartet bzw. erlebt werden. In dieser Situation des von vorn und hinten Bedrängtwerdens hängt die (Strick-) Leiter zum Erfolg „Fernstudium" relativ unerreichbar daneben.

Zwei Aussagen können noch zu diesem Bild gemacht werden. Das Szenario zeigt eine konventionelle Rollenverteilung. Der Mann steht an „vorderster Front" und steht damit gleichzeitig zwischen bedrohlicher Außenwelt und Familie. Diese wiederum richtet ihre Forderungen an den Vater. Alle Personen der Zeichnung sind zum Vater gewandt und dieser wendet ebenfalls den Blick zur Familie. Das Fernstudium als Strickleiter stellt eine wenig stabile Form des Aufstiegs dar. Bedeutsam ist, daß die Auseinandersetzung mit Familie und Beruf so im Mittelpunkt der Darstellung steht - und zeichnerisch voll ausgestaltet wurde -, während die „Leiter zum Erfolg" (?) ohne sichtbares Ziel endet.

Studium, Beruf, Familie und Freizeit: In der letzten Gruppe, bestehend aus zwei Zeichnungen, wird das Zusammenwirken aller vier Teilumwelten dargestellt. Dabei zeigt sich in den Aussagen allerdings eine positive Grundtendenz. Erkennbar wird, daß in beiden Zeichnungen die Familie (der Partner) eine wesentliche - stützende - Funktion innehat. Es ist zu vermuten, daß dieses die subjektiv erlebte Situation erleichtert.

Interpretation Zeichnung Nr. 12: In der Mitte der Anordnung aller Einflußgrößen steht die Fernstudierende nicht allein, sondern mit ihrem Partner. Dieses soll vermutlich ausdrücken, daß diese Beziehung eine Hilfe darstellt, da im Kreis der Einflußgrößen aus der eigenen Familie nur das Baby genannt wird. Über allem schwebt die Uhr. Die Darstellung soll ausdrücken, daß die Einflüsse oder Anforderungen „rund um die Uhr" wirksam sind. Die Darstellung kann auch andeuten, daß sich die Studierende von diesen Anforderungen eingekreist sieht. Allerdings scheint die Situation so zu sein, daß sie bewältigt werden kann. Studierende und Partner stehen gemeinsam aufrecht und lachen. Ein Mangel an Freizeit für kulturelle Ereignisse wird durch die Fragezeichen bei Kino und Theater angedeutet.

Zeichnung 12:

Beruf und Familie gehen bei mir fast ineinander über (Hausfrau). Daher sind einige Fragen nicht genau zu beantworten.

Labels in drawing: Kino ?, Theater ?, Kollegen, Beruf, Eltern, Party, Freunde, Turnen, Baby, Haus, Haushalt, Garten

5.4.2 Zusammenfassende Diskussion

Es wurde bereits darauf hingewiesen, daß es eine Vielzahl von Gründen gibt, die Studierende davon abhalten, eine Zeichnung zu der vorgegebenen Themenstellung anzufertigen. Einige davon können sein:

- Angst und Unerfahrenheit im Zusammenhang mit der Anfertigung zeichnerischer Darstellungen.

- Geringschätzung der Wertigkeit einer solchen Methode, insbesondere unter den anzunehmenden allgemeinen zeitlichen Belastungen. Hier ganz besonders nach der aufwendigen Bearbeitung des Fragebogens.

- Die Unfähigkeit, mögliche, latent vorhandene Probleme kognitiv zu präzisieren und zu verbalisieren oder gar zu zeichnen.

- Psychische Barrieren (Verdrängungsmechanismen), die es dem Studierenden angeraten sein lassen, mögliche Probleme nicht zu thematisieren.

- Eine in jeder Beziehung problemfreie Studiensituation.

Vor dem Hintergrund dieser Auflistung möglicher Gründe für eine „Nicht-Teilnahme" an diesem Untersuchungsschritt ist die nachfolgende zusammenfassende Reflexion über einige zentrale Aussagen der Zeichnungen zu sehen. Dabei ist es nicht das Ziel dieser Ausführungen, die in den Einzelinterpretationen gewonnenen Aussagen zu sehr zu generalisieren. Hier kann nur herausgearbeitet werden, daß es in der großen Gruppe der Teilzeit-Studierenden Subgruppen gibt, deren Teilumwelten strukturell ähnliche Probleme aufweisen. Diese Heterogenität der Lebenswelten ist zunächst einmal eine alltagspsychologische „Binsenweisheit". Es war das Ziel dieser Teiluntersuchung, eine solche Heterogenität nachzuweisen. Die Beschreibung solcher individuenspezifischen Problemstrukturen zeigt dann allerdings sehr schnell, daß wesentliche Problembereiche von größeren Gruppen ähnlich wahrgenommen werden. Dieses hat seine Ursache in dem gleichen gesellschaftlichen Hintergrund (Sozialisation) und der strukturellen Gleichheit der Systembedingungen (Umweltbedingungen), in denen sich alltägliches Handeln vollzieht.

Auch wenn davon ausgegangen werden muß, daß ein starker „Leidensdruck" oder die Lust zum Zeichnen zu einer Verzerrung der Stichprobe in diesem Untersuchungsschritt geführt haben können, zeigen die inhaltlichen Ergebnisse Problemstrukturen auf, wie sie in den Fragestellungen zu Beginn der Arbeit formuliert worden sind.

Vor dem Hintergrund der Entwicklung allgemeiner theoretischer Überlegungen zur Alltagssituation erwachsener Fernstudierender erlauben die ausgewerteten Zeichnungen eine inhaltliche Präzisierung einzelner Problemsituationen. So ist erkennbar, daß der überwiegende Teil der Zeichnungen stilisiert naturalistische Darstellungen oder aus dem Kontext plausibel interpretierbare Symbole benutzt. Dort, wo die Information nach Meinung der Zeichner nicht eindeutig ist, wird durch schriftliche Ergänzungen Klarheit geschaffen.

In einem ersten Schritt wurde jede Zeichnung für sich interpretiert. Mit diesem Versuch, die jeweils individuelle Akzentuierung des „Generalthemas" herauszuarbeiten, findet eine Einstimmung statt. Bereits die Zusammenfassung zu Themengruppen zeigt dann, daß es neben der subjektiven Erfahrung auch Aspekte des jeweiligen Problems gibt, die von mehreren Studierenden gleichermaßen - wenn auch nicht genau gleich - erfahren werden. Dabei steht im Rahmen dieses Untersuchungsschrittes nicht die Frage nach der Quantität der Äußerungen im Vordergrund. Vielmehr wird gerade hier versucht, mit einer auf den individuellen Problemkontext abgestimmten Analyse einer Vereinheitlichung und damit Abstrahierung des subjektiven Problemempfindens entgegenzuwirken.

Entsprechend der dargelegten Erwartungen an das Mittel der zeichnerischen Darstellung, zeigt sich auch bei der Arbeit die Externalisierung affektiver Komponenten im Zusammenhang mit einer konreten Lebenssituation. Die Frage nach der Validität einer solchen Vorgehensweise kann dabei nur sehr bedingt unter Rückgriff auf klassisch psychodiagnostische Verfahren beantwortet werden. Hier geht es zum einen eher um eine „face-validity“, wie sie im Zusammenhang mit dem Vergleich der Ergebnisse aller Untersuchungsschritte geleistet werden kann. Zum anderen treten aber auch Ansätze einer eher ökologischen Validität in den Vordergrund, die einer jeweils subjektiven Gültigkeit der Interpretation bzw. Rekonstruktion der hinter den Zeichnungen stehenden Studier- und Lebenserfahrung gerecht zu werden versucht.

Die Einschätzung der Interpretationsergebnisse läßt deutlich werden, in welchem Verhältnis diese zu den theoretischen Vorannahmen der Arbeit stehen und ob sie als argumentative Bestätigung der aufgestellten Hypothesen herangezogen werden können. So richtet sich das Interesse entsprechend den Fragestellungen auf die Darstellung der Wechselwirkungen der verschiedenen Teilumwelten, wie sie in einer Vielzahl von Zeichnungen gestaltet worden sind. Zusätzlich werden in den Zeichnungen besonders relevante Wirkgrößen in der Teilumwelt Fernstudium erkennbar. Zur Bewertung dieser Bedeutungen fliessen die Aussagen der nach Themengruppen geordneten Zeichnungen wieder zusammen zu einem komplexen Wirkungsgefüge.

Eine Problematik der Interpretation wird in der Zuordnung der Zeichnungen zu den Themengruppen erkennbar. Trotz des Versuchs, diesen Schritt jeweils logisch-interpretativ zu begründen, bleiben auch weiterhin Möglichkeiten zu inhaltlich anderen Entscheidungen bestehen. Ein Grund dafür liegt in der unscharfen inhaltlichen Abgrenzung der verwendeten Begriffe. Dieses kann am Beispiel der Begriffe Anonymität und Distanz verdeutlicht werden. In mehreren Zeichnungen wird die räumliche Distanz zur Fernuniversität thematisiert und es ist offensichtlich, daß der damit verbundene Aspekt der Anonymität für den Betroffenen dabei in den Hintergrund der Darstellung tritt. Andere Zeichnungen akzentuieren gerade diesen Aspekt der Anonymität und lassen das (mit-)verursachende Moment der räumlichen Distanz in den Hintergrund treten. Es handelt sich also um zwei inhaltlich miteinander verbundene Begriffe oder, auf die Zeichnungen bezogen, um subjektiv gesetzte Vorder- und Hintergründe einer zeichnerischen Aussage.

Es ist anzunehmen, daß die jeweils individuell gewichteten Sachverhalte, wie z. B. Anonymität, oder räumliche und zeitliche Distanz in der Wahrnehmung der Teilumwelt Fernstudium zusammenwirken und das Selbstverständnis oder die Identität des Fernstudenten mitbeeinflussen. In fast allen Zeichnungen findet dieses auch seinen Ausdruck darin, daß die Studierenden sich in Relation zur Institution Fernuniversität sehr klein darstellen, entweder nur als Kopf oder als Strichmännchen. Auf den meisten Zeichnungen sind sie überhaupt nicht existent. Vermutlich erleben auch viele Studierende an Präsenzhochschulen ihre Institution als übermächtig. Allerdings dürfte dabei das Gefühl der räumlichen Distanz und der Anonymität weniger bedeutsam gewesen sein. So gibt es dort die erlebbare physische Präsenz der Institution als bauliche und die der Studierenden als soziale Umwelt. Die Mehrzahl der Fernstudierenden ist dagegen von der Institution und den Kommilitonen isoliert.

Bezogen auf die Fragestellungen ist festzuhalten, daß die Zeichnungen sowohl die physische und psychische Distanz zwischen Studierenden und Fernuniversität visualisieren als auch erkennen lassen, daß aufgrund dieser doppelseitigen Distanz die subjektive Wahrnehmung der Fernuniversität auf einige wesentliche Kontaktelemente (Postsendungen) reduziert ist.

5.5 Auswertung der schriftlichen Befragung[21]

Nachfolgend werden die Daten der schriftlichen Hauptuntersuchung, in der Teilzeitstudierende der ausgewählten Fachbereiche Mathematik und Informatik, Erziehungs- und Sozialwissenschaften sowie Wirtschafts- und Rechtswis-

---

[21] Da sich diese Veröffentlichung an einen breiten Leserkreis richtet, wird aus Gründen der besseren Lesbarkeit bei der Darstellung und Interpretation der empirischen Daten auf die Wiedergabe statistischer Kennwerte weitgehend verzichtet. Vorgestellt und interpretiert werden nur solche Ergebnisse, die den jeweiligen Signifikanzkriterien genügen.

senschaft (n = 1578) postalisch befragt wurden, zur Beantwortung der weiteren Fragestellungen herangezogen. Der umfangreichste Teil der Auswertungen befaßt sich dabei mit Bedingungen und Wechselwirkungen innerhalb der Teilumwelt Studium. Dabei wird zusätzlich geprüft, in welchem Umfang die allgemeinen Strukturen des Fernstudiums fachbereichsspezifische Ausprägungen aufweisen. In den folgenden Untersuchungsschritten werden dann die Bedingungen der übrigen Teilumwelten sowie der studentischen Identität untersucht.

5.5.1 Teilumwelt Fernstudium

5.5.1.1 Analyse spezifischer Sozialisationswirkungen

Aus der Vielzahl der im Rahmen dieser Arbeit erfaßten Sozialisationswirkungen werden, unter Berücksichtigung der besonderen Situation im Fernstudium, die Bedeutungen der personalen und materialen Sozialisation untersucht. Als personale Sozialisation werden im Rahmen dieser Arbeit alle zwischenmenschlichen Kontakte im Fernstudium verstanden. Materiale Bedingungen umfassen in diesem Zusammenhang die räumlich-physikalischen Aspekte sowie auch die Bedeutung der Lehrmaterialien.

Um die Grundbedingungen der Kontaktsituation des „durchschnittlichen" Fernstudenten an dieser Stelle noch einmal zu verdeutlichen, werden die entsprechenden Angaben im Rahmen der schriftlichen Befragung wiedergegeben. Als Hintergrund für eine Bewertung der Zahlen und insbesondere der subjektiven Verarbeitung der gegebenen Kontaktsituation, ist an die Ergebnisse der Themenanalyse und der Interpretationen der Zeichnungen zu erinnern.

Die Daten der Randauszählung zur schriftlichen Befragung geben einen ersten Überblick über die Kontaktbedingungen der Untersuchungsteilnehmer. So haben 8,3% aller befragten Studierenden häufig oder sehr häufig Kontakt zu anderen Kommilitonen. Nur 1,0% der Befragten haben häufig oder sehr häufig Kontakt mit Dozenten der Fernuniversität, und 60,4% der befragten Studierenen haben noch nie an einer Präsenzveranstaltung teilgenommen. Umgekehrt nehmen 7,0% sehr oft oder häufig an Präsenzveranstaltungen teil und 14,7% manchmal. Insgesamt 59,6% der Befragten arbeiten nie in Gruppen, nur 14,5% arbeiten sehr oft oder häufig in Gruppen. Das Studienzentrum ist, wie eingangs ausgeführt wurde, eine regionalisierte und auf die wesentlichen

Elemente reduzierte Fernuniversität. Dabei ist es von Bedeutung, daß 46,8% der Befragten noch nie ein Studienzentrum aufgesucht haben und nur 10,2% dieses sehr oft oder häufig machen. Bei den eher objektiven Strukturelementen, die eine mögliche Nutzung des Studienzentrums mitbeeinflussen, konnten nur Zusammenhänge zum Alter und zur Anzahl der Studienjahre gefunden werden. Die nahezu gleich großen Anteile in der Alterskategorie der 18 bis 29-jährigen, die „sehr oft" oder „nie" ein Studienzentrum besuchen, deuten ebenfalls darauf hin, daß eine Vielzahl möglicher Gründe in der Person des Studenten zu suchen ist. Die Ergebnisse legen auch die Vermutung nahe, daß aus Gesprächen und Interviews bekannte Argumente wie „zu zeitaufwendig" oder „Probleme in der Familie" etc. eher als Rationalisierungen zu betrachten sind für eine tieferliegende Ablehnung oder Hemmschwelle.

Die Motive für die Aufnahme von Kontakten zu Kommilitonen scheinen nahezu ausschließlich im Bereich der studentischen Persönlichkeit zu liegen. Strukturelle Gründe, die eine Kontaktaufnahme fördern oder verhindern, konnten nicht festgestellt werden. Entsprechend dem theoretischen Ansatz ist davon auszugehen, daß diese eher indirekt über Aspekte der Identität und des dadurch geprägten Bewußtseins wirksam werden. Geschlechtsspezifische Lebensbedingungen zeigen sich auch bei den Aussagen zu Fragen nach der Häufigkeit „langer Gespräche mit Kommilitonen". Die Antworten der weiblichen und der männlichen Studierenden differieren hoch signifikant. Während 6,4% der Frauen „sehr oft" oder „häufig" die Möglichkeit zu Gesprächen haben, sind es bei den Männern nur 2,8%. Zusätzlich zu den geschlechtsspezifischen Studienbedingungen sind es auch die besonderen Bedingungen der älteren Studierenden, die im Bereich personaler Sozialisation im Studium zum tragen kommen. So ist der Prozentanteil der Männer in der Alterskategorie über 50 Jahre mit 12,5% am höchsten.

Neben den räumlichen Problemen bei der Nutzung eines Studienzentrums sind vielfach die familiären Bedingungen ebenfalls mit von Bedeutung. So zeigt die nachstehende Datenübersicht, daß die weiblichen Studierenden insgesamt häufiger Kontakte zu Mitstudierenden haben als die Männer und darüber hinaus die Frauen mit Partner innerhalb der Gruppe der Frauen häufiger mit Kommilitonen sprechen, während es bei den Männern die Gruppe der Studierenden ohne Partnerin ist. Entsprechend den Ergebnissen zu der Frage nach den Gesprächen mit Kommilitonen, die auf die Intensität des Kontaktes zielt, sind es bei der Frage nach der Häufigkeit des Kontaktes ebenfalls die weiblichen Studierenden, die häufiger Kontakte aufzuweisen haben. Besonders gewichtig ist in diesem Zusammenhang, daß auch bei fortgeschrittenem Studienverlauf keine signifikant häufigeren Kontakte stattfinden. Es ist zu vermuten, daß die starke Gruppe, die bei Studienbeginn ohne Kontakte zu anderen Studierenden beginnt, im wesentlichen ohne eine Veränderung der Kontaktsituation durch das Studium geht[22].

Die Häufigkeit der Kontakte zu den Dozenten scheint eher durch die Situation im Studium beeinflußt zu sein. Während die Qualität des Aufforderungscharakters durch die Dozenten nicht geprüft werden kann, zeigt sich, daß in den höheren Semestern die Zahl derer ganz leicht ansteigt, die Kontakt mit Hochschuldozenten hat. Das Ergebnis wird allerdings geprägt durch die Werte in den Kategorien „manchmal" und „selten", so daß rein formale Kontakte, wie sie z. B. in mündlichen Prüfungen auftreten, ebenfalls mit berücksichtigt werden müssen.

Bei der „Teilnahme an Präsenzveranstaltungen" zeigen sich keine signifikanten Zusammenhänge zwischen der Familiensituation der Studierenden und der Häufigkeit der Teilnahme. Entgegen der Erwartung, die sich implizit in den Forschungsfragen zur Teilumwelt Familie ausdrückt, daß unverheiratete Studierende weniger Schwierigkeiten bei der Organisation des Fernstudiums haben, nehmen unverheiratete Studierende keineswegs häufiger an Präsenzveranstaltungen teil als verheiratete. Gleichzeitig wird aber die Veränderung der Lebenssituation bei älteren Studierenden deutlich. Mit zunehmendem Lebensalter steigt auch leicht die Häufigkeit der Teilnahme an Präsenzveranstaltungen. Die Bereitschaft zur Mitarbeit in studentischen Arbeitsgruppen ist fachbereichsspezifisch schwach unterschiedlich ausgeprägt. Vermutlich zeigt sich hier auch eine enge Wechselwirkung zwischen der Struktur und den Anforderungen der Studienmaterialien und der subjektiv erlebten Aufforderung zur Gruppenarbeit. Die Bereitschaft zur Mitarbeit in Gruppen ist bei den Studierenden der Wirtschaftswissenschaften am stärksten ausgeprägt, gefolgt von den Studierenden im Fachbereich Erziehungs- und Sozialwissenschaften .

Die Ergebnisse bestätigen die Auswirkungen des Mangels an sozialer und physischer Umwelt Hochschule auf die Sozialisation. Eine Betrachtung der

---

[22] Damit ist aufgrund der Vorbehalte gegen die dynamische Interpretation von Daten einer Querschnittanalyse ein Kohortenffekt nicht auszuschliessen.

„objektiven" Verhaltensdaten zeigt einerseits ein verschwindend geringes Maß an realen Kontakten, andererseits aber ein systemkonformes Studierverhalten. Neben den wenigen Kontakten zu Kommilitonen, Lehrenden und Gruppen in Präsenzveranstaltungen ist der geringe Kontakt zu den Studienzentren auffallend. Dieses ist um so bedeutsamer, als gerade die Studienzentren die Nachteile der großen Distanz zwischen der eigentlichen Fernuniversität und den Studierenden überwinden helfen sollen. Die Suche nach „objektiven" Gründen für die wenigen Kontakte zeigt keine deutlich erkennbaren Zusammenhänge mit möglichen Einflußfaktoren wie z. B. Familiensituation oder Beruf. Es muß also eher davon ausgegangen werden, daß eine individuelle Passung in Systemstrukturen stattgefunden hat. Bei den wenigen Studierenden, die Kontakte haben, zeigt sich deutlich die enge Wechselwirkung mit den Sozialisationsbedingungen. Dabei ist allerdings das folgende Ergebnis von Bedeutung: Zwar haben jeweils die Studierenden mit Kontakten ein höheres Maß an gemessener Hochschulsozialisation, aber bei der Gruppe der Studierenden, die „sehr häufig" Kontakte mit anderen Kommilitonen haben, liegen diese Werte niedriger als bei denen, die nur „häufig" Kontakte haben. Dieses kann darauf hindeuten, daß „sehr häufige" Kontakte eher ein Hinweis auf einen Mangelzustand in der Studiensituation liefern als auf eine positiv getönte Interaktionsrichtung.

Die aus alltagspraktischen Erfahrungen bekannte und in dieser Arbeit empirisch bestätigte räumliche Distanz zwischen den meisten Studierenden und der Fernuniversität bewirkt häufig auch ein Gefühl der psychischen Distanz oder Anonymität. Dieses tritt insbesondere bei der Interpretation der Zeichnungen deutlich hervor. Entsprechend der theoretischen Vorüberlegungen kann eine solche Situation häufig zu Problemen bei den Studierenden führen, die sich u. a. in Zweifel an der Richtigkeit des Studiums manifestieren.

Tabelle 9: Liste der ausgewählten Items zu Zweifel am Studium

Lfd.Nr	Text
85	Wenn ich noch einmal zu entscheiden hätte, würde ich wieder ein Fernstudium beginnen
86	Ich zweifle oft, ob das Studium wirklich sinnvoll ist
107	Ich würde sofort zu einer Präsenzuni wechseln, wenn das möglich wäre
115	Ich denke gelegentlich daran, das Fernstudium aufzugeben

Dieser Sachverhalt wurde unter Berücksichtigung der in der oben aufgeführten Tabelle zusammengefaßten Items aus dem Fragebogen näher untersucht.

Die Auswirkungen solcher Zweifel auf die subjektiv erlebte Studiensituation zeigen sich u. a. darin, daß alle o. g. Variablen mit den vier Subskalen der Skala Studienzufriedenheit hoch signifikant korrelieren. D. h. hohe Zweifel stehen im Zusammenhang mit einer geringen Zufriedenheit (Selbstverwirklichung), einer hohen Unzufriedenheit, niedrigen Zukunftschancen und der Einschätzung des Studiums als härteste Zeit. Ebenso zeigt sich auch ein hoch signifikanter Zusammenhang zur Skala Hochschulsozialisation in dem Sinne, daß bei hohen Zweifeln niedrige Kommilitonenkontakte vorzufinden sind. Die Ursachen für diese Zweifel können zum einen in der Person liegen, können aber auch durch studienimmanente Faktoren mitbestimmt sein. Zusammenhänge mit Personenmerkmalen konnten nur im Hinblick auf das Geschlecht ermittelt werden. Signifikant mehr Frauen als Männer haben Zweifel an der Sinnhaftigkeit ihres Studiums. Wobei diese Zweifel bei Frauen im höheren Alter stärker ausgeprägt sind als bei den Männern.

Die größten Zweifel zeigen sich durchgängig bei den Studierenden im Fachbereich Mathematik und Informatik. Ein Vergleich zwischen den Wirtschaftswissenschaftlern und den Studierenden im Fachbereich Erziehungs- und Sozialwissenschaften zeigt, daß die Studierenden im FB ESW eher an der Sinnhaftigkeit ihres Studiums zweifeln und auch lieber zu einer Präsenzuniversität wechseln würden. Die Studierenden der Wirtschaftswissenschaften denken dagegen häufiger daran, das Studium aufzugeben. Die Daten bestätigen damit eher die Annahme, daß studienimmanente Bedingungen die hier operationalisierten Zweifel bewirken. Hinzu kommen Mechanismen der Selbstselektion der Studierenden, wie sie u. a. von Sander und Lück (1974) nachgewiesen werden konnten. So fanden sich psychische Probleme am häufigsten bei Studierenden der Philosophischen Fakultät.

Im Zusammenhang mit der bisher behandelten Fragestellung wurde die Relevanz der Struktur der familiären und der beruflichen Umwelt für das subjektive Erleben der Umwelt Fernstudium deutlich. Dabei wurden im Rahmen der Berechnungen durch die vorgenommene Kombination der Daten aus der familiären und der beruflichen Umwelt Bedingungen geschaffen, die formal den Lebensbedingungen typischer Präsenzstudenten ähneln.

In den Ausführungen zu den Bedingungen der hochschulischen Sozialisation wurde auf das Konzept des Moratoriums verwiesen, das insbesondere für Präsenzstudenten von Bedeutung sein kann. Die Essenz dieses Konzeptes besagt, daß ein Studierender ohne weitreichende Konsequenzen im Verlauf seines Studiums verschiedene Rollen ausprobieren kann. Um einer solchen Situation auch im Fernstudium nachzuspüren, wurden alle diejenigen Studierenden zusammengefaßt, die ohne eine nachgewiesene Partnerbindung und ohne einen bezahlten Beruf studieren. Die nach diesen Kriterien ermittelte Gruppe bestand aus 157 Studierenden. Überprüft wurde die aus dem Konzept abzuleitende Annahme, daß diese „ideale" Studiensituation zu einem höheren Maß an Selbstverwirklichung durch das Fernstudium führt und allgemein eine hohe Studienzufriedenheit sowie ein hohes Maß an Sozialisation durch das Studium bewirkt. Diese Annahme kann durch die Ergebnisse der Überprüfung nicht bestätigt werden. Es zeigen sich keine Unterschiede zwischen der Gruppe der Studierenden, die ohne entsprechende Verpflichtungen sind und allen anderen. Anders verhält es sich mit den Ergebnissen der Varianzanalyse mit der Skala „Hochschulsozialisation". Hier zeigt sich eine mit der „unbelasteten" Situation verbundene größere Freiheit im studentischen Verhalten. Die Gruppe hat ein höheres Maß an Kommilitonenkontakten.

5.5.1.2 Die subjektive Bedeutung des Studiums

Die Bedeutung des Studiums ist mitentscheidend für den Umgang mit den konkreten Studienbedingungen und die Wirkung des Studiums auf den einzelnen Studierenden. Bedeutung beinhaltet in diesem Zusammenhang immer einen auf die aktuelle Situation bezogenen und einen antizipatorischen Aspekt. D. h. je nach dem Grad der Erfüllung dieser Aspekte variiert das subjektive Erleben des Fernstudiums. Zur operationalen Definition des Fernstudiums wurden solche Items ausgewählt, die sowohl die aktuelle Situation als auch den Zukunftsaspekt erfassen. Dabei sind dieses keine sich gegenseitig ausschließende Begriffe, sondern es ist davon auszugehen, daß es sich um individuelle Gewichtungen handelt, die sich zum Teil ergänzen.

Eine erste Annäherung an die Bedeutungsstruktur des Fernstudiums für die Gesamtzahl der Befragten wird mit der Bildung einer Rangliste der Prozentanteile für die genannten Items erreicht. Zusammengefaßt werden dazu die Prozentpunkte der Antworten für die Distraktoren „stimmt" und „stimmt weitge-

hend". Das graphisch umgesetzte Ergebnis ist dem nachfolgenden Schaubild
zu entnehmen.

Abbildung 8: Rangliste der Bedeutungen

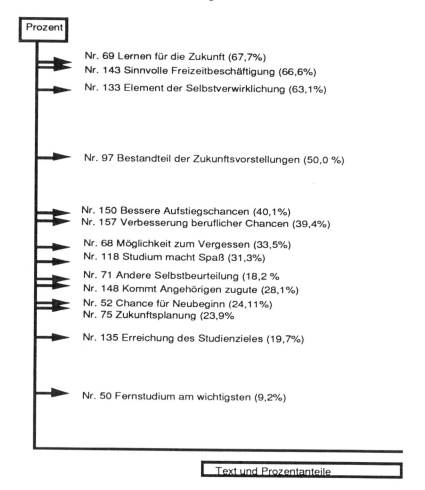

Prozent

Nr. 69 Lernen für die Zukunft (67,7%)
Nr. 143 Sinnvolle Freizeitbeschäftigung (66,6%)
Nr. 133 Element der Selbstverwirklichung (63,1%)

Nr. 97 Bestandteil der Zukunftsvorstellungen (50,0 %)

Nr. 150 Bessere Aufstiegschancen (40,1%)
Nr. 157 Verbesserung beruflicher Chancen (39,4%)

Nr. 68 Möglichkeit zum Vergessen (33,5%)
Nr. 118 Studium macht Spaß (31,3%)

Nr. 71 Andere Selbstbeurteilung (18,2 %
Nr. 148 Kommt Angehörigen zugute (28,1%)
Nr. 52 Chance für Neubeginn (24,11%)
Nr. 75 Zukunftsplanung (23,9%

Nr. 135 Erreichung des Studienzieles (19,7%)

Nr. 50 Fernstudium am wichtigsten (9,2%)

Text und Prozentanteile

Die Betrachtung der Rangliste zeigt die auch in anderen Zusammenhängen bereits vorgefundenen zwei Aspekte der Bedeutung des Fernstudiums (vgl. Miller, 1980). Vermutlich gelten diese auch für andere Formen des Hochschul-
studiums. Zum einen ist dieses der Wunsch nach Wissenserwerb und zum anderen der Wunsch nach Selbstverwirklichung. Die besondere Struktur des
Fernstudiums führt nun dazu, daß die Verwirklichung beider Dimensionen als

180

„Freizeitbeschäftigung" realisiert werden kann. Die Bedeutung des Studiums für die Zukunft wird durch die nachfolgenden Rangplätze unterstrichen. Zum einen als eine allgemeine Aussage zur Bedeutung des Studiums für die Zukunft und zum anderen als eine sehr konkrete, auf die berufliche Entwicklung bezogene Erwartung. Nebeneffekte, wie der Nutzen für die Familie oder die Entlastung von anderen Problemen, haben dabei einen niedrigeren Rangplatz. Trotz der Gewichtigkeit einzelner Bedeutungsaspekte hat das Studium als eine konkrete Tätigkeit für die Studierenden einen niedrigen Stellenwert im Vergleich mit anderen Dingen des Lebens. Der angenommene enge Zusammenhang zwischen der individuellen Bedeutungszuweisung und der subjektiv erlebten Studiensituation bestätigt sich darin, daß die Subskala „Selbstverwirklichung" der Gesamtskala „Studien- und Arbeitszufriedenheit" mit allen aufgeführten Einzelitems zur Bedeutung hoch signifikant korreliert. Die gleichen deutlichen Zusammenhänge zeigen sich auch zwischen den Items und der Subskala „Kommilitonenkontakte" der Skala Hochschulsozialisation.

Zur weitergehenden Analyse möglicher Zusammenhänge zwischen der individuellen Bedeutungsstruktur des Studiums und relevanten Strukturdaten wird auf das chronologische Alter der Studierenden zurückgegriffen. Dieses deshalb, weil auch in den theoretischen Überlegungen verdeutlicht wurde, daß die sich mit dem chronologischen Lebensalter verbindenden Lebenserfahrungen und -perspektiven zu unterschiedlichen Erwartungen an das Fernstudium führen können. Es zeigen sich eine Vielzahl von Bedeutungsitems, deren Rohwerte der Antwortkategorien „stimmt" und „stimmt weitgehend" zwischen den drei zusammengefaßten Alterskategorien signifikant differieren.

Betrachtet man die Ergebnisse im Überblick, so fällt auf, daß die Werte in den drei Alterskategorien für alle Variablen jeweils von den jüngeren zu den älteren Studierenden ansteigen oder abfallen. Diese „quasi linearen" Veränderungen legen die Vermutung nahe, daß es sich bei der Verschiebung der Bedeutungsgehalte um Vorgänge handelt, die mit den allgemeinen Entwicklungsprozessen eng verbunden sind. Aufgrund der vorliegenden Daten ist allerdings auch ein durchgängiger Kohorteneffekt nicht auszuschließen. Da diese Tendenz der Bedeutungsveränderungen durchgängig ist, soll auf einige Unterschiede zwischen den jüngeren und den älteren Studierenden hingewiesen werden. Unter Berücksichtigung der Rangfolge der Bedeutungen wird erkennbar, daß das Wissen bei den jüngeren Studierenden höher bewertet wird als bei den älteren. Umgekehrt bewerten die älteren Jahrgänge den Aspekt der Selbstverwirklichung höher als die jüngeren. Erwartungsgemäß verbinden sich für die jüngeren Studierenden mit dem Studium die größeren Aussichten auf eine Verbesserung der beruflichen Situation, während der Aspekt einer sinnvollen Freizeitbeschäftigung bei den älteren im Vordergrund steht. Mit der Möglichkeit der Selbstverwirklichung geht einher, daß für die älteren durch das Studium auch ein höheres Maß an „anderer Selbstbeurteilung" gegeben ist.

Diese Daten lassen die unterschiedlichen subjektiven Qualitäten des Studiums erkennen. Gleichzeitig wird aber auch deutlich, daß die Studierenden in den „mittleren" Lebensjahren eine „Gruppe dazwischen" bilden, die je nach individueller Lebenssituation „noch" oder „schon" eher eine Bedeutungsstruktur wie die zeitlich davor oder dahinter liegende Gruppe hat. Insgesamt zeigen die Prozentanteile der mittleren Altersgruppe aber eine größere (rechnerische) Nähe zu den Aussagen der jüngeren Studierenden, so daß von einer größeren Ähnlichkeit der Bedeutungsstrukturen dieser beiden Gruppen ausgegangen werden kann. Lediglich in dem Fall einer „gestörten Zukunftsplanung" bei einem eventuellen Studienabbruch ist dieses für die mittlere Altersgruppe von ähnlich geringer Bedeutung wie bei den älteren. Die Begründung dafür liegt vermutlich in den bereits deutlicher vorgezeichneten beruflichen Positionen, die im mittleren und höheren Lebensalter nicht mehr so maßgeblich durch ein „gescheitertes" Studium beeinflußt werden können.

Neben der Relevanz des Lebensalters für die subjektive Bedeutung des Studiums ist von einem ähnlich starken Einfluß der Variablen Geschlecht auszugehen. Gerade die im Fernstudium liegende Chance, die konkrete Lebenssituation „nachbessern zu können", dürfte eine weitaus höhere Relevanz für Frauen besitzen als für Männer. Zu einer genaueren Analyse möglicher Zusammenhänge dieser Art wurden die Daten zusätzlich zu den Alterskategorien nach dem Geschlecht der Studierenden differenziert. Die unterschiedlichen Lebensbedingungen von Männern und Frauen im Fernstudium zeigen sich u. a. darin, daß Frauen im mittleren Lebensalter (entsprechend der hier vorgenommenen Operationalisierung) wesentlich seltener ein Studium beginnen (38,0%) als Männer der vergleichbaren Alterskategorie (50,0%). Diese Werte sind vor dem Hintergrund des ohnehin wesentlich größeren Anteils männlicher Studierender zu sehen. Die Gewichtung der beiden Bedeutungsaspekte „Wissenserwerb" und „Selbstverwirklichung" zeigt zwar innerhalb der Geschlechtergruppen die gleichen Tendenzen zwischen den Alterskategorien. Der Aspekt „Wissenserwerb" wird allerdings von den Männern höher gewichtet und umgekehrt der Aspekt „Selbstverwirklichung" von den Frauen. Diese Ergebnistendenz wird ergänzt durch den höheren Stellenwert der „Chancen für einen Neubeginn" bei den Frauen, hier insbesondere bei der mittleren Alterskategorie.

Vergleichsweise rollenkonforme Antworten zeigen sich darin, daß neben den hohen Gewichtungen der persönlichen Ziele der Männer, die überwiegend im Bereich der Verbesserung der beruflichen Situation eingeordnet werden können, noch das Argument der „Nützlichkeit für die Angehörigen" von Bedeutung ist. Während bei den Männern, bis auf eine Ausnahme bei der Variablen Selbstverwirklichung, die Werte wieder durchgängig „linear" von der niedrigen zur höheren Alterskategorie steigen oder fallen, ist diese Tendenz bei den Frauen nicht so eindeutig. Hier zeigt sich insbesondere bei den Variablen „Das Fernstudium ist am wichtigsten", „Chance für den Neubeginn", „gestörte Planung bei Abbruch", „nutzt Angehörigen" und „Chancenverbesserung" die besondere Situation der Frauen in der mittleren Alterskategorie. Diese ist so zu interpretieren, daß neben den personeneigenen Merkmalen wie Alter und Geschlecht insbesondere die Familienumwelt und die beruflichen Erfahrungen die Bedeutungsstruktur des Studiums für die Studierenden mitbestimmen. Im Bereich der Familienumwelt ist zu erwarten, daß die jeweils spezifischen Familienkonstellationen (verheiratet/nicht verheiratet sowie Kinder/keine Kinder) auch jeweils entsprechende Bedeutungsstrukturen bewirken.

Die weitere Analyse der Daten zeigt, daß die Partnersituation für die Bedeutungsstruktur des Fernstudiums nicht von der erwarteten Relevanz ist. So zeigt lediglich der zukunftsgestaltende Aspekt bei den Studierenden mit Partner eine höhere Bedeutung und natürlich die Frage nach dem Nutzen des Studiums für die Angehörigen. In einem weiteren Schritt wird geprüft, ob die Bedeutung der Familiensituation geschlechtsspezifische Ausprägungen aufweist. Es zeigen sich mehrere Bedeutungsvariablen mit unterschiedlichen Antworthäufigkeiten je nach Geschlecht und Familiensituation. Durchgängig ist es so, daß die Differenz zwischen den Antworthäufigkeiten in den Kategorien „mit Partner" und „ohne Partner" bei den Frauen größer ist als bei den Männern. Dieses legt die Vermutung nahe, daß die Lebenssituationen verheirateter und allein lebender Frauen stärker voneinander abweichen, als dieses bei den Männern der Fall ist. Die Betrachtung einzelner Ergebnisse zeigt, daß die „Chance für einen Neubeginn" durch das Studium bei einer Frau mit Partner wesentlich höher bewertet wird als in allen anderen vergleichbaren Kategorien. Außerdem hat für diese Gruppe das Studium die größere Bedeutung für die „Zukunftsgestaltung". Bei den männlichen Studierenden ist es umgekehrt. Hier zeigt sich bei den ohne Partner lebenden eine höhere Bewertung der „Zukunftschancen" als bei den allein lebenden. Die Suche nach „Selbstverwirklichung" durch das Studium ist ebenfalls bei den Frauen, die mit einem Partner zusammenleben, signifikant höher als bei allen anderen Gruppen. Der Nutzen des Studiums für die Angehörigen wird von den mit Partnerin lebenden Männern am höchsten eingeschätzt. Die Aufstiegschancen im Beruf haben für die allein lebenden Männer den höchsten Stellenwert, dieses gilt ebenso für die Chancenverbesserung. Bei den weiblichen Studierenden haben für die mit Partner lebenden Personen beide berufsbezogenen Aspekte eine höhere Bedeutung als für die allein lebenden.

Zusätzlich zu einem Leben in einer Partnerschaft können sich durch die gemeinsame Verantwortung für ein oder mehrere Kinder weitere Einflüsse auf die Bedeutungsstruktur des Fernstudiums ergeben. Die Analyse der Daten zeigt allerdings, daß nur wenige Bedeutungsvariablen mit der oben definierten Familiensituation in Beziehung stehen. Erkennbar ist, daß die in der Regel schwierige Situation des Alleinerziehens (n = 43) zu besonderen Bedeutungszuweisungen für das Studium führt. So finden sich in dieser Gruppe die höchsten Gewichtungen für eine „Chance für den Neubeginn" sowie für die Bedeutung des Studiums für die „Zukunftsgestaltung". Gleichzeitig finden sich in dieser Gruppe die niedrigsten Werte für die „Aufstiegschancen". Entsprechend den allgemeinen Erwartungen wird die Nützlichkeit des Studiums für die „Angehörigen" bei der Gruppe der Studierenden mit Partner und Kind am höchsten bewertet. Die zusätzliche Differenzierung der Daten nach den Geschlechtern der Studierenden läßt noch deutlicher den Zusammenhang zwischen einer geschlechtsspezifisch erlebten Familiensituation und der Bedeutungsstruktur des Fernstudiums erkennen. Allerdings ist es auch hier so, daß die Familiensituation nur mit wenigen Bedeutungsvariablen im Zusammenhang steht. Die „Chancen für einen Neubeginn" für Frauen mit Kindern und Partner haben die höchste Bedeutung, gefolgt in der Rangreihe von Frauen mit Kindern ohne Partner. Frauen mit Partner und Kindern weisen dem Studium außerdem einen hohen Stellenwert für die Zukunft zu, einen ähnlich hohen Wert weisen die Studierenden ohne Partner aber mit Kind auf. Die Bewertung der Verbesserung der beruflichen Situation hat für Männer wiederum einen höheren Stellenwert als für Frauen in der gleichen Situation. Für diese zählt stärker die Beschäftigung mit dem Studium.

5.5.1.3 Theorie-Praxis-Bezug

Neben der wechselseitigen Beeinflussung der verschiedenen Teilumwelten, in denen die Studierenden täglich handeln, ist, wie in den theoretischen Ausführungen erörtert, ein Bezug der Lehrinhalte auf die berufliche Praxis und die alltägliche Erfahrungswelt zu fordern. Diese wissenschaftliche Auseinandersetzung mit Berufs- und Alltagsproblemen stellt gleichermaßen eine Verzahnung unterschiedlicher Umweltaspekte dar. Es ist deshalb davon auszugehen, daß eine positive Bewertung des „Theorie-Praxis-Bezuges" durch die Studierenden in einer engen Verbindung mit der subjektiv erlebten Studiensituation insgesamt steht.

In der Analyse der fachbereichsspezifischen Strukturen der Umwelt Studium wurde bereits auf die unterschiedliche Bewertung des Theorie-Praxis-Bezuges durch die Studierenden der drei Fachbereiche hingewiesen. Die weitergehende Analyse zeigt, daß die Antworten auf die Aussage „Die Übungsaufgaben berücksichtigen den Praxisbezug" mit zunehmender Studiendauer negativer ausfallen. Da der zu vermutende Jahrgangseffekt über die Analyse der Aussage im Zusammenhang mit der Altersstruktur nicht nachgewiesen werden konnte, ist von einer Veränderung der Bewertung aufgrund der durch die Studiendauer erworbenen Erfahrungen auszugehen.

Da bisher in den meisten untersuchten Zusammenhängen die Bedeutung geschlechtsspezifischer Subumwelten erkennbar wurde, wird auch diese Aussage zum Praxisbezug daraufhin analysiert. Aufgeschlüsselt nach Geschlecht und Fachbereich wird erkennbar, daß zum einen die Unterschiede zwischen den drei Geschlechtergruppen bestehen bleiben und zum anderen in den Fachbereichen ESW und WiWi die Bewertungen der weiblichen Studierenden positiver sind als die der männlichen Kollegen. Bei der ohnehin vergleichsweise negativen Bewertung durch die Studierenden im Fachbereich Mathe liegen die Werte der Frauen noch unter denen der Männer. Mit dem Statement „Im Studium selbst wird die gesellschaftliche Bedeutung des Fernstudiums nicht weiter reflektiert" wird inhaltlich stärker auf eine kritische Durchdringung der eigenen potentiellen Rolle als Akademiker abgehoben. Auch hier zeigen sich wiederum die fachbereichsspezifischen Unterschiede. Allerdings gibt es keine Veränderung der Bewertung im Verlauf des Lebensalters oder des Studiums. Ebenso differieren die Bewertungen nicht zwischen den Geschlechtern. Insgesamt scheint der hier untersuchte Sachverhalt im wesentlichen durch studienimmanente Bedingungen bestimmt zu sein.

In dem Statement „Mehrfach haben mir die Kurse eine neue Sicht meiner Alltagssituation vermittelt", wird stärker der Alltagsbezug im Sinne einer wissenschaftlichen Durchdringung alltäglichen Geschehens angesprochen. Neben den fachbereichsspezifischen Unterschieden zeigt sich hier deutlich der Einfluß der geschlechtsspezifischen Lebenssituation. Es ist davon auszugehen, daß Frauen vielfach eine andere Alltagserfahrung haben als die Männer und deshalb die in den Kursen aufgezeigten Bezüge anders bewerten.

Die Antworttendenz, wie sie sich bei der Analyse der „reinen" fachbereichsspezifischen Unterschiede zeigt, findet sich auch in dieser Teilanalyse wieder. Allerdings wird zusätzlich deutlich, daß die ohnehin niedrige Bewertung der Studierenden des Fachbereichs Mathematik stark zwischen den männlichen und den weiblichen Studierenden differiert. Die Frauen erkennen fast gar keinen Alltagsbezug in den Studienbriefen, während bei den Männern noch 8,7% einen solchen erkennen können. Ähnlich, wenn auch auf einem höheren Niveau, verhält es sich mit den Bewertungsunterschieden zwischen den Geschlechtergruppen im Fachbereich WiWi. Im Fachbereich ESW findet sich insgesamt die höchste Bewertung mit einem leicht höheren Wert der Frauen.

Bzgl. des Statements „In den Studienbriefen finde ich Informationen darüber, wie der vermittelte Stoff auf die Praxis angewendet werden kann" zeigen sich wiederum fachbereichsspezifische Unterschiede. Gleichzeitig ist erkennbar, daß die Frauen in den Fachbereichen ESW und WiWi eine positivere Bewertung haben als die Männer. Umgekehrt verhält es sich bei den Studierenden im Fachbereich Mathe. Hier ist bei einem im Vergleich niedrigeren Wert positiver Bewertungen die Bewertung der Frauen noch niedriger als die der Männer.

5.5.1.4 Zusammenhänge mit anderen Variablen

Zu einer weiteren Untersuchung des Zusammenhanges zwischen dem subjektiv erlebten Theorie-Praxis-Bezug in den Fernstudienkursen und der individuellen Befindlichkeit im Studium wurden die zu diesem inhaltlichen Bereich gehörenden Variablen auf ihre Zusammenhänge mit der Studienzufriedenheit (gemessen mit der SAZ) untersucht.

Die einzelnen Dimensionen der Teilumwelt Fernstudium sind keine unverbunden nebeneinanderstehenden Elemente, sondern sie sind untereinander jeweils wieder in spezifischer Weise verbunden. Diese komplexe, methodisch nicht vollständig zu erfassende Struktur, bildet letztlich die Qualität der Teilumwelt. Die nachfolgenden Erörterungen sollen einige als wesentlich erachtete Zusammenhänge der konstruierten Dimensionen thematisieren. Dabei ist zu bedenken, daß aufgrund der Konzeption keine eindeutige Wirkungsrichtung gemessen werden kann. Diese ist weder methodisch noch theoretisch inhaltlich eindeutig bestimmbar.

Studienmaterial, Studienzufriedenheit und Hochschulsozialisation: Die Ergebnisse der Überprüfung der Zusammenhänge dieser Daten lassen vermuten, daß es unterschiedliche Definitionen von erfolgreichem Umgehen mit dem Studienmaterial gibt und daß das Fernstudium auch denjenigen, die weniger interaktionsorientiert sind, eine Vielzahl von Möglichkeiten bietet, das Studium positiv zu erleben. So wird deutlich, daß bei einem weniger auf Kontakte ausgerichteten Studierverhalten (Lesen, Hören) die „Kommilitonenkontakte" weniger ausgeprägt sind. Dieses muß aber nicht einhergehen mit einem geringeren Ausmaß an „Selbstverwirklichung" durch das Studium. Zu fragen ist allerdings, wie und in welchem Ausmaß bei dieser Personengruppe sozialisatorische Inhalte eines akademischen Studiums, die über den reinen Kenntniserwerb hinausgehen, vermittelt werden können.

Theorie-Praxis-Bezug, Studienzufriedenheit und Hochschulsozialisation: Die praktische Verwertbarkeit, allerdings weniger im Sinne eines Rezeptwissens, sondern eher im Sinne einer theoretischen Durchdringung berufspraktischer und alltäglicher Probleme, steht in einem engen positiven Zusammenhang mit der allgemeinen Studienzufriedenheit. Dagegen scheinen Aspekte des gesellschaftskritischen Bezuges der Inhalte der Studienmaterialien von nachgeordneter Bedeutung zu sein. Hier zeigt sich ein Zusammenhang mit dem Wissenschaftsinteresses in der Form, daß vermutlich Studierende mit einer spezifischen Ausprägung des wissenschaftlichen Interesses eher gesellschaftskritische Reflektionen vermissen. Erwartungsgemäß steht das Interesse an den Inhalten in einem positiven Zusammenhang mit der Studienzufriedenheit.

Planungsverhalten und Studienzufriedenheit Es ist davon auszugehen, daß es zwei Positionen gibt, die beide gleichermassen ein hohes Maß an Zufriedenheit mit der Studiensituation und eine positive Einschätzung der Zukunftschancen bewirken. So gibt es zum einen die „Planer"und zum anderen die „Spontanen". Bei beiden Typen handelt es sich offensichtlich um Mischkategorien mit dem jeweils überwiegenden Anteil einer „Verhaltensgruppe". Wenn dagegen eine extreme Planungsposition vertreten wird, scheint diese nicht mehr zwingend mit einem hohen Maß an Zufriedenheit in Verbindung zu stehen. Vermutlich wirken die selbst definierten Regeln zur Bewältigung der Umweltanforderungen in gewissem Ausmaß auch als subjektiv erlebter Zwang auf die Psyche der Studierenden zurück.

5.5.1.5 Zusammenfassende Diskussion

Die Ergebnisse bestätigen weitgehend die angenommenen Zusammenhänge zwischen der Struktur des Fernstudiums und spezifischen Formen des Studierverhaltens sowie der Zufriedenheit mit der Situation und tragen somit zur Klärung der Forschungsfragen bei. Es ist davon auszugehen, daß das Fernstudium überwiegend denjenigen Studierenden ein zufriedenstellendes Angebot bietet, die die Studienmaterialien am liebsten visuell und auditiv bearbeiten. Gerade in diesem Bereich ist sowohl von einer starken Vorselektion auszugehen, da vermutlich einige Interessenten bei einer konkreteren Auseinandersetzung mit den Fernstudienbedingungen vor einer Immatrikulation zurückschrecken (Fritsch, 1980) als auch von einer Selektion während des Studiums. Neben den in dieser Arbeit vorgelegten Forschungsergebnissen verweist auch Bartels (1983, S. 28ff) darauf, daß „das ständige Lesen" für einige Studierende das Motiv für den Studienabbruch war. Studierende, die aber Lesen und Hören als ihre primären Lerntechniken einschätzen, erfahren in dem bestehenden System eine Verstärkung, die sich u. a. in einem hohen Maß an Selbstverwirklichung durch das Studium und einer großen Zufriedenheit ausdrückt. Die Gruppe der Studierenden, die besser interaktionsorientiert arbeiten können, findet zwar auch ein hohes Maß an Selbstverwirklichung durch das Studium, ist aber mit der Situation weit weniger zufrieden. Dieses deutet darauf hin, daß neben der Tatsache des Studierens vermutlich auch die jeweiligen Inhalte zur Selbstverwirklichung beitragen.

Das zeigt sich auch darin, daß bei einer subjektiv wahrgenommenen Verwertbarkeit der Inhalte für den Beruf und den Alltag die Zufriedenheit mit dem Studium hoch ist. Diese Verwertbarkeit ist weniger auf dem Niveau von „Tips" und „Rezepten" zu sehen, sondern eher auf der Ebene theoretischer

Problemdurchdringung; allerdings auch nicht darüber hinaus. So wird der Wunsch nach einer gesellschaftskritischen Reflektion der Inhalte und des Fernstudiums überhaupt nur sehr selten geäußert. Damit kann eine Bestätigung der in den theoretischen Vorüberlegungen getroffenen Aussage angenommen werden, daß ein Studium im Erwachsenenalter, insbesondere im mittleren Erwachsenenalter, im wesentlichen der Karrieresicherung dient und weniger der Neubestimmung der individuellen Lebensgrundlagen. Dadurch ist auch der deutliche Unterschied zu einer Situation des Moratoriums gegeben, in der sich viele Studierende an den Präsenzhochschulen befinden.

Gerade aber diese Situation des „Nicht-Pausieren-Könnens", d. h. täglich vielen Verpflichtungen ausgesetzt zu sein, erfordert zwingend erfolgreiche Handlungsstrategien. Die Ergebnisse zeigen auch zwei typische Verhaltensmuster, die in beruflichen und alltäglichen Situationen immer wieder vorzufinden sind. Zum einen sind dieses die „Planer" und zum anderen die „Spontanen". Allerdings wird aufgrund der Ergebnisse deutlich, daß die jeweils extremen Ausprägungen dieser Strategien mit negativeren subjektiven Befindlichkeiten im Zusammenhang mit dem Studium verbunden sind. Bei den extremen Planern wird die „Kehrseite" dieser Lebensbewältigung erkennbar, die vermutlich durch die Angst vor unvorhergesehenen Situationen entsteht und damit zu psychischen Anspannungen und Versagensängsten führen kann. Bei den extremen „Spontanen" ist es vermutlich die subjektiv erlebte Unfähigkeit, Aufgaben des alltäglichen Lebens zu strukturieren und sinnvoll zu bewältigen, die zu größerer Unzufriedenheit und einem geringeren Maß an Selbstverwirklichung durch das Studium führt.

5.5.2 Fachbereichsspezifische Subumwelten

5.5.2.1 Allgemeine Studienbedingungen

Die Annahme fachbereichspezifischer Subumwelten findet ihre Begründung in einer Vielzahl empirischer Untersuchungen zur Hochschulsozialisation (vgl. Krüger, 1982, 1986) sowie in der Alltagserfahrung in der Fernuniversität selbst. Von Bedeutung ist, daß die spezifischen Ausprägungen jeder Subumwelt eine interne logische Konsistenz besitzen. Es ist davon auszugehen, daß die Subumwelt „Fachbereich" ein Konstrukt darstellt, das sich aus den drei formalen Elementen *Stoff, Dozent* und *Studierende* zusammensetzt. Neben einer Interaktion dieser drei Elemente im Studienprozeß gibt es von vornherein ein Gemeinsames der personalen Elemente: Das Interesse an den Inhalten. Die Aneignung des Stoffes und die Integration der Inhalte in die eigene Identität, die bereits durch Vorerfahrungen geprägt wurde, ist das eigentlich Bestimmende der Hochschulsozialisation. Eine Rückwirkung von Studenten auf Dozenten, direkt oder über den Stoff, ist nicht in dem Umfang gegeben und weniger eindeutig empirisch faßbar.

Zur Überprüfung der Fragestellungen werden in einem ersten Schritt die allgemeinen Strukturdaten daraufhin untersucht, in welchem Umfang fachbereichsspezifische Unterschiede ermittelt werden können. Dabei werden die Wechselwirkungen mit den einzelnen Teilumwelten gesondert geprüft. Des weiteren werden alle relevanten Aspekte des Studierverhaltens auf ihre fachbereichsspezifische Unterschiedlichkeit hin analysiert.

Eine erste Schlußfolgerung aus den Ergebnissen läßt erkennen, daß eine in wesentlichen Elementen unterschiedliche Studentenschaft in den drei Fachbereichen vorzufinden ist. Dabei ist die innere Struktur in den Fachbereichen Wirtschaftswissenschaften und Mathematik in etwa vergleichbar, während die studentische Struktur des FB ESW in vielem von den anderen abweicht. So ist z. B. der Anteil der weiblichen Studierenden im Fachbereich ESW signifikant höher. Während in den Fachbereichen WiWi und Mathe der Anteil Studierender mit Graduierung und Fachhochschulreife häufig anzutreffen ist, ist dieser Anteil im Fachbereich ESW niedriger, d. h. dort ist die formale Qualifikation höher. Eine weitergehende Analyse wird zeigen, in welchem Ausmaß sich diese unterschiedlichen Eingangsbedingungen auf die Bewertung der Studieninhalte und auf die Gestaltung des Studiums insgesamt auswirken.

Während die Studierenden im Fachbereich ESW sich eher an persönlichen Interessen orientieren und diese mit zu einem Entscheidungskriterium bei der Belegung von Kursen machen, richten sich die Studierenden in den Fachbereichen Mathe und WiWi stärker nach den offiziellen Vorgaben. Die Daten zeigen außerdem, daß die Studierenden des Fachbereichs ESW insgesamt ein höheres Interesse an den Kontextbedingungen des Fernstudiums haben, so daß von diesen Studierenden ein größeres Maß an Orientierung und Aneignung erwartet werden kann. Der erkennbare Unterschied im Umgang mit dem Studienmaterial zeigt Tendenzen, die auf eine größere Ähnlichkeit des Verhaltens in den Fachbereichen Mathe und WiWi schließen lassen.

Eine zusammenfassende Bewertung der Bewältigungsstrategien zeigt, daß die Studierenden im Studiengang Mathematik am ausgeprägtesten die Strategie des „hartnäckig Alleinarbeitens" verfolgen und damit gleichzeitig ebenfalls den höchsten Anteil derer stellen, die die Probleme „ausklammern" oder „umgehen". Die Studierenden der Wirtschaftswissenschaften sprechen am häufigsten mit dem Mentor und haben entsprechend niedrigere „Umgehungsraten". Bei den Studierenden im Fachbereich ESW sind keine einheitlichen Strategien erkennbar. Auffallend ist allerdings der niedrige Wert bei den Angaben zu „Gesprächen mit dem Mentor".

Obwohl die meisten Studierenden im Fachbereich WiWi nicht in dem Ausmaß an vorherige Lernerfahrungen anknüpfen können, schreiben sie sich selbst das höchste Maß an erfolgreichen Studientechniken zu. Noch deutlicher ist dieser Unterschied im Fachbereich Mathematik. Hier gibt es am wenigsten Anknüpfungspunkte an vorherige Lernerfahrungen, aber ebenfalls ein hohes Maß an erfolgreichen Studientechniken. Bei den Studierenden im Fachbereich ESW ist es umgekehrt. Eine mögliche Erklärung kann durch die vermutete strukturelle Gleichheit zwischen beruflichen Aufgaben und den in den Studienmaterialien geforderten Leistungen gegeben sein. Es ist nicht auszuschließen, daß in der Selbstbeurteilung die Studierenden im Beruf erfolgreich erlernte Lösungsstrategien mit der sich selbst zugeschriebenen Bereitschaft zur Pflichterfüllung verknüpfen und beides zusammen als „Studientechnik" verstehen.

Der Alltags- und Gesellschaftsbezug wird nach den Aussagen der Studierenden im Fachbereich Erziehungs- und Sozialwissenschaften eher thematisiert als in den beiden übrigen. Der Berufsbezug wird dagegen im Fachbereich WiWi stärker berücksichtigt. Weder das eine noch das andere findet nach Meinung der Befragten in den Studienmaterialien des Fachbereichs Mathematik eine ausreichende Berücksichtigung.

Erwartungsgemäß ist die Einschätzung der Qualität der Fernstudienkurse ebenfalls stark fachbereichsspezifisch. So zeigt sich, daß über 40% der Studierenden im Fachbereich WiWi aufgrund der Qualität der Materialien davon ausgehen, daß die Notwendigkeit zur Erarbeitung weiterführender Literatur nicht gegeben ist, gefolgt von etwa 40% im Fachbereich Mathe. Diese Einschätzung gilt aber nur für etwa knapp 20% der Studierenden im Fachbereich

ESW. Die Zufriedenheit mit dem Aufbau der Studienmaterialien ist bei den Studierenden des Fachbereiches ESW signifikant höher als bei denen der Mathematik und der Wirtschaftswissenschaften, wobei die Zufriedenheit bei den Mathematikern am niedrigsten ist. Am häufigsten finden Studierende im Fachbereich Mathematik und Informatik die Studieninhalte langweilig und trocken, am wenigsten häufig ist dieses bei den Studierenden im Fachbereich ESW. Weitaus mehr Studierende im Fachbereich ESW entwickeln ein zunehmendes Interesse beim Durcharbeiten der Materialien, mit großem Abstand gefolgt von den Studierenden der Wirtschaftswissenschaften und als letztes von denen der Mathematik und Informatik.

Die bisher dargestellten Merkmale des Fachbereichs Mathematik und Informatik liefern mögliche Hinweise dafür, warum die Unlustgefühle in bezug auf das Studienmaterial bei diesen Studierenden durchgängig am höchsten sind. Umgekehrt wird durch diese Bedingungen die insgesamt positive Einstellung der Studierenden in den Fachbereichen WiWi und ESW mitbestimmt.

Die Bewertung des Prüfungssystems zeigt bei der Aufschlüsselung nach Fachbereichen signifikant unterschiedliche Werte. So wird von den Studierenden der Mathematik und Informatik zu einem weitaus höheren Teil das Prüfungssystem als zu starr empfunden als dieses bei den Studierenden der ESW der Fall ist. Am positivsten bewerten die Studierenden der Wirtschaftswissenschaften ihr Prüfungssystem. Es ist darauf hinzuweisen, daß es sich dabei um eine subjektive Bewertung handelt, d. h. diese kann auch, entsprechend der Annahmen im theoretischen Teil, Ausdruck einer weitgehenden Übereinstimmung zwischen beruflichem Leistungssystem und inneruniversitärem Prüfungssystem sein. Ähnlich unterschiedliche Werte zeigen sich bei der Analyse des Planungs- und Entscheidungsverhaltens. Aufgeschlüsselt nach Fachbereichen zeigt sich, daß über die Hälfte der Studierenden des Studienganges WiWi sich selbst eine klare Lebensplanung zuschreiben, gefolgt von den Studierenden der Mathematik. Am niedrigsten ist dieser Wert bei den Studierenden des FB ESW. Insgesamt ist allerdings feststellbar, daß die Werte der Studierenden im Fachbereich Mathematik und Informatik sowie im Fachbereich Erziehungs- und Sozialwissenschaften näher beieinander liegen als bei den Studierenden im Studiengang Wirtschaftswissenschaften.

Die Analyse der Daten zeigt, daß signifikant mehr Männer einen klaren Arbeitsplan benötigen, um studieren zu können. Aufgeschlüsselt nach Fachbereichen ist dieser Bedarf bei den Studierenden der Wirtschaftswissenschaften am höchsten, gefolgt von denen der Erziehungs- und Sozialwissenschaften und am niedrigsten bei den Studierenden der Mathematik und Informatik.

Analog zu den Ergebnissen zur allgemeinen Lebensplanung zeigt sich, daß die Studierenden der Wirtschaftswissenschaften am wenigsten spontan in Situationen entscheiden, sondern offensichtlich nach klaren Regeln und Strukturen arbeiten. Die Werte bei den Studierenden der ESW und der Mathematik sind in etwa gleich hoch. Außerdem wird deutlich, daß mit nahezu 15% der Studierenden im Fachbereich WiWi der Anteil derer, die keine Entscheidungsprobleme haben, höher ist als bei den Mathematikstudenten. Am geringsten ist dieser Wert bei den Studierenden im Fachbereich ESW. Damit wird deutlich, daß das Ausmaß einer vorausschauenden Planung bei den Studierenden im Fachbereich Wirtschaftswissenschaften am höchsten und bei denen im Fachbereich ESW am niedrigsten ist. Von daher ist es verständlich, daß die Studierenden der Wirtschaftswissenschaften die wenigsten Entscheidungsprobleme haben.

5.5.3 Psychosoziale Befindlichkeiten

Die Werte lassen erkennen, daß die Kommilitonenkontakte vermutlich stärker vom Gesamtsystem der Fernuniversität geprägt werden und deshalb, wie erwartet, keine fachbereichsspezifischen Unterschiede aufweisen. In welchem Umfang darüber hinaus noch die ebenfalls für die meisten Studierenden strukturell ähnlichen Alltagsbedingungen (Beruf, Familie etc.) diese Kontakte zusätzlich mit beeinflussen, wird weiter unten geprüft.

Die fachspezifischen Differenzierungen bei der Bewertung der o. g. Umweltelemente lassen auch eine Widerspiegelung in der Zufriedenheitsstruktur der Studierenden erkennen. Die Subskala „Selbstverwirklichung" zeigt einen signifikant höheren Wert bei den Studierenden im Fachbereich ESW gegenüber denen der beiden anderen Fachbereiche, wobei der Wert der Mathematikstudenten geringfügig höher ist als bei den WiWis. Andererseits zeigt sich die höchste Unzufriedenheit bei den Studierenden der Mathematik und die niedrigste bei den Studierenden der ESW.

In der Bewertung der Zukunftschancen zeigen sich keine signifikanten Unterschiede zwischen den Fachbereichen. Während die WiWis das Studium als die bisher härteste Zeit ansehen, ist der Wert bei den Studierenden der ESW am niedrigsten. In der Mitte zwischen den beiden liegen die Studierenden der Mathematik. Neben dieser fachspezifischen Differenzierung zeigt sich in bezug auf die Skala, daß offensichtlich die realen Umweltgegebenheiten die Studienzufriedenheit stärker beeinflussen als die Antizipation der Zukunftschancen.

Das nachfolgende Schaubild zeigt in einer diskreten Verteilung die geleisteten Studierstunden pro Woche und Fachbereich, aufgeteilt nach den Stundenkategorien.

Abbildung 9: Anteil der durchschnittlichen Studierstunden pro Woche und Fachbereich

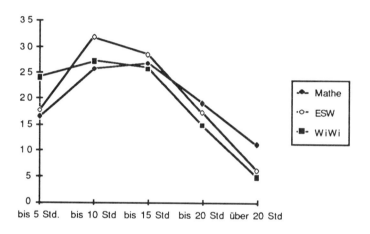

Die zeitliche Strukturierung der Teilumwelt Hochschule zeigt die erwarteten fachbereichsspezfischen Unterschiede, die sich kurz wie folgt charakterisieren lassen:

Das durchschnittlich höchste Zeitbudget für das Studium haben die Studierenden des Fachbereichs WiWi, während es bei den Studierenden im Fachbereich ESW und Mathe in etwa gleich liegt. Insgesamt wird der Wert bei den Studierenden der Mathematik aber noch erhöht durch den relativ hohen Anteil der Studierenden über 20 Wochenstunden.

5.5.4. Zusammenfassende Diskussion

Die angenommenen fachbereichsspezifischen Unterschiede konnten im großen Umfang nachgewiesen werden. Die Zusammenhänge zwischen Dozenten, Stoff und Studierenden findet ihre Bestätigung in den einzelnen Ergebnissen, muß aber bereits jetzt erweitert werden. So lassen die unterschiedlichen Formen des fachbereichsspezifischen Studierverhaltens darauf schließen, daß dieses nicht nur personenspezifisch geprägt wird, sondern offensichtlich auch durch eine enge Beziehung zwischen den Inhalten der Studienmaterialien sowie den inhaltlichen und formalen Anforderungen der Berufswelt.

Diese enge Bindung ist um so mehr gegeben, als die Mehrzahl der Studierenden (ausgenommen Hausfrauen/-männer) einen Studiengang gewählt haben, der zur Weiterqualifikation im Rahmen eines bisher eingeschlagenen Weges dienen soll. Für viele berufstätige Studierende ist ein vollkommener Wechsel des Berufes nach erfolgtem Studium unüblich. Diese enge Verzahnung fördert die Übertragung von Erwartungsmustern und Verhaltensstrategien vom Beruf auf das Studium und umgekehrt. Der Vergleich zwischen den drei Fachbereichen zeigt, daß dieses bei den Studierenden der Fachbereiche Erziehungs- und Sozialwissenschaften sowie der Wirtschafts- und Rechtswissenschaften sehr häufig im Wechselspiel zwischen Beruf und Studium stattfindet. Die Daten weisen darauf hin, daß zwischen den Studieninhalten und dem Studienmaterial sowie der beruflichen Praxis bei den Studierenden der Mathematik eine vergleichsweise große Diskrepanz herrscht. Dieses äußert sich u. a. in den durchgängig schlechteren Bewertungen der Didaktik und der Konzeption sowie auch in der größeren Unzufriedenheit mit der Studiensituation. An dieser Stelle ist noch einmal an die Auswertung der Themen zu erinnern. Dort wurde besonders von den Studierenden der Mathematik auf subjektiv empfundene Mängel bei der Didaktik und der Konzeption der Studienmaterialien hingewiesen.

Der Versuch, die Ergebnisse dieses Abschnittes zu „typischen" fachbereichsspezifischen Verhaltensmustern zusammenzufassen, führt zu den folgenden Ergebnissen. Die Studierenden der Wirtschafts- und Rechtswissenschaften verfolgen ihr Studienziel auf der Basis einer weitgehend klaren Lebensplanung mit einem ökonomischen Mitteleinsatz (mittleres Stundenbudget für das Studium). Sie sind trotz einer marginal schlechteren Bewertung der Didaktik und Konzeption der Fernstudienkurse mit ihrer Studiensituation insgesamt zufrieden. Die Studierenden der Erziehungs- und Sozialwissenschaften haben keine vergleichbar deutlich erkennbare Lebensplanung, bewerten aber die Didaktik und die Konzeption ihrer Studienmaterialien gut und sind im Vergleich mit den Studierenden der anderen Fachbereiche zufriedener. Die Studierenden im Fachbereich Mathematik studieren z. T. mit einem überdurchschnittlich hohen Stundenbudget. Subjektiv empfinden sie eine große Diskrepanz zwischen den Inhalten und dem erlebten Alltagsgeschehen. Im Vergleich mit den Studierenden der beiden anderen Fachbereiche sind sie am unzufriedensten.

5.5.5 Zusammenfassende Deskription der Teilumwelt Fernstudium

Die Beschreibung der allgemeinen Strukturen der Teilumwelt Fernstudium läßt in wesentlichen Bereichen durchaus abweichende Bedingungen vom Präsenzstudium erkennen. So studieren überwiegend Personen im mittleren und höheren Erwachsenenalter unter der vermutlich vieles bestimmenden Prämisse knapper Zeit. Das führt dazu, daß zu unregelmäßigen Zeiten studiert wird und dann auch nicht immer orientiert an Sinnabschnitten, sondern eher gesteuert durch externe Einflüsse. Hinzu kommt ein subjektiv erlebter Termindruck durch die Fernuniversität, wobei durch diese Art der Erfassung nicht erkennbar ist, ob von diesem Termindruck nicht auch eine gewisse Hilfe bei der Strukturierung der Alltagsanforderungen ausgeht.

Auf mögliche Unterschiede zwischen den persönlichen Bedürfnissen der Studierenden und dem Studienangebot deutet das Belegverhalten hin. Ein großer Teil der Studierenden sucht die zu bearbeitenden Kurse nach eigenen Interessen aus. Das bestätigte hohe Defizit an Praxisorientierung in den Fernstudienkursen läßt vermuten, daß die Auswahl durch sehr deutlich berufsbezogene Interessen bestimmt wird. Hinzu kommt, daß eine inhaltlich verankerte Beziehung der Studieninhalte zur beruflichen oder allgemein gesellschaftlichen Wirklichkeit im subjektiven Urteil der Befragten nur sehr bedingt gegeben ist. Dieses berechtigt zu der Annahme, daß die Diskussion um grundständige oder weiterbildungsbezogene Studiengänge bisher konkrete Ergebnisse zugunsten klassischer grundständiger Studienmodelle gebracht hat.

Das allgemeine Interesse an der Entwicklung der Fernuniversität und des eigenen Faches ist relativ gering und läßt entsprechend auch eine nur gering ausgeprägte Identifikation mit der Institution vermuten. Die Beziehung zwischen Student und Fernuniversität läuft im wesentlichen über das Studienmaterial, dessen didaktische Konzeption im großen und ganzen als gut bewertet wird. Die Schwierigkeit der Lernsituation im Fernstudium läßt sich an dem „Problemverhalten" bei kritischen Texten festmachen. So zeigt sich, daß nur wenige Studierende das Beratungsgespräch mit dem Mentor in Anspruch nehmen (können) oder mit Kommilitonen reden. Insgesamt läßt sich feststellen, daß es einen nicht geringen Anteil schulischer Vorerfahrung gibt, auf den im Fernstudium zurückgegriffen werden kann. Inwieweit aber aufgrund der zunehmenden Intellektualisierung der Berufswelt und der damit verbundenen Weiterbildungszwänge eine Angleichung schulischer und beruflicher Lernprozesse stattgefunden hat und noch stattfindet, kann im Rahmen dieser Arbeit nur theoretisch erörtert werden. Die Ergebnisse zu dem Zusammenhang zwischen Beruf und Studium lassen dieses aber vermuten.

Die Notwendigkeit, unter den für viele Studierende gegebenen Alltagsbedingungen durch vorausschauende Planung eine zufriedenstellende Bewältigung aller Anforderungen zu gewährleisten, wird auch durch die dargestellten Ergebnisse bestätigt. Die Daten können dabei so interpretiert werden, daß in vielen Fällen eine durchaus schwierige Gratwanderung zwischen vorausschauender Planung einerseits und situativer Flexibilität andererseits vorgenommen werden muß.

Die Deskription der Teilumwelt Fernstudium mittels der vorher festgelegten Dimensionen zeigt ein plastisches Bild der Vielzahl alltäglicher Anforderungen und Einflüsse, denen die überwiegende Zahl berufstätiger Erwachsener ausgesetzt ist.

Obwohl keine unmittelbaren Vergleichsdaten herangezogen werden können, ist die qualitative und quantitative Andersartigkeit der Umweltbedingungen der Mehrzahl der Fernstudenten gegenüber denen an Präsenzhochschulen erkennbar[23]. Das Fernstudium erweist sich sowohl inhaltlich als auch organisatorisch als eine nachgeordnete Größe im Leben der Studierenden. Inhaltlich zum Teil deshalb, weil das Studium überwiegend als Mittel zum Zweck einer Verbesserung oder Beschleunigung der beruflichen Karriere verwendet wird und nur bedingt zur Reflexion der eigenen Lebenssituation. Aspekte, wie sie mit dem Konzept des Moratoriums skizziert wurden, treffen für das Fernstudium

---

[23] Damit wird nicht abgehoben auf die besonderen Bedingungen spezifischer Teilgruppen, wie z. B. Behinderte, sondern auf die Mehrzahl der Studierenden.

kaum zu. Hinzu kommt, daß selbst die kritische Aufarbeitung der beruflichen Alltagspraxis von den Studierenden in der Mehrzahl der Fälle nicht erfahren wird. Organisatorisch ist das Fernstudium im Leben der meisten Studierenden deshalb von untergeordneter Bedeutung, weil es offensichtlich als „Puffergröße" behandelt wird. Familie und Beruf bestimmen weitgehend den Tagesablauf. Studium *und* Freizeit oder Studium *als* Freizeit bilden dann eine Restgröße, die je nach Situation variiert werden kann.

Ein solchermaßen ausgefülltes Zeitbudget ist nur mit einem erheblichen Anteil an vorausschauender Planung sinnvoll zu bewältigen. Dabei scheint in vielen Fällen die Familienumwelt ein Faktor mit kalkulierbaren Einflüssen zu sein, so daß im wesentlichen der Beruf als dominante Einflußgröße bleibt. Hinter dieser vordergründigen Beschreibung verbirgt sich vermutlich erhebliches Konfliktpotential. Die Beschreibung der Teilumwelten deutet bereits auf eine Vielzahl von Wechselwirkungen hin, die auch in ihrer Bedeutung für die studentische Identität im Rahmen dieser Arbeit Beachtung finden.

5.6. Teilumwelt Beruf

5.6.1 Berufliche Stellung und tägliche Arbeitszeit

Die Auseinandersetzung mit der Teilumwelt Beruf beschränkt sich darauf, einige wesentliche Merkmale durchschnittlicher Berufsumwelten herauszuarbeiten, da Zusammenhänge zwischen einzelnen Teilumwelten an den gegebenen Stellen analysiert werden.

Ein wesentlicher Indikator für die Bestimmung der subjektiv erlebten Strukturen beruflicher Umwelten ist die Stellung im Beruf. Eine Betrachtung der Daten zeigt, daß die Mehrzahl der Studierenden als Angestellte in Industrie, Dienstleistung und Handel tätig ist. Ebenfalls stark vertreten ist die Gruppe der Beamten unter den Studierenden.

Abbildung 10: Aufteilung der Befragten nach Beruf (in Prozent)

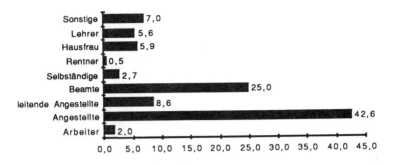

Eine erste Betrachtung der beruflichen Stellung der Studierenden läßt den Schluß zu, daß das Fernstudium, wie auch in den Vorinterviews zu erkennen ist, für die meisten Studierenden ein Mittel zur Verbesserung ihrer beruflichen Position ist. Insgesamt geht es dabei wahrscheinlich aber in der Regel um eine Erweiterung beruflicher Qualifikationen im Rahmen der bereits eingeschlagenen Richtung und weniger um einen radikalen Wechsel des Tätigkeitsfeldes.

Abbildung 11: Berufskategorien (in Prozent), unterteilt nach Geschlecht der Studierenden in Prozent

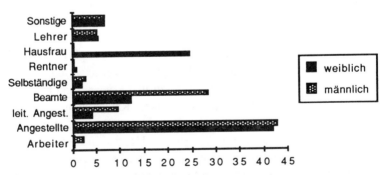

Aufgrund der gesellschaftlichen Bedingungen ist davon auszugehen, daß eine Verteilung auf die unterschiedlichen Kategorien der beruflichen Stellung zwischen den weiblichen und männlichen Studierenden differiert. Die Werte des nachfolgenden Schaubildes lassen erkennen, daß die prozentuale Verteilung

innerhalb der Geschlechter relativ ähnlich ist, lediglich bei der Kategorie „Hausfrau/-mann" zeigt sich der erwartete deutliche Unterschied.

Bedeutsam für die Bewertung der Lebenssituation der Fernstudenten ist das zur Verfügung stehende Ausmaß an Zeit. So sind 79,7% der Befragten täglich mehr als 8 Stunden berufstätig. Diese Zahl dürfte zwar den allgemeinen gesellschaftlichen Bedingungen entsprechen, stellt aber bei einer zusätzlichen Verpflichtung durch das Fernstudium einen starken Einfluß dar.

Abbildung 12: Tägliche Stundenzahl Berufstätigkeit (in Prozent)

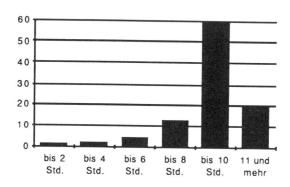

In welchem Umfang familiäre Strukturen im Zusammenhang stehen mit den für den Beruf zu leistenden Arbeitsstunden zeigen die nachfolgend interpretierten Berechnungsergebnisse. Frauen mit Kind(ern) sind häufiger in den unteren Stundenkategorien zu finden als Männer. Dabei liegt bei den Frauen mit Partner und Kind der Prozentsatz der „Halbtagskräfte" höher als bei denen ohne Partner aber mit Kind. Halbtags beschäftigte Männer treten in dieser Stichprobe nicht auf. Allerdings ist bei Männern und Frauen, die ohne Partner, aber mit Kindern, leben, der Prozentanteil in der Kategorie bis zu 8 Stunden relativ hoch. Auch hier ist es so, daß Frauen ohne Partner, aber mit Kind häufiger in dieser Kategorie zu finden sind als Männer. In allen Stundenkategorien ist bei Studierenden männlichen oder weiblichen Geschlechts dann der Anteil der für den Beruf geleisteten Stunden höher, wenn keine Kinder vorhanden sind.

Eine geschlechtsspezifisch unterschiedliche Wahrnehmung der beruflichen Umwelt wird aufgrund der übrigen Daten ebenfalls deutlich. Jeweils in solchen Bereichen, in denen nach vorgegebenen Regeln gearbeitet werden muß, werden diese Bedingungen von den Männern stärker akzentuiert als von Frauen. Hierbei kann es sich auch um eine durch die geschlechtsspezifische Sozialisation geprägte Wahrnehmung restriktiver Umweltbedingungen handeln, die von Frauen häufig aufgrund ihrer Erfahrungen als weniger ausgeprägt empfunden werden. Die vor dem Studium liegende Erfahrung in anderen Weiterbildungsangeboten ist zahlenmäßig nicht so bedeutsam wie angenommen wurde.

Für gut die Hälfte der befragten Studierenden sind die Bedingungen am Arbeitsplatz so, daß Kollegen und Vorgesetzte über das Studium unterrichtet sind. Dieser Sachverhalt bewirkt bei den entsprechenden Studierenden insgesamt eine positivere Bewertung ihrer beruflichen Umwelt, da sie aus dem Kreis der Kollegen und Vorgesetzten keine Nachteile zu befürchten haben. Allerdings erleben diejenigen Studierenden, die nach einem erfolgreich abgeschlossenen Studium die Arbeitsstelle wechseln wollen, ihre berufliche Umwelt insgesamt negativer als die Studierenden ohne „Wechsel-Absichten". Es ist dabei zu vermuten, daß eine kritischere Sicht der beruflichen Umwelt einerseits ein auslösendes Moment für die Aufnahme des Fernstudiums sein kann, andererseits vielleicht aber auch durch das Studium erst ein verändertes Bewußtsein und damit eine veränderte Umweltwahrnehmung entsteht.

5.6.2 Bedeutung der Größe der Arbeitseinheit

Die Bewertung der Größe der Arbeitseinheiten läßt vermuten, daß mit einer zunehmenden Zahl von Beschäftigten der Aufforderungscharakter in Richtung persönlicher Weiterqualifikation steigt. So kommt der überwiegende Anteil der Studierenden aus Unternehmen mit mehr als 1000 Beschäftigten. Ein möglicher Artefakt kann hier allerdings durch die regionalen Unterschiede im Fernstudienangebot liegen. Auch die Dauer der Berufstätigkeit bei Beginn des Studiums läßt vermuten, daß das Fernstudium ein Mittel zur Korrektur beruflicher Entwicklungen darstellt, wobei die Angaben zur beruflichen Stellung zeigen, daß Beamte und leitende Angestellte aufgrund spezifischer Arbeitsbedingungen vermutlich später an die Grenzen ihrer beruflichen Entwicklungsmöglichkeiten stoßen als die Beschäftigten in anderen Berufen.

Die Aufschlüsselung der Daten zeigt ganz deutlich, daß Arbeiter, Angestellte und leitende Angestellte wie auch Beamte überwiegend in Arbeitseinheiten von 10 bis 1000 Beschäftigten arbeiten. Selbständige haben einen hohen Anteil in der Kategorie „allein arbeiten", etwas geringere in den Kategorien „bis 9 Mitarbeiter" und „bis 100 Mitarbeiter". Die Hausfrauen finden sich in der Kategorie „allein arbeiten" und Lehrer hauptsächlich in Organisationen bis 100 Mitarbeiter und nur wenige in solchen mit bis zu 1000 Mitarbeitern oder darüber.

Da ein beruflicher Stellenwechsel hier als „Aufstiegswechsel" verstanden wird, ist zu erwarten, daß in kleineren Arbeitseinheiten, die ihren Mitarbeitern weniger interne Aufstiegsmöglichkeiten bieten, die Zahl potentieller Wechsler höher ist als in größeren Organisationen. Die Analyse der Daten, aufgeschlüsselt nach Studierenden mit Wechselerfahrung und ohne Wechselerfahrung läßt erkennen, daß die Diskrepanz zwischen Wechslern und Nichtwechslern in Organisationen mit mehr als 1000 Beschäftigten am ausgeprägtesten ist. Die Relation von 33% Wechslern zu 67% Nicht-Wechslern zeigt, daß Aufstiegschancen in Großorganisationen immer noch so ausreichend gegeben sind, daß eine Motivation zum Fernstudium nicht in dem Maße zwingend ist. Dagegen zeigt sich in kleineren Organisationen eine Annäherung der Anteile in der Form, daß in Beschäftigungseinheiten von 101 bis 1000 Mitarbeitern schon 41,6% Wechsler sind zu 58% Nicht-Wechsler. Noch enger rücken diese Werte in Organisationen mit einer Mitarbeiterzahl von 10 bis 100 aneinander. Hier sind die Werte jeweils annähernd 50% für beide Gruppen. In Organisationen mit weniger als 10 Beschäftigten ist die Zahl der Wechsler mit 58% weit höher als die der Nicht-Wechsler. Die Daten bestätigen die Annahme, daß ein Fernstudium vermutlich nur bedingt als ein Mittel zur Realisierung der beruflichen Mobilitätswünsche eingesetzt wird.

Eine weitere Aufschlüsselung dieser Daten nach dem Geschlecht der Befragten liefert Hinweise darauf, daß weitaus mehr männliche Studierende in Organisationen mit 1000 und mehr Beschäftigten arbeiten, ebenso in Organisationen mit einer Beschäftigtenzahl zwischen 101 und 1000. Weibliche Studierende arbeiten dagegen häufiger in Organisationen mit weniger Beschäftigten. Insgesamt kann davon ausgegangen werden, daß mit zunehmender Größe der Arbeitseinheit ein Klima herrscht, daß einerseits auf Zusammenarbeit im Sinne von Teamstrukturen ausgerichtet ist, andererseits aber klare Regeln existieren und insgesamt eher Konkurrenzdruck empfunden wird. Dieses ergänzt auch die Bewertung des Klimas als positive Aufforderung zur Weiterbildung, die durch die Anerkennung durch die Vorgesetzten honoriert wird, während Weiterqualifikation ein konkretes Mittel im Konkurrenzkampf darstellt und deshalb den Kollegen gegenüber eher geheimgehalten wird.

Die Daten zur Bedeutung der Dauer der Berufstätigkeit zeigen keine eindeutige Richtung der Ergebnisse im Sinne der oben aufgestellten Hypothese. Wenn die Dauer einer Berufstätigkeit nicht nur als Zeitfaktor, sondern auch als Karrierefaktor gesehen wird, spielen in der Bewertung die jeweils erreichte berufliche Stellung und die damit verbundene Wahrnehmung der beruflichen Umwelt eine entscheidende Rolle. Insgesamt scheint eine für die eigene Weiterqualifikation entscheidende Zeit zur Aufnahme des Fernstudiums zwischen dem fünften und dem achten Jahr der Berufstätigkeit zu liegen.

5.6.3 Zusammenfassende Diskussion

Es konnte ein großer Teil der angenommenen Zusammenhänge zwischen der beruflichen Umwelt und den anderen Teilumwelten nachgewiesen werden. Dabei wurde deutlich, daß die jeweils individuelle Umweltstruktur, hier bezogen auf die berufliche Stellung, zu „typischen" Ausprägungen führt. Diese liegen quer zu den definierten Teilumwelten. Es zeigt sich eine *Dominanz der Berufsumwelt*, wie sie auch in den Kommentaren zum Ausdruck gebracht wurde. Diese Bedingungen innerhalb der Teilumwelt Beruf, die neben den organisationsstrukturellen durch die jeweilige individuelle Position der befragten Studierenden mitbestimmt werden, führen zu spezifischen subjektiven Strukturen, die nur bedingt miteinander vergleichbar sind. Hierbei sind die unterschiedlichen Motive zur Verwertbarkeit des Studiums oder die unterschiedlichen Zeitbudgets von besonderer Bedeutung. Des weiteren führt der Zusammenhang zwischen der Dauer der Berufstätigkeit und dem Zeitpunkt der Aufnahme des Studiums zu unterschiedlichen Konzeptionen von Lebensläufen. So zeigt die relativ kurze Beschäftigungsdauer der Studierenden in den Kategorien „Arbeiter" bei Aufnahme des Studiums die größere Bedeutung des Studiums als Mittel zum beruflichen Aufstieg. Bei den Studierenden mit einer längeren Berufstätigkeit scheint die Arbeitsumwelt selbst eine größere Chance zur beruflichen Entwicklung zu bieten, so daß erst einmal diese genutzt worden ist. Das Studium bekommt dann oftmals die Funktion des Mittels zum Erhalt erworbener Positionen. Darüber hinaus kann auch eine weitere Karriereverbesserung beabsichtigt sein. Für Studierende mit einer langen Berufstätigkeit und damit in der Regel auch mit einem höheren Lebensalter, bekommt das Studium dann zunehmend stärker die Funktion der Befriedigung von z. T.

lange aufgeschobenen Bildungs- und Weiterbilungsbedürfnissen ohne eine direkte berufliche Verwertungsabsicht.

Ähnliche Zielprojektionen zeigen sich auch im Zusammenhang zwischen der Dauer der Berufstätigkeit und einem beabsichtigten Wechsel des Arbeitsplatzes nach erfolgreich abgeschlossenem Studium. Studierende mit langer Berufstätigkeit beabsichtigen nicht mehr in dem Umfang einen Wechsel vorzunehmen und sind dazu insgesamt mit den Bedingungen an ihrem Arbeitsplatz zufriedener. So ist auch die wechselseitige Beeinflussung von Zufriedenheit mit den Arbeitsbedingungen und der Absicht zu wechseln zu erklären.

Insgesamt zeigen sich die erwarteten Unterschiede im Bildungsklima zwischen kleineren und größeren Arbeitsorganisationen. Dieses wird u. a. daran deutlich, daß in großen Organisationen weniger Absichten bestehen, nach einem erfolgreich abgeschlossenem Studium zu wechseln. Die Vorgesetzten werden häufiger über das Fernstudium informiert. Die geringe Absicht zu wechseln erklärt sich aus den potentiellen Aufstiegsmöglichkeiten in einer größeren Organisation. Die Bereitschaft zur Information der Vorgesetzten über das Fernstudium wird durch eine positive Haltung gegenüber individuellen Weiterbildungsbemühungen gefördert. Gleichzeitig herrscht aber eine latente oder offene Konkurrenz unter den Kollegen, so daß diese seltener als in kleineren Organisationen über das Fernstudium informiert werden. Dieses steht nur scheinbar zu den als positiver eingestuften Teamstrukturen in größeren Einheiten im Widerspruch. Die in dieser Arbeit operationalisierten Teamstrukturen beschreiben eher eine Situation aufgabenbezogener Kooperation bei individuellem Leistungsbewußtsein.

Die Verschränkungen zwischen Beruf und Studium zeigen sich nicht nur in der zur Verfügung stehenden Zeit und den dadurch beeinflußten Studienstrategien, sondern auch in anderen Ergebnissen. So zeigen sich in spezifischen Situationen, wie z. B. in der Gruppe der „Arbeiter", Ergebnistendenzen, die insgesamt auf subjektiv schlechter erlebte Studienbedingungen schließen lassen. Die Verzahnung zwischen dem Beruf und anderen Teilumwelten zeigt sich außerdem in der Freizeitgestaltung sowie in den Ausprägungen einer studentischen Identität. Hier wird erkennbar, daß die Identität offensichtlich nur mittelbar über das Studium bestimmt wird. Letztlich dominiert die Identität als Berufstätiger. Die berufliche Stellung, oder die Rolle als Hausfrau oder z. B. Rentner setzen die Maßstäbe für das Bewußtsein (Fern-)Student zu sein. Die

Zugehörigkeit zu einem bestimmten Fachbereich ist dabei nur indirekt wirksam. Sie stellt eine „logische" Ergänzung der beruflich geprägten Identitätsstrukturen dar. Es wurde bereits darauf hingewiesen, daß die Wahl des Studienganges in der Mehrzahl der Fälle durch die beruflichen Erfahrungen und Wünsche und damit durch die berufliche Sozialisation bestimmt wird. Diese Studiengangswahl kann somit als eine Vervollständigung der bereits weitgehend entwickelten (beruflichen) Identität angesehen werden. Es gibt im Rahmen dieser Untersuchung keine Hinweise darauf, daß das Studium als ein Mittel zur Identitätsveränderung verwendet wird.

5.6.4 Kurzcharakteristik der beruflichen Umwelt

Die Kurzcharakteristik einer typischen Durchschnittsumwelt zeigt für die Gruppe der Angestellten einen normalen Arbeitstag von acht bis zehn Stunden und eine Dauer der Berufstätigkeit zwischen fünf und acht Jahren. Nach etwa drei bis vier Jahren Berufstätigkeit wurde das Fernstudium aufgenommen. Das Ziel ist allerdings nicht unbedingt ein Berufswechsel nach einem erfolgreichen Abschluß. Begründung dafür ist die Größe der Organisation, da dort häufig auch in der Zukunft berufliche Entwicklungsmöglichkeiten zu sehen sind. Ein relativ großer Anteil hat bisher mindestens einmal den Arbeitgeber gewechselt, was auf eine gewisse berufliche Mobilität schließen läßt. Insgesamt haben die Angestellten im Vergleich zu den anderen Berufsgruppen aber eine unterdurchschnittliche Erfahrung mit anderen Weiterbildungsangeboten. Das Klima am Arbeitsplatz scheint bei der Gruppe der Angestellten nicht schlecht zu sein, da ein großer Teil von ihnen die Kollegen über das Fernstudium informiert hat. In gut der Hälfte der Fälle sind auch die Vorgesetzten über das Fernstudium informiert. Die subjektive Struktur der Berufsumwelt zeichnet sich durch ein mittleres Maß an Kollegenkontakten sowie eine mittlere Bewertung der Teamstrukturen aus. Dabei ist das Maß der Reglementierung nicht besonders hoch und der Zwang zur Konkurrenz und Einzelleistung mittelmäßig.

Die „typische" Situation der Arbeiter ist gekennzeichnet durch eine ebenfalls hohe tägliche Arbeitsstundenzahl in einer größeren bis großen Arbeitseinheit. Die Arbeiter haben ebenfalls eine durchschnittliche Berufstätigkeit von fünf bis acht Jahren, allerdings beginnen sie im Durchschnitt bereits nach zwei Jahren mit dem Fernstudium. Außerdem ist in dieser Gruppe der Wunsch nach einem Wechsel nach erfolgtem Studienabschluß am ausgeprägtesten.

Die Bemühungen um die Verbesserung der beruflichen Stellung äußern sich auch in einem höheren Anteil an Weiterbildungserfahrung. Das Maß an Kollegen- und Vorgesetzteninformation über das Studium liegt bei den Arbeitern im mittleren und höheren Bereich. Die klimatischen Bedingungen am Arbeitsplatz spiegeln dieses wider. So haben die Arbeiter wenige Kollegenkontakte und eine negative Bewertung der Teamstrukturen, gleichzeitig weist diese Gruppe aber die höchsten Werte bei der Reglementierung und Unterdrückung der Eigeninitiative auf. Allerdings wird weniger Konkurrenzdruck gegenüber den Kollegen empfunden.

Die „typischen" Beamten unter den befragten Fernstudierenden arbeiten überwiegend in größeren Organisationen mit einer durchschnittlichen Arbeitszeit von acht Stunden, bei einer durchschnittlichen Berufstätigkeit von bisher fünf bis acht Jahren. Dabei nehmen die meisten von ihnen erst nach acht und mehr Jahren das Fernstudium auf. In der Regel ist der Wunsch, nach dem Studium den Beruf zu wechseln, nicht sonderlich stark ausgeprägt. Die Beamten haben geringe Weiterbildungserfahrung und sehr wenig Erfahrung mit einem Stellenwechsel. Die Bedingungen am Arbeitsplatz sind insofern günstig, als viele Kollegen und Vorgesetzte über das Fernstudium informiert sind. Das Klima am Arbeitsplatz wirkt auch auf die subjektive Struktur der Kollegenkontakte und der Teamstrukturen. Beide werden positiv bewertet. Allerdings erleben die Beamten gleichzeitig ein hohes Maß an Reglementierung und Unterdrückung der Einzelinitiative, ohne dabei allerdings unter Konkurrenzdruck zu stehen.

Die „typischen" Lehrer arbeiten in der Regel in kleineren Organisationseinheiten mit einer durchschnittlichen täglichen Arbeitszeit von bis zu acht Stunden. Sie haben eine Berufstätigkeit zwischen neun und fünfzehn Jahren und nehmen auch erst nach neun und mehr Jahren ihr Fernstudium auf. Sie streben nach dem Studienabschluß keinen Stellenwechsel an und haben bereits einige Weiterbildungserfahrung. Der Anteil derer, die ihre Kollegen und die Vorgesetzten nicht über das Fernstudium informiert haben, ist relativ hoch, obwohl diese Berufsgruppe die höchsten Werte bei der Bewertung der Kollegenkontakte aufweist. Die negative Einschätzung der Teamstrukturen findet ihre Erklärung in der organisatorischen Struktur der Schule, dafür wird das Ausmaß an Reglementierung als nicht so stark bewertet, obwohl ein Konkurrenzdruck und der Zwang zur Vereinzelung erlebt werden.

Die leitenden Angestellten sind überwiegend in großen Arbeitseinheiten beschäftigt mit einer täglichen Arbeitszeit von elf und mehr Stunden. Sie haben eine Dauer der Berufstätigkeit von neun und mehr Jahren und nehmen erst nach durchschnittlich neun Jahren das Fernstudium auf. Mit dem erfolgreichen Studienabschluß streben sie keinen Stellenwechsel an. Sie können auf relativ viel Weiterbildungserfahrung zurückgreifen und haben auch in einem hohen Maß Wechselerfahrung. In dieser Gruppe ist der größte Anteil derjenigen, die den Kollegen und den Vorgesetzten das Fernstudium verschweigen. - Insgesamt haben die leitenden Angestellten wenige Kollegenkontakte und eine weniger positive Einschätzung der Teamstrukturen. Sie fühlen sich allerdings nur wenig reglementiert, dafür unterliegen sie aber einem starken Konkurrenzdruck und Zwang zur Vereinzelung.

5.7 Teilumwelt Familie

5.7.1 Allgemeine Familienbedingungen

Die Ergebnisse der Analysen zeigen die stark unterschiedlichen Lebensbedingungen der Fernstudenten im Vergleich mit Studierenden an Präsenzhochschulen. So ist der überwiegende Teil der Fernstudierenden bereits verheiratet und hat eigene Kinder. Damit ergibt sich eine Vielzahl psychischer und materieller Verpflichtungen, die die allgemeine Lebenssituation mitbeeinflussen. Dieses wird auch bei der Betrachtung der nachfolgenden Ergebnisse deutlich.

Das auf der Basis der Ergebnisse zum Teil vordergründig widersprüchliche Bild der Einschätzung der Familie entspricht der realen Situation in vielen Familien. Auf der Ebene des alltäglichen gemeinsamen Familienhandelns werden Arrangements getroffen oder entwickeln sich Strategien, die zu einer weitgehenden Konfliktverhinderung oder -verminderung beitragen. So ist es erklärbar, daß aufgrund der Daten einerseits ein relativ hohes Maß an Schuldbewußtsein gegenüber der Familie existiert, andererseits die Frage nach Problemen innerhalb der Familie weitgehend verneint wird. Dieses deckt sich mit den Ergebnissen aus den Vorinterviews, in denen auch erst auf Nachfragen durch den Interviewer „unter der Oberfläche schwelende" Konflikte in der Familie erkennbar wurden.

Für eine detaillierte Analyse der klimatischen Bedingungen innerhalb der Umwelt Familie wurden aus dem Gesamtfragebogen die nachfolgend aufgelisteten Items herangezogen:

Tabelle 10: Liste der Items zur Beschreibung des Familienklimas

- Vieles im privaten Bereich mache ich nur, weil es zu meinen Pflichten gehört
- Ich glaube, daß es leichter ist, an der Fernuniversität zu studieren, wenn man allein lebt
- Durch das Studium bleibt mir weniger Zeit für meine Familie, als ich mir wünsche
- Mich belastet es schon, daß meine Familie durch das Studium zurückstecken muß
- Oft bin ich einfach zu erschöpft, um noch Zeit mit meiner Familie zu verbringen
- Manchmal bin ich auch ganz froh, mich von der Familie an den Schreibtisch zurückziehen zu können

Bei der Untersuchung der Zusammenhänge zwischen den subjektiv erlebten klimatischen Bedingungen in der Familie und denen der anderen Teilumwelten wird aufgrund der Fragestellungen zu diesem Teilbereich davon ausgegangen, daß ungünstige Familienbedingungen mit einer hohen Wahrscheinlichkeit auch das Erleben und Empfinden in anderen Alltagsbereichen beeinträchtigen und umgekehrt. Die Analyse zeigt allerdings nicht in allen Fällen interpretierbare signifikante Ergebnisse. Dennoch sind die - wenn auch z. T. nur leicht signifikanten - Korrelationen plausibel und durch die Ergebnisse der Themenanalyse abzustützen. So wird auch hier deutlich, daß ungünstige familiäre Bedingungen den Studienverlauf negativ beeinflussen können. Gleichzeitig ist aber auch nicht auszuschließen, daß aufgrund der hohen Studienbelastungen durch die Studierenden Probleme in die Familie hineingetragen werden. Auch auf die Wahrnehmung der übrigen Teilumwelten bezogen ist erkennbar, daß eine positive Bewertung der Bedingungen der Familienumwelt in engem Zusammenhang mit positiven Bedingungen im Studium und im Beruf steht.

Auch die korrelative Verbindung zwischen den Subskalen „Familienunterstützung" und „Familienabsprache" mit den Items zur Beschreibung der Familienbedingungen sind nicht in allen Fällen signifikant. Deutliche Zusammenhänge zeigen sich zwischen der Subskala Familienunterstützung und den Items „Vieles im privaten Bereich mache ich nur, weil es zu meinen Pflichten gehört" und „Manchmal bin ich ganz froh, mich von der Familie an den Schreibtisch zurückziehen zu können". Es kann angenommen werden, daß bei einem hohen Maß an Familienunterstützung der „Rückzug" von der Familie mit der Begründung, studieren zu müssen, nicht so oft erfolgt wie bei einem geringeren Verständnis der Familie. Andererseits bedingt die hohe Familienunterstützung aber auch die Bereitschaft des Studierenden, viele Verpflichtungen für die Familie zu übernehmen. Die Subskala Familienabsprache zeigt signifikante Zusammenhänge z. B. mit dem Item „Ich glaube, daß es leichter ist, an der Fernuniversität zu studieren, wenn man alleine lebt". Die Schwierigkeit, nicht als „Single" studieren zu können, wird vermutlich durch ein höheres Maß an Familienabsprache gemildert. Die geringe Zeit für die Familie führt vermutlich ebenfalls zu einer umfassenderen Planung der alltäglichen Familienhandlungen, wobei die Schuldgefühle allerdings weiterhin stark ausgeprägt sind.

Zusätzlich zu den geschlechtsspezifischen Unterschieden wird auch deutlich, daß in Partnerschaften mit Kindern, sowohl bei Männern als auch bei Frauen, die Angaben der Befragten auf schlechtere klimatische Bedingungen schließen lassen, als dieses in Partnerschaften ohne Kindern der Fall ist.

In welchem Zusammenhang die Kombination der Familienbedingungen wie Partnerschaft, Kinder und Berufstätigkeit sich auf das geschlechtsspezifische Erleben der übrigen Teilumwelten auswirkt, zeigt sich bei der weiteren Datenanalyse. Im Zusammenhang mit den in der Skala „Familienumwelt" erhobenen Daten zeigt sich ein höheres Maß an Familienunterstützung bei den Männern und ebenso ein höheres Maß an Familienabsprache. Insgesamt erleben danach berufstätige Frauen mit Kind und Partner ungünstigere Familienbedingungen als die Männer in der gleichen Situation. Andererseits erleben Frauen in der oben definierten Familiensituation (mit Partner, Kind und Berufstätigkeit) ein höheres Maß an Selbstverwirklichung im Studium und gleichzeitig höhere Zukunftschancen. Damit wird deutlich, daß dem Studium eine emanzipierende Funktion zukommt. Daß aber trotz dieser positiveren Werte auf den Subskalen „Selbstverwirklichung" und „Zukunftschancen" bei den Frauen insgesamt häufig schwierigere Lebensbedingungen existieren, zeigen nicht nur die Werte zur Skala Familienumwelt, sondern auch zu der Skala

Studienprobleme. Hier haben die Frauen durchgängig signifikant höhere Ausprägungen auf den Subskalen „eingeschränkte Studierfähigkeit", „Gefühl sozialer Ablehnung" und „depressiv getönte vegetative Störungen".

Während in den nicht berufsbezogenen Teilumwelten die empirisch ermittelten Werte zwischen berufstätigen Männern und Frauen mit gleicher Familiensituation in den wesentlichen Bereichen signifikant unterschiedlich sind, zeigen sich bei der Bewertung der beruflichen Umwelt nicht diese geschlechtsspezifischen Differenzen. Lediglich in der Dimension „Reglementierung" wird deutlich, daß Frauen - ähnlich wie in der familiären Umwelt - diese ausgeprägter erleben als die Männer. Eine mögliche Erklärung dafür kann in der Rollenzuschreibung zu sehen sein. Es ist anzunehmen, daß in Familie und Beruf die Männer häufiger als die dominierenden und normsetzenden Personen auftreten und damit die Handlungsspielräume der Frauen (mit-)bestimmen.

Geschlechtsspezifische Differenzen in bezug auf die Studienzufriedenheit konnten bei der Gruppe der alleinstehenden Berufstätigen nicht nachgewiesen werden. Es ist davon auszugehen, daß damit eher eine inhaltlich ähnliche Beziehung zum Studium bei Männern und Frauen besteht. Im Bereich der beruflichen Umwelt zeigen sich bei Männern und Frauen ebenfalls ähnliche Bewertungen. Lediglich in der Subskala „Einzelleistung" differieren die Werte signifikant. Hier zeigt sich ein höheres Maß an Vereinzelung und Konkurrenz bei den Männern.

5.7.2 Studienprobleme und Familiensituation

Die geschlechtsspezifisch geprägten Strukturen der familiären Umwelt stehen in einem engen Zusammenhang mit den in der Skala Studienprobleme erfaßten Dimensionen. So zeigen die Berechnungen insgesamt wieder die stärkere Ausprägung aller Problembereiche bei den Frauen. Innerhalb der Geschlechtergruppen treten aber starke Unterschiede auf. Außerdem wird erkennbar, daß bei Männern und Frauen die Werte der Person, die mit einem Partner/einer Partnerin zusammenleben, durchgängig weniger auf Probleme hinweisen als bei Alleinlebenden. In der Dimension „eingeschränkte Studienfähigkeit" haben die Frauen mit Partner und Kind die höchste Merkmalsausprägung. Hier ist die besondere Situation der multiplen Verantwortung von Bedeutung. In der Gruppe der Frauen haben dann die Alleinlebenden die nächst höhere Merkmalsausprägung. Bei den Männern haben die Alleinlebenden die stärksten

Probleme im Bereich der „eingeschränkten Studienfähigkeit". Den nächst höheren Wert hat die Gruppe der mit Partnerin oder Kind lebenden Männer. In der Dimension „Gefühl sozialer Ablehnung" haben die Frauen ohne Partner aber mit Kind den höchsten Wert, gefolgt von den Alleinlebenden. Bei den Männern sind es die Alleinlebenden, gefolgt von den Alleinlebenden mit Kind. Die Ergebnisse zu dieser Dimension zeigen insbesondere in bezug auf die Gruppe der Frauen die bestehenden gesellschaftlichen Vorurteile. In der Dimension „depressiv getönte vegetative Störungen" ist es ebenfalls die Gruppe der alleinlebenden Frauen mit Kind, die die höchste Merkmalsausprägung aufweist. Den nächst höheren Wert hat die Gruppe der Frauen mit Partner und Kind. Bei den Männern sind es solche, die allein leben und für ein Kind Verantwortung haben. Den nächst höheren Wert haben diejenigen, die mit Partnerin und Kind zusammenleben.

Insgesamt zeigen die Ergebnisse die beiden antagonistischen Funktionen einer Familie. Zum einen leistet sie einen Beitrag zur psychischen Stabilisierung der Fernstudierenden, zum anderen stellt sie aber auch eine Belastung dar. Diese ist allerdings bei den weiblichen Studierenden wesentlich stärker nachweisbar als bei den männlichen.

5.7.3 Zusammenfassende Diskussion

Die Ergebnisse der Analayse von Zusammenhängen zwischen der Familienumwelt mit den anderen Teilumwelten und dem Zusammenwirken der Dimensionen innerhalb der Familienumwelt zeigen sehr deutlich die Bedeutung der drei Strukturmerkmale Geschlecht, Zahl der Kinder und das Bildungsniveau des jeweiligen (Ehe-)Partners.

Herausragend ist die geschlechtstypische Strukturierung der Familienumwelt. So haben die Männer eine Zweckzuweisung für das Fernstudium, die nur mittelbar der Familie zugute kommt. Bei ihnen bestimmt der objektiv oder subjektiv erlebte Aufforderungscharakter der beruflichen Umwelt zur Weiterqualifikation die Entscheidung für ein Fernstudium. Der antizipierte berufliche Erfolg nach einem Studium führt dann zu der persönlichen Begründung, diese Anstrengung sei letztlich im Sinne der Familie. Damit wird ein z. Z. noch vorherrschendes Rollenverständnis des Mannes deutlich. Sein Handeln orientiert sich wesentlich an seinem Selbstbild des „Familienversorgers" und an dem Streben nach „Anerkennung aufgrund (beruflicher) Leistung". Vordergründig scheint die Situation der Frauen im Fernstudium günstiger. Sie haben zu einem größeren Teil (Ehe-)Partner, die bereits studiert haben oder ebenfalls studieren. Dadurch entsteht für sie ein anderer Aufforderungscharakter innerhalb der Partnerschaft und ein positiveres Verständnis für die Situation als (Fern-) Studierende. Diese Situation wird aber dann relativiert, wenn sie in einen größeren familiären Kontext eingebettet ist. Wenn die Familienkonstellation als „normal" anzusehen ist, d. h. mit einem berufstätigen Mann und mit Kindern, werden diese Vorteile überlagert durch die Mehrfachbelastungen der Frau. Diese Ergebnisse werden auch durch die Kommentare und die Interpretationen der Zeichnungen unterstützt.

Des weiteren zeigt sich eine enge Verzahnung zwischen der subjektiv erlebten Studiensituation und der Zahl der Kinder in einer Partnerschaft. Es ist nicht immer so, daß Kinder ausschließlich als „Störfaktoren" erlebt werden. Vielmehr weisen die Ergebnisse auf die psychisch stabilisierende Wirkung hin, die diese auch haben können. Die Ergebnisse zeigen allerdings auch, daß dort, wo Zusammenhänge zwischen einer positiv erlebten Familiensituation und der Subsskala Familienabsprache sichtbar werden, eher ein konventionelles Familienmodell besteht. Dort, wo die Familiendynamik um die Bedürfnisse des Fernstudierenden herum organisiert wird oder zu dessen Unterstützung dient, wird Familie als positiv und entspannend erlebt. Diese Situation findet sich häufiger bei männlichen Fernstudierenden. Die spezifische Situation der Hausfrauen im Fernstudium verdeutlicht, daß scheinbar objektiv günstige Rahmenbedingungen subjektiv nicht immer als solche zu bewerten sind. So hat für diese Gruppe das Studium oftmals auch die Funktion des „Rückzuges" von den Familienbelastungen.

Wechselwirkungen mit dem Beruf zeigen sich darin, daß Studierende mit Familie außerhalb der Arbeitszeit insgesamt weniger Kontakte mit Arbeitskollegen haben als andere. Dieses ist z. T. sicherlich ein Problem der zur Verfügung stehenden Zeit, kann aber auch vor dem Hintergrund gesehen werden, daß die persönliche Weiterqualifikation das Konkurrenzverhältnis am Arbeitsplatz verstärkt. Auf der Ebene gleicher subjektiver Umweltstrukturen ist erkennbar, daß Studierende, für die familienbezogenes Handeln im wesentlichen eine reine Pflichterfüllung darstellt, in ihrer beruflichen Umwelt ähnliche Strukturen erleben. Eine ähnlich enge Verbindung ergibt sich zwischen einem demokratischen Familienstil und der subjektiven Wahrnehmung der Entscheidungsstrukturen am Arbeitsplatz. Der Schwerpunkt der Betrachtung liegt hier auf der subjektiv erlebten Strukturgleichheit. In welchem Ausmaß persönlichkeitsspezifische Faktoren diese Ergebnisse mitbestimmen, kann nicht hinreichend geklärt werden.

Daß neben den Personenmerkmalen sozialisatorische Einflüsse der beruflichen Umwelt wirksam sind, muß auch deshalb angenommen werden, weil die Unterschiede in den Familienstrukturen sich auch fachbereichsspezifisch nachweisen lassen. Dabei decken sich die Rollenvorstellungen der Studierenden in den Fachbereichen Wirtschaftswissenschaften und Mathematik stark. Gleichzeitig studieren in diesen Gruppen mehr Studierende ohne Familie. Insgesamt scheinen die Studierenden dieser beiden Studiengänge stärker karriereorientiert zu handeln und eine geringere Familienorientierung zu haben.

5.8 Identität

Der Bezug des Fernstudiums zur eigenen Lebenssituation ist nicht sonderlich stark ausgeprägt. Dieses wird auch durch die Antworten zur Einschätzung des Alltagsbezuges der Fernstudienkurse deutlich. Insgesamt zeigt sich ein überwiegend positives Selbstbild der Fernstudenten, damit einher gehen nur geringe Zweifel an der Richtigkeit der Entscheidung für ein Fernstudium. Diese Ergebnisse stehen nicht im Widerspruch dazu, daß das Fernstudium insgesamt keinen hohen Stellenwert zu haben scheint. Für etwa ein Drittel der Befragten ist die Bindung an die Fernuniversität nur durch äußere Bedingungen zwingend, sie würden lieber sofort an eine Präsenzhochschule wechseln.

Eine besondere Bedingung für die erfolgreiche Bewältigung der relativ langen Studienzeit scheint die Fähigkeit zur vorausschauenden Planung zu sein. Diese ist nach der subjektiven Einschätzung bei vielen der Studierenden gegeben. Für etwa ein Viertel der Befragten binden sich die konkreten Zukunfstvorstellungen sehr eng an einen erfolgreichen Studienabschluß, so daß von daher bei dieser Gruppe eine hohe Priorität des Fernstudiums angenommen werden muß.

5.8.1 Das Selbstbild der Fernstudierenden

Das Selbstbild der Fernstudierenden wurde anhand der folgenden Variablen ermittelt.

Tabelle 11: Liste der Variablen zum Selbstbild

- Das Fernstudium hat mich zum Einzelkämpfer gemacht
- Das Fernstudium hat dazu geführt, daß ich mich selbst auch anders beurteile
- Ich habe das Gefühl, daß man als Fernstudent wenig Ansehen hat
- Ich fühle mich als ganz „normaler" Student
- Als Fernstudent muß ich besonders ausdauernd sein
- Für Fernstudenten ist die berufliche Zukunft im allgemeinen ungewiß
- Als Fernstudent muß ich auf besonders viel verzichten

In einem ersten Schritt werden die Zusammenhänge zwischen dem Selbstbild der Fernstudierenden und den Strukturen des Fernstudiums überprüft. Dabei sind eindeutige Zusammenhänge nachzuweisen. So gibt es fachbereichsspezifische Unterschiede zwischen den Selbstbildern. Die Studierenden im Fachbereich Erziehungs- und Sozialwissenschaften haben dabei das positivste und die im Fachbereich Mathematik und Informatik das negativste.

Im Zusammenhang mit der Variablen Studienjahr zeigt sich eine Veränderung hin zu einem positiveren Selbstbild bei Studierenden mit einer höheren Semesterzahl. Da hier auch die Möglichkeit des Jahrgangseffektes berücksichtigt werden muß, ist nicht auszuschließen, daß ältere Studierende insgesamt ein positiveres Selbstbild als Fernstudierende besitzen. Vermutlich ist aber eine Wechselwirkung zwischen beiden Effekten anzunehmen, so daß mit Voranschreiten des Studiums und den sich dadurch verfestigenden Erfolgserlebnissen einerseits und der Bewertung dieser Leistung vor dem Hintergrund eines vorgerückten Alters andererseits das Selbstbild als Fernstudent positiver wird.

Während die Variable Hochschulzugangsberechtigung bisher keine nennenswerte Bedeutung im Zusammenhang mit den Strukturen der einzelnen Teilumwelten hatte, zeigt sich ein signifikant unterschiedliches Profil in der Form, daß die Studierenden mit Fachhochschulreife ein positiveres Selbstbild als Fernstudenten haben als die Studierenden mit Abitur. Hier scheinen sowohl die bisher erfüllten Aufsteigerwünsche der Nicht-Abiturienten von Bedeutung zu sein, als auch die mit dem Abitur verbundene „klassische" Erwartung, an einer Präsenzuniversität zu studieren.

Im Zusammenhang mit dem Studienjahr zeigte sich bereits ein möglicher Einfluß des Lebensalters auf das Selbstbild. Deutlicher wird dieser Zusammenhang noch bei der eindimensionalen Varianzanalyse mit der Variablen Alter. Das negativste Selbstbild haben danach Studierende in der Altersgruppe bis zu 29 Jahren; das positivste die Studierenden ab 51 Jahren. Ein geschlechtsspezifischer Unterschied konnte nicht nachgewiesen werden.

Ein Zusammenhang mit der zentralen Variablen der beruflichen Umwelt, der beruflichen Stellung der Studierenden, konnte ebenfalls nicht festgestellt werden. Dieses Ergebnis legt die Vermutung nahe, daß die Identität als Fernstudent eher den nicht berufsgeprägten Teilen der Gesamtidentität zuzuordnen ist.

Die Bedingungen der familiären Umwelt stehen mit dem Selbstbild nur insofern in Verbindung, als die Studierenden mit Kindern - gleichgültig ob mit oder ohne Partner - ein positiveres Selbstbild haben als die Studierenden ohne Kinder. Vermutlich wird durch die Tatsache des Fernstudiums ein Ausmaß an Selbstbestätigung vermittelt, daß in der Situation des alleinerziehenden Elternteils am stärksten wirksam wird.

Die Daten aus der Analyse der Zusammenhänge zwischen dem Selbstbild als Fernstudent und der Bedeutung des Studiums weisen darauf hin, daß bei einem positiven Selbstbild als Fernstudent auch die Bedeutung des Fernstudiums hoch eingeschätzt wird. Keine statistisch signifikanten Zusammenhänge konnten zwischen dem Selbstbild und den Zweifeln an der Richtigkeit des Studiums nachgewiesen werden.

In welchem Ausmaß das Selbstbild als Fernstudent im Zusammenhang mit der Berufstätigkei steht, zeigt sich nicht nur in den Unterschieden zwischen den einzelnen Kategorien der beruflichen Stellung, sondern hoch signigfikant auch im Zusammenhang mit der Dauer der Berufstätigkeit. Zur Überprüfung der Wechselwirkungen wurden die Angaben zu zwei Extremgruppen zusammengefaßt. Zum einen mit solchen Studierenden, die bis zu zwei Jahren Berufstätigkeit vorzuweisen haben und zum anderen die Gruppe der Studierenden mit einer Berufstätigkeit von mehr als neun Jahren. Die Gruppe der Studierenden mit einer langen Berufstätigkeit hat ein signifikant positiveres Selbstbild als die Studierenden, die erst seit kurzem berufstätig sind. Eine mögliche Erklärung für dieses Ergebnis ist, daß die kurz Berufstätigen sich noch stärker im Vergleich mit Studierenden an Präsenzhochschulen sehen, während die länger Berufstätigen eine nicht vergleichbare Situation erleben, die als ein positiver Indikator für den Willen zur persönlichen Weiterentwicklung gesehen werden kann.

Nach einer weitergehenden Analyse, die auch Zusammenhänge mit dem Fremdbild einschließt, hier verstanden als Bild der Fernstudierenden von den Präsenzstudenten, muß die oben gegebene Erklärung allerdings relativiert werden. Es zeigen sich keine signifikanten Unterschiede zwischen den Extremgruppen bezogen auf die Dauer der Berufstätigkeit und das Fremdbild. Es ist von daher nicht auszuschließen, daß auch bei diesen Ergebnissen der Einfluß des Lebensalters von Bedeutung ist. Eine modellhafte Erklärung ist, daß die Bedeutung des Berufes mit der Dauer der Tätigkeit auf ein „normales" Maß zurücksinkt und dafür andere Dinge, wie hier z. B. das Fernstudium, stärker in den Vordergrund treten.

5.8.2 Fremdbild

Die Bewertung der Präsenzstudenten durch die befragten Fernstudierenden wurde im Rahmen dieser Arbeit kurz mit „Fremdbild" bezeichnet. Empirisch ermittelt wurde das Fremdbild mit den Statements der Variablen 184.

Tabelle 12: Liste der Statements zum Fremdbild

- Studenten arbeiten zu wenig und mit geringer Ausdauer
- als Student hat man ein gutes Ansehen
- Studenten haben im allgemeinen eine bessere berufliche Zukunft als andere vor sich
- Studenten haben ein schönes Leben
- Studenten geht´s zu gut
- Studenten haben reichlich Zeit, das zu tun, was sie wollen

Die Analyse möglicher Zusammenhänge zwischen dem Bild der Fernstudierenden von Präsenzstudenten und den Bedingungen der hier operationalisierten Teilumwelten macht deutlich, daß dieses Fremdbild von nachgeordneter Relevanz ist. Während das Selbstbild in enger Wechselbeziehung zu den Strukturen und Bedingungen aller Teilumwelten steht, zeigt sich hier im Bereich des Fernstudiums lediglich eine fachbereichsspezifisch unterschiedliche Einschätzung. So haben die Studierenden des Fachbereiches Wirtschaftswissenschaft das relativ schlechteste Bild von Präsenzstudenten und die Studierenden im Fachbereich Erziehungs- und Sozialwissenschaften das positivste. Dieses Ergebnis kann durch die ungleichmäßige Verteilung der Geschlechter in den drei Fachbereichen mitbestimmt sein. So zeigen die Bewertungen zwischen den männlichen und weiblichen Studierenden ebenfalls hoch signifikante Unterschiede in der Form, daß die Frauen ein positiveres Bild von Präsenzstudenten haben.

Eine mögliche Erklärung wird durch ein weiteres Ergebnis geliefert. So sind hoch signifikant unterschiedliche Fremdbilder zwischen den einzelnen Kategorien der beruflichen Stellung zu erkennen. Das unterschiedlich starke Maß an kritischer Distanz zu den Präsenzstudenten wird mitgeprägt durch die eigene berufliche Situation und weniger durch die Tatsache, ebenfalls (Fern-) Student zu sein. So hat die Gruppe der Hausfrauen/-männer das positivste Bild von den Präsenzstudenten. Der Einfluß der eigenen beruflichen Situation und der sich daraus ergebenden Perspektiven auf das Fremdbild wird auch dadurch noch unterstrichen, daß Fernstudierende mit den ausgeprägtesten Karriereabsichten das negativste Fremdbild haben.

5.8.3 Identifikation

Tabelle 13: Liste der Variablen zur Identifikation

-   Seit ich fernstudiere, ist für mich alles andere nicht mehr so wichtig
-   Wenn ich noch einmal zu entscheiden hätte, würde ich wieder ein Fernstudium beginnen
-   Ich zweifle oft, ob das Studium wirklich sinnvoll ist
-   Wenn ich einem guten Bekannten zu raten hätte, würde ich ihm auch das Fernstudium empfehlen
-   Ich würde sofort zu einer Präsenzuni wechseln, wenn das möglich wäre
-   Ich denke gelegentlich daran, das Fernstudium aufzugeben

Das Ausmaß an Identifikation mit dem Fernstudium wurde durch die oben aufgeführten Variablen beschrieben:

Die Analyse der Wechselwirkungen zwischen der Identifikation mit dem Fernstudium und den Bedingungen der Teilumwelt Fernstudium zeigt, daß wiederum hoch signifikant fachbereichsspezifische Ausprägungen auftreten. Die Studierenden im Fachbereich Wirtschaftswissenschaften haben die stärkste Identifikation mit dem Fernstudium und die Studierenden im Fachbereich Erziehungs- und Sozialwissenschaften die niedrigste.

Dieses Ergebnis wird durch zwei weitere Einflüsse mitbestimmt. Zum einen zeigen sich schwach signifikante Zusammenhänge zwischen der Identifikation und dem Geschlecht und zum anderen hoch signifikante zwischen den Kategorien der beruflichen Stellung und der Identifikation. Hier ist es so, daß die Gruppe der Hausfrauen ein relativ niedriges Maß an Identifikation mit dem Studium hat, so daß beide Teilergebnisse des Ergebnis des Fachbereiches mitbeeinflussen. Andererseits haben die Studierenden in den Kategorien „leitende Angestellte", „Angestellte" und „Selbständige" das höchste Ausmaß an Identifikation. Dieses sind aber gleichzeitig die Gruppen, die im wesentlichen im Fachbereich Wirtschaftswissenschaften studieren. Verstärkt wird diese Ergebnistendenz noch dadurch, daß bei Studierenden mit einem hohen Maß an Karriereerwartungen auch das höchste Maß an Identifikation vorliegt. Das erlaubt die Schlußfolgerung, daß die Sicherheit in bezug auf eine erfolgreiche Verwertung des Studiums für das eigene berufliche Fortkommen zu einer hohen Identifikation mit dem Fernstudium beiträgt.

Da altersgruppenspezifische Einflüsse nicht festgestellt werden konnten, ist davon auszugehen, daß die Gruppe der Studierenden, deren Interesse eher auf die Befriedigung von Bildungsbedürfnissen abzielt, nicht in dem Maße eine Identifikation mit dem Studium erreicht wie die an beruflichen Verwertungen orientierten Studierenden.

5.8.4 Die Bedeutung des Geschlechtes

Die Analyse der Daten erlaubt den Schluß, daß die subjektive Struktur der Umwelt Fernstudium weitgehend geschlechtsunspezifisch wahrgenommen wird, während insbesondere der Bereich Familienumwelt geschlechtsspezifisch strukturiert wird. In der Skala Studienprobleme scheinen sich Umwelteinflüsse aus den verschiedenen Teilumwelten zu Geschlechtsprofilen zu vereinigen, wobei diese, da sich die Skaleninhalte auf studienbezogene Probleme richten, nur bedingt wiedererkennen lassen. Die Aktualisierung latent vorhandener Problembereiche wird wesentlich durch die fachbereichsspezifischen Bedingungen mitgeprägt. Hierbei ist noch einmal die Frage der Vorselektion durch Bedürfnisstruktur und Identitätsprofilen der Studierenden in Erinnerung zu rufen.

Die Bedeutung der Wechselwirkungen zwischen dem Geschlecht und der Skala Studienprobleme konnte insgesamt nachgewiesen werden. Eine differenziertere Betrachtung der Daten ergibt sich aus der Kombination der Merkmale Lebensalter und Geschlecht. Die ohnehin stärkeren Symptomausprägungen zwischen den Geschlechtern unterscheiden sich jeweils auch zwischen den Altersgruppen.

In den Dimensionen „eingeschränkte Studienfähigkeit" hat die Gruppe der Frauen mit einem Lebensalter von 51 und mehr Jahren die über alle Alters- und Geschlechtergruppen größten Probleme. Bei den Männern ist dieser Problembereich insgesamt nicht so stark ausgeprägt, allerdings ist es hier so, daß die Gruppe der jüngeren Studierenden mit einem Lebensalter bis zu 29 Jahren die stärkste Ausprägung aufweist. Ein ähnliches Ergebnis zeigt sich in der Dimension „Gefühl sozialer Ablehnung". Auch hier ist es so, daß die Gruppe der älteren Frauen die größten Probleme aufweist und insgesamt bei den Frauen das Maß der Ausprägung mit zunehmendem Lebensalter steigt, während es bei den Männern umgekehrt ist. Hier nehmen die Probleme in bezug auf die „Gefühle sozialer Ablehnung" mit zunehmendem Lebensalter ab.

Beide Ergebnisse weisen auf die unterschiedlichen Rollenzuweisungen bei Männern und Frauen und die damit verbundenen psychischen Probleme hin. Während es für Männer eher selbstverständlich ist, sich bis ins höhere Alter hinein weiterzuqualifizieren, ist es bei den Frauen so, daß diese sich gegen die allgemeine Norm verhalten. Es ist anzunehmen, daß diese Erfahrung bei vielen Frauen psychische Probleme der oben beschriebenen Art mitbewirkt.

Auch in der Dimension „depressiv getönte vegetative Störungen" verhalten sich die Altersgruppen innerhalb der Geschlechtergruppen unterschiedlich. Während es bei den Männern so ist, daß die Symptome mit zunehmendem

Lebenslater ebenfalls stärker werden, ist es bei den Frauen die Gruppe der 30 bis 49-Jährigen, die am stärksten unter den Problemen leidet.

5.8.5 Zusammenfassende Diskussion

Identität steht stets in einer engen Wechselwirkung mit dem Geschlecht. Dieses wird auch durch die Ergebnisse bestätigt. Allerdings nicht in der Form, daß durchgängig von geschlechtsspezifischen Unterschieden gesprochen werden kann. Die Alltagsbedingungen scheinen so zu sein, daß (Haus-) Frauen eher über eine größere zeitliche Flexibilität verfügen und insofern weniger an vorausschauender Planung in bezug auf das Studium benötigen. Allerdings deuten die Angaben zum Zeitbudget sowie die Kommentare darauf hin, daß dieses geringe Maß an Planung eher darauf zurückzuführen ist, daß aufgrund der vielfältigen Störbedingungen eine konsequente Planung nur schwer möglich ist.

Die erwartete Kongruenz zwischen dem Selbstbild als Fernstudierender und dem Bild vom Präsenzstudenten konnte nachgewiesen werden. Wer sich selbst positiv in seiner Rolle als Fernstudent sieht, bewertet auch die Präsenzstudenten durchgängig positiver und umgekehrt. Es gibt nicht die Tendenz der Akzentuierung des Spezifikums *Fern*studium zur Verstärkung der eigenen Identität, sondern eher eine von individuellen Lebenserfahrungen geprägte Sichtweise. Dieses zeigt sich auch bei den Zusammenhängen zwischen der beruflichen Stellung und der Zugehörigkeit zu einem Fachbereich. Die im Beruf erworbenen Identitätsstrukturen werden durch die spezifische Studiengangswahl vermutlich noch verstärkt und prägen das Selbstbild als Fernstudent. In den Fachbereichen Wirtschaftswissenschaften und Mathematik herrscht insgesamt eher das Bild eines zum Verzicht bereiten und leistungsstarken Fernstudenten vor.

Die individuelle Ausprägung des Selbstbildes sowie des Bildes vom Präsenzstudenten steht auch im Zusammenhang mit vielen Problemen im Studium. Eine negative Sicht der eigenen Identität geht einher mit stärkeren psychosomatischen Beschwerden im Studium. Andererseits ist eine positive Sicht der eigenen Identität häufig ein Ausdruck einer klaren Lebensplanung und einer positiven Einstellung zur Leistung. Bedeutsam ist, daß die Identität als Fernstudent nicht durch die eigene Biographie geprägt wird.

6. Abschließende Diskussion und Bewertung

6.1 Die wichtigsten Ergebnisse

6.1.1 Anmerkung zur Stichprobe

Bei der Bewertung der Einzelergebnisse der Teiluntersuchungen drängt sich in der Diskussion der Konsequenzen eine Zweiteilung zwischen den Studierenden und dem Studiensystem auf. Diese wird hier aber nicht weiter thematisiert, da der Begriff Fernstudium ohne die Berücksichtigung der Verknüpfung beider Elemente sozialpsychologisch nicht definierbar ist. Vielmehr wird durch die Form dieser Darstellung die enge Wechselbeziehung zwischen den Studienbedingungen (Strukturen der Teilumwelt Fernstudium) und dem erwachsenen Fernstudenten mit seinen Fähigkeiten und Fertigkeiten sowie seinen unterschiedlichen Verbindungen mit anderen Teilumwelten zum Ausdruck gebracht.

Zur allgemeinen Veranschaulichung der Ergebnisse bietet sich die nachfolgende Skizze an. Dieses Modell eines auf der Spitze stehenden Kegels impliziert zwei Betrachtungsebenen, die durch die Anlage der Untersuchung vorgegeben sind. Auf der horizontalen Ebene sind die individuell erlebten Ausprägungen spezifischer Situationen berücksichtigt.

Abbildung 13: Modell der Relation der Stichproben zur Population

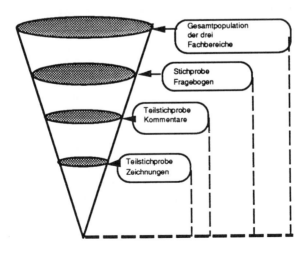

Verfolgt man die Skizze von „oben" nach „unten", ist in bezug auf die Population festzuhalten, daß die Situation derer, die sich nicht an der Untersuchung beteiligt haben (Verweigerer), im strengen Sinne nicht zu beschreiben ist. Neben dem pragmatischen Argument einer „Nicht-Teilnahme" aufgrund des zu erwartenden hohen Zeitaufwandes - dieses wurde in mündlichen Mitteilungen häufiger erwähnt - kann sowohl eine große Zufriedenheit mit der Studiensituation als auch ein subjektiv erlebtes Gefühl der Desintegration und der Interessenlosigkeit eine Ursache für die Verweigerung sein. Der Schluß von der Stichprobe der schriftlichen Befragung auf die Population der drei ausgewählten Fachbereiche ist trotzdem sinnvoll und aufgrund der hohen Übereinstimmung zwischen Stichproben- und Populationsmerkmalen zulässig. Aufgrund der zu erwartenden Heterogenität der Lebensbedingungen wird aber eine Vielzahl relevanter Merkmale nach wie vor unberücksichtigt bleiben müssen.

Die Abnahme der Zahl der Personen bei den einzelnen Untersuchungsschritten kann zum einen mit einer geringen Bereitschaft erklärt werden, einen schriftlichen Kommentar abzugeben oder eine Zeichnung anzufertigen. Sie kann aber auch als ein Hinweis darauf verstanden werden, daß zwar für die meisten Erwachsenen - aufgrund ihrer Mehrfachbelastungen - immer wieder Problemsituationen im alltäglichen Geschehen auftreten, diese aber als nicht so gravierend empfunden werden, daß sie über Kommentare oder Zeichnungen mitgeteilt werden müssen. Art und Häufigkeit der freien Äußerungen geben also eher einen Hinweis auf das Ausmaß des individuellen „Leidensdruckes". Außerdem ist zu beachten, daß in dieser Arbeit diejenigen Studierenden unberücksichtigt bleiben, die bereits aus dem Studium ausgeschieden sind, so daß insgesamt eine positive Selektion die tatsächliche Stichprobe geformt hat (vgl. Bartels & Fritsch, 1976).

Die theoretischen Vorüberlegungen zu den Zusammenhängen zwischen Fernstudiensystem und psychischer Situation der Studierenden als auch empirische Befunde, ein aktueller Überblick findet sich bei Peters (1989), lassen es als ein systemimmanentes Element einer entpersonalisierten Lehre erscheinen, daß eine schwer abzuschätzende Zahl von Studierenden lediglich als „statistische Größe" geführt wird, aber nicht mehr im eigentlichen Sinne motiviert und engagiert am Studienbetrieb teilhat. Erscheinungen ähnlicher Art zeigen sich auch in Studiengängen mit hohen Studentenzahlen (vgl. Krueger, Steinmann, Stetefeld, Polkowski & Haland-Wirth, 1986), dürften aber aufgrund der langen Studienzeit und der geringen Möglichkeit personaler Kontakte im Fernstudium weitaus gravierender sein.

6.1.2 Studiensituation

Betrachtet man die Untersuchungsergebnisse, ist zu erkennen, daß für die in der Zufallsstichprobe erfaßten Studierenden die subjektive Sicht ihrer derzeitigen Lebenssituation zum überwiegenden Teil als zufriedenstellend bis gut angesehen werden kann. Dieses Ergebnis überrascht nur insofern, als die hier vorgestellte Arbeit eher von einem problemorientierten Ansatz ausging. Das Ergebnis hat allerdings eine gewisse Plausibilität. Wie u. a. auch in früheren Untersuchungen nachgewiesen werden konnte, wird die Entscheidung für ein Fernstudium in aller Regel bewußt gefällt (vgl. Miller, 1980; Bartels, 1986). Bewußt heißt in diesem Fall, anders als bei der Studienentscheidung vieler Präsenzstudenten fällt die Entscheidung nicht mit einer gewissen Zwangsläufigkeit im Sinne der konsequenten Fortsetzung eines einmal eingeschlagenen Bildungsweges, sondern vor dem Hintergrund einer einschlägigen Lebens- und Berufserfahrung. Es geht also eher um eine Korrektur des bisherigen Weges. Einige der zu erwartenden Schwierigkeiten, die aufgrund der Mehrfachbelastungen im Erwachsenenalter auftreten (können), sind den potentiellen Fernstudenten somit bekannt. Dieses wird durch viele Einzelergebnisse der Untersuchungen bestätigt. In ihrer Untersuchung an Gießener Studenten verschiedener Fachbereiche kommen Krüger et al. (1986) bei der Frage nach den Gründen für die Aufnahme eines Studiums und der Zufriedenheit mit der Lebenssituation als Student zu dem folgenden zusammengefaßten Ergebnis:

Das positive Selbstbild der Mehrheit der Studierenden stellt sich dar z. B. in der Angabe einer erstaunlich hohen Identifikation mit intrinsischen Studienmotivationen (92%). Fester Beruf, fester Arbeitsplatz und damit verbundenes festes Einkommen sind als Nebenfolge wichtig, sind aber einer interessierten Berufs- und Studienwahl untergeordnet. Das gilt - wie die fachbereichspezifische Analyse zeigt - auch für Medizinstudenten, trotz arbeitsmarktbedingtem Druck in Richtung opportunistischer Studienfachwahl. Für die gesamte Stichprobe sehen nur 1/4 „die späteren Einkommenschancen" als wichtig für die Studienfachwahl an. Im Gegensatz dazu stehen Fachinteressen und persönliche Neigungen klar im Vordergrund. (Krüger et al., 1986, S. 21)

Diese Ergebnisse verdeutlichen, daß es bei den Präsenzstudenten um eine Fortsetzung der eingeschlagenen Bildungskarriere geht, bei gleichzeitiger Suche nach einer fach-inhaltlichen Orientierung, während die Fernstudenten diese fach-inhaltliche Orientierung in den meisten Fällen bereits durch die Wahl ihres Berufes eingegrenzt haben und durch die Neuorientierung ihres Bildungsweges eine Verbesserung der formalen Qualifikation anstreben (vgl. Bartels, 1986, S. 125ff).

Ein weiterer Grund für die in den Untersuchungsergebnissen erkennbare positive Tendenz kann auch in der Erhebungsmethode selbst liegen. Zum einen ist die Bedeutung der durch eine breit angelegte Untersuchung gegebene „demand charakteristic" (Orne, 1969) nicht zu unterschätzen. Zum anderen kann die Konstruktion eines Fragebogens mit überwiegend geschlossenen Fragen und die Verwendung von Skalen eine Nivellierung im Sinne der Mittelwerttendenz bewirken. Dieses wird auch in einigen der Kommentare zu der Untersuchung von den Befragten selbst so ausgedrückt. Die Konstruktion der Fragen kann nicht auf alle individuellen Nuancierungen der Studien- und Lebenssituation hinreichend Rücksicht nehmen, so daß diese „Tendenz zur Mitte" im Ergebnis vermutlich eher zu einer befriedigenden Bewertung der Alltagssituation beiträgt. Trotzdem zeigen sich in den Ergebnissen der schriftlichen Befragung Problemschwerpunkte, die insbesondere im Zusammenhang mit den Ergebnissen der Themenanalyse und der Interpretation der Zeichnungen ein konturenreiches Bild der Alltagssituation der Fernstudenten entstehen lassen.

Diese empirisch ermittelte subjektiv positive Sicht der Situation als Fernstudierender ist aus der Sicht der Hochschule und der Bildungspolitik erfreulich. Unter Berücksichtigung der Ergebnisse einer neueren Untersuchung von Krueger et al. (1986) lassen sich dafür mehrere Gründe anführen. Zum einen zeichnen sich wahrscheinlich die Fernstudenten, die bis zum Zeitpunkt der hier dargestellten Untersuchung das Studium erfolgreich bewältigen konnten, ähnlich wie vergleichbare Präsenzstudenten durch eine starke persönliche „Zukunftsfähigkeit" aus. Bei den Fernstudenten kommt hinzu, daß viele Sorgen im Zusammenhang mit einer „objektiven" beruflichen Zukunft durch die überwiegend bereits vorhandene materielle Absicherung in einem Beruf nicht in dem Umfang gegeben sind wie bei den Präsenzstudenten. Zum anderen zeigt sich ein vergleichbares Ergebnis in der Form, daß die studentische Selbstdarstellung und die studentische Nutzung von Studienzeit (...) überraschend positiv aus(fällt), die Wahrnehmung der Institution Hochschule ist in vieler Hinsicht ungünstig. (Krüger et al., 1986, S. 21)

Die Ergebnisse der hier dargestellten Untersuchung werfen die Frage auf, wie diese von vielen als relativ problemlos empfundene Passung zwischen Studienerwartungen und Studierverhalten auf der einen sowie dem Studiensystem auf der anderen Seite psychologisch erklärbar ist. Antworten auf diese Fragen können dabei am ehesten aus solchen Ergebnissen gewonnen werden, die auf subjektiv erlebte Schwierigkeiten und Mangelsituationen hinweisen. Es ist anzunehmen, daß solchermaßen geäußerte Probleme darauf hindeuten, daß es kritische Bereiche im Fernstudium gibt, die von einer zahlenmäßig geringeren Zahl von Studierenden - die gewissermaßen als Sensoren bezeichnet werden können - wahrgenommen werden. Dabei ist noch einmal darauf hinzuweisen, daß solche potentiellen Interessenten, die bereits bei einer näheren Information über das Studiensystem den Einstieg nicht vollzogen haben oder nach kurzer Zeit ausgeschieden sind, die Ergebnisse nicht beeinflussen können. Es hat also eine Vorauswahl stattgefunden. Die weitere Auseinandersetzung mit den in der Untersuchung empirisch ermittelten Problembereichen berührt sowohl den Studierenden in seiner Alltagswelt als auch das Fernstudiensystem in der zur Zeit realisierten Form. Diese kann durchaus als die Manifestation eines spezifischen, gesellschaftlich-kulturell geprägten Begriffes von Bildung bzw. Weiterbildung gesehen werden. Aus einer solchen Position heraus wird erkennbar, daß die für viele Studierenden geltenden Vorteile einer rationellen und weitgehend entpersonalisierten Lehre einige Nachteile einschließt, die sowohl für den Einzelnen als auch für die Gesellschaft von weitreichender Bedeutung sein können.

6.1.3 Studienmaterialien

Das Besondere des Fernstudiums gegenüber anderen Bildungs- bzw. Weiterbildungsprozessen im akademischen Bereich ist die fast ausschließliche Verwendung von geschriebenem Material. Damit kommt dem Lernen mit Texten bei der Analyse der Bedingungen der Umwelt Hochschule eine große Bedeutung zu, wenngleich diese Thematik in dieser Untersuchung nicht im Mittelpunkt steht. Hier soll auf diesen Problembereich deshalb nur kurz eingegangen werden, weil diese spezifische Struktur der Lernumwelt Fernuniversität einen hohen sozialisatorischen Stellenwert besitzt. Dieses gilt insbesondere aufgrund der großen praktischen und/oder psychischen Schwierigkeiten für viele Studierende, soziale Kontakte zu den Mitstudierenden aufzubauen. Insofern unterscheiden sich die Bedingungen gegenüber denen an Präsenzhochschulen, auch wenn dort von Massenbetrieb und überwiegendem Literaturstudium gesprochen wird (Huber, 1985 oder Portele und Huber, 1983).

Die Bewertung der Inhalte und der Konzeption der Fernstudienkurse durch die Studierenden, die in dieser Untersuchung deutliche fachspezifische Unterschiede zeigt, hat nicht nur Auswirkungen auf die Studienzufriedenheit, sondern kann als ein Indikator für den individuellen Lernerfolg gesehen werden. Da im Rahmen dieser Arbeit die Studienmaterialien als ein Bestandteil der Teilumwelt Hochschule gesehen werden, sind die Daten dazu nur im Kontext der Gesamtanalyse zu berücksichtigen (vgl. z. B. Weingartz, 1981). Die in der Forschung vorgenommene Aufteilung der Interaktion zwischen Leser und Text in verschiedene Teilprozesse auf unterschiedlichen Ebenen (Ballstaedt, Mandl, Schnotz und Tergan, 1981) findet im Zusammenhang mit der Fragestellung dieser Untersuchung nur auf der höheren Ebene der semantischen Verarbeitungsprozesse - der Inferenz - Berücksichtigung. Die Inferenz wird verstanden als eine Schlußfolgerung, die der Leser vollzieht und die durch den Text ausgelöst wird. Der Prozeß selbst vollzieht sich anhand von Schemata. Es gibt dabei zwei Haupttypen von Inferenzen. Dieses sind zum einen die elaborativen, d. h. solche, die die neu erworbenen Informationen mit dem bestehenden Wissen verbinden und zum anderen die reduktiven, die durch den Text und das Vorwissen erworbenen Informationen wieder reduzieren. Die Antworten der befragten Studierenden zeigen, daß subjektiv im Bereich der elaborativen Inferenz keineswegs optimale Ergebnisse erzielt werden können. Neben den Aspekten der Inferenz sind auch Textmerkmale, wie die inhaltliche Organisation oder Lernhilfen im Text von Bedeutung (vgl. Ballstaedt et al., 1981). Die Diskussion um die Verständlichkeit von Texten soll hier nicht weitergeführt werden. Zu erinnern ist in diesem Zusammenhang aber daran, daß auch hierzu die Aussagen der Studierenden deutliche fachspezifische Unterschiede erkennen lassen. Für die Bewertung der Ergebnisse ist aus der zitierten Literatur nur anzuführen, daß Verständlichkeit kein ausschließlich textimmanentes Merkmal darstellt, sondern das Merkmale der inhaltlichen Organsiation des Textes ebenso mitberücksichtigt werden müssen.

Abbildung 14: Modell der Verflechtung von Studienmaterial und Lebenssituation der Studierenden

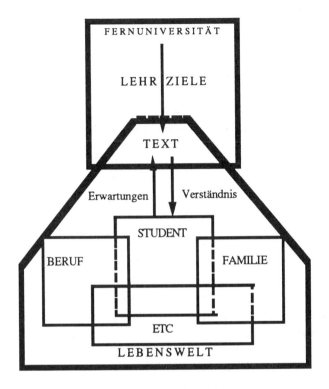

Für die in dieser Untersuchung herangezogene Zielgruppe der Fernstudierenden als Teilzeitstudierende hat die Verständlichkeit der Texte in der Bewertung eine höhere subjektive Erwartungshaltung zu befriedigen, da neben den von den Lehrenden an die akademische (Aus-) Bildung gerichteten Erwartungen und Zielen die objektiven und subjektiv erlebten Bedingungen des jeweiligen Tätigkeitsfeldes sowie der Erfahrungen in anderen Lebensbereichen (Familie und Gesellschaft) das Verständnis der Studierenden mitbeeinflussen. Die Problematik scheint von daher weniger in der didaktischen Aufbereitung der Studienkurse zu liegen, als in der (möglichen) Schwierigkeit, die Fachinhalte eines weitgehend grundständig organisierten Studienangebotes für den Selbstlerner verständlich umzusetzen. Die empirischen Ergebnisse dieser Untersuchung zeigen von daher eine relativ positive Bewertung der didaktischen Konzeption der Kurse und verweisen eher auf inhaltliche Probleme. Diese Ergebnisse decken sich mit denen von Begleituntersuchungen zu einzelnen Funkkollegs (vgl. z. B. Molitor und Schnotz, 1987 oder Below, Kucklick, Kurbjuhn und Molitor, 1987). Das obige Schaubild verdeutlicht die für die vorliegende Untersuchung relevante Verflechtung zwischen Erwartungen der Studierenden und den Lehrzielen der Fernuniversität und deren Auswirkung auf die Verständlichkeit der Texte.

6.1.4 Geschlechtsspezifische Unterschiede

In einer Vielzahl empirischer Untersuchungen wird auf geschlechtsspezifische Unterschiede in den Ergebnissen hingewiesen. Eine genauere Betrachtung zeigt allerdings, daß es bei rein quantitativen Auszählungen der Daten oftmals starke Überschneidungen der Verhaltensweisen beider Geschlechtergruppen gibt. Degenhardt und Trautner (1979) schlagen deshalb vor, eher von „geschlechtstypischem Verhalten" (S. 11) zu sprechen. Aufgrund der Sozialisationsbedingungen unserer Gesellschaft werden solche Unterschiede häufig vorausgesetzt und als objektive oder subjektive Geschlechterrollen beschrieben. Das kann als weiterer Hinweis darauf gewertet werden, daß die jeweilige Geschlechterrolle neben der biologischen Vorgabe durch Sozialisation erworben wurde. Die Verhaltensunterschiede zwischen den Geschlechtern sind häufig geringer als innerhalb einer Geschlechtergruppe. Durch die spezifischen Sozialisationsbedingungen sind allerdings häufiger geschlechtstypische Interessenkonstellationen erkennbar, die sich z. B. auch in der Studienfachwahl niederschlagen. Die Verteilung der Geschlechter in den drei im Rahmen der vorliegenden Untersuchung ausgewählten Fachbereichen unterstreicht dieses (vgl. auch Lehr, 1978). Maccoby & Jacklin (1974) kommen bei ihrer Sichtung entsprechender Forschungsergebnisse zu dem Schluß, daß nur in vier Bereichen erkennbare Unterschiede zwischen den Geschlechtern nachweisbar sind; nämlich auf dem Gebiet der Sprache, des räumlichen Vorstellungsvermögens, der mathematischen Aufgabenlösung und des aggressiven Verhaltens.

Die Antworten und Kommentare, die auf geschlechtsspezifische Unterschiede in der Stichprobe schließen lassen, eignen sich eher dazu, die kulturell überformten Wechselwirkungen zwischen biologischen und gesellschaftlichen Faktoren zu analysieren. So zeigt sich in der hier analysierten Stichprobe, daß für beide Geschlechter gleichermaßen die Definiton der Identität durch den Beruf bestimmt wird. Dieses deckt sich auch mit den Ergebnissen der Untersuchung von Prümmer und Rossié (1987) zu geschlechtsspezifischen Aspekten der Fachwahl im Fernstudium. Sie fassen diese wie folgt zusammen:

In allen Studiengängen spielen sowohl für Frauen als auch für Männer berufsbezogene Überlegungen eine wichtige Rolle bei der Entscheidung für ein bestimmtes Studienfach. Diese Überlegungen beziehen sich auf die unterschiedlichsten Aspekte des Berufslebens und reichen vom Wunsch nach beruflicher Erfüllung über die Konsolidierung der jetzigen beruflichen Position und der Verbesserung der Aufstiegschancen im ausgeübten Beruf bis hin zum Wunsch, in einem völlig anderen Bereich arbeiten zu wollen oder sich selbständig zu machen. Frauen unterscheiden sich geringfügig von den Männern in dem Wert, den sie den unterschiedlichen Aspekten zumessen; der eigentliche Unterschied liegt jedoch in der Tatsache, daß Frauen sehr viel häufiger einen Abschluß anstreben, um überhaupt auf dem Arbeitsmarkt eine Chance zu haben oder um nach einer Unterbrechung wegen ihrer Kinder wieder erwerbstätig zu werden. (S. 29)

Die Konzentration der Betrachtungen auf den berufstätigen Mann, dem größten Anteil der Fernstudierenden, wirft aber auch ein Licht auf die Situation vieler Frauen im Fernstudium. Hierbei ist insbesondere die spezifische Situation solcher Frauen zu beachten, die sich neben ihrer Tätigkeit als Hausfrau und Mutter durch das Fernstudium auf einen späteren Beruf vorbereiten. Die Ergebnisse der vorliegenden Untersuchung haben deutlich gemacht, daß die scheinbaren Vorteile einer solchen Situation, wie z. B. eine größere zeitliche Flexibilität, nicht der subjektiv erlebten Wirklichkeit vieler Hausfrauen entsprechen. Die Abhängigkeit von nicht vorhersehbaren Einflüssen auf die eigene Alltagsgestaltung und die Verpflichtung, jederzeit für familiäre Hilfsleistungen zur Verfügung zu stehen, erfordern eine hohe Durchsetzungskraft. Hinter den so erkennbar gewordenen Problemen steht wiederum ein spezifisches Rollenverhalten innerhalb der Familien oder Partnerschaften.

In einem Punkt zeigt sich allerdings im Zusammenhang mit dem Fernstudium ein deutlicher geschlechtsspezifischer Unterschied, der möglicherweise eher als Vorteil für die weiblichen Studierenden gewertet werden kann. Bei der Mehrzahl der Männer ist das zentrale Motiv für die Aufnahme des Fernstudiums die Sicherung der derzeitigen beruflichen Position oder gar ihre Verbesserung. Erst auf dem Umweg über diese angestrebte Statusverbesserung soll dann subjektiv das Studium auch der Familie zugute kommen. D. h. das Studium wird nicht als ein Mittel zur Neudefinition der eigenen Lebenssituation und zur Veränderung der Lebensbedingungen (hier nicht verstanden als eine Verbesserung des Einkommens) verwendet. Wie auch die Kommentare erkennen lassen und die oben zitierte Untersuchung von Prümmer und Rossié (1987) zeigt, hat das Studium bei den Frauen zwar ebenfalls die Funktion der Vorbereitung auf einen Beruf, dieses führt aber, falls ein Beruf ergriffen wird, häufig zu einer einschneidenden Veränderung der eigenen Lebenssituation mit einer Ablösung aus der bisherigen materiellen und/oder sozialen Abhängigkeit vom Ehepartner und damit zu einem emanzipatorischen Schritt.

Insgesamt zeigen sich bei den Erwachsenen zwischen 30 und 60 Jahren zwei deutliche Lebensstrategien, die allgemein in der Gesellschaft vorherrschenden Strategien entsprechen. Da sind Studierende (in der Mehrzahl der Fälle Männer), die mit einer hohen beruflichen Belastung und dem Fernstudium den größten Teil ihrer Energie auf die Karriere konzentrieren. Die im Rahmen der Untersuchungen gewonnenen Ergebnisse lassen vermuten, daß eine solche Situation bei dem Betroffenen häufig zu einer positiven Selbsteinschätzung führt, trotz eines gleichzeitig stattfindenden Zeitverlustes für die Familie und einer Freizeiteinschränkung. Hinter diesem Verhalten steht das häufig anzutreffende Modell des auf die Karrierebedürfnisse des Mannes ausgerichteten Familienlebens. Das bedingt, daß die in den theoretischen Vorannahmen begründeten innerfamiliären Probleme nicht in dem erwarteten Ausmaß erkennbar werden. In einer solchermaßen beschriebenen Familie ist jedes Familienmitglied durch die innerfamiliäre Sozialisation mit bestimmten Rollenerwartungen und einem entsprechenden Rollenverhalten ausgestattet. Dieses führt dann zu einem durch den Studierenden als positiv erlebten Familienklima, das eher ein „Spiegel der Gesellschaft" als ein „Mikrokosmos" ist. In einer so strukturierten Situation kann sich der hoch belastete Fernstudent „entspannen und erholen".

6.1.5 Beruf-Familie-Studium

Im Rahmen dieser Studie wird auch die gegenseitige Beeinflussung von Beruf und Individuum akzentuiert. Wenn die Sozialisation durch die Arbeit als Interaktion zwischen dem Individuum und der Arbeitsumwelt verstanden wird, d. h. als ein weitgehend aktives Aneignen dieser Umwelt und nicht als ein passives Erfahren, dann muß aber berücksichtigt werden, daß diese Arbeitsumwelt wiederum mit weiteren „größeren" Systemen verschachtelt ist, die ihrerseits das Geschehen in der entsprechenden Arbeitsorganisation auf vielfältige Weise beeinflussen. Theoretisch begründbar ist dieses an dem Beispiel des „lebenslangen Lernens" als gesellschaftliche Norm, die sowohl das individuelle Verhalten als auch die Strukturen innerhalb der Arbeitsorgansiationen beeinflußt.

Arbeitsumwelt wird unter der in dieser Arbeit verwendeten Betrachtungsperspektive als eine Lernumwelt gesehen, mit einem jeweils spezifischen Aufforderungscharakter. Kohn (1985) schreibt dazu:

> Der Prozeß des Lernens und Generalisierens, den wir als ein Äquivalent des Lerntransfers betrachten, ist integraler Bestandteil einer Anzahl psychologischer Theorien. (S. 47f.)

Konzepte wie das der Generalisierung der Reaktionen (generalized response) der Verstärkungstheorie (vor allem Skinner, 1937), der Generalisierung der Nachahmung (generalized imitation) der sozialen Lerntheorie (vgl. Gewirtz, 1979) und der der „generalized psychological pattern" der Theorie der kognitiven Dissonanz (Festinger, 1957) postulieren, daß Wissen und Orientierungsleistungen, die in einer Situation erworben wurden, auf andere übertragen oder generalisiert werden. Kohn (1985) verweist auch auf die gefundenen zeitlichen Effekte bei der Veränderung der Arbeitswelt durch Persönlichkeitsveränderungen und den bestehenden Zusammenhang zwischen strukturellen Merkmalen und Persönlichkeit. Bedeutsam ist für die Bewertung der Ergebnisse dieser Arbeit, daß demnach das Klima am Arbeitsplatz nicht unmittelbar auf die Persönlichkeit wirkt.

Aufgrund der Anlage der Untersuchungen ist in dieser Arbeit nur auf einer sehr abstrakten Ebene von Gemeinsamkeiten aller erfaßten Arbeitsorganisationen zu reden. Die besondere Problematik der im Hintergrund sich vollziehenden Sozialisation ist, daß die fernstudierenden Erwachsenen in einem hohen Maße bereits die Fähigkeit der Situations- und Selbstkontrolle erworben haben und in längerfristigen Zeitperspektiven planen. Dieses deutet aber auch darauf hin, daß sich die Sozialisation in und durch Arbeitsorganisationen in Form eines latenten Konfliktes vollzieht, der je nach Grad der unterschiedlichen individuellen Wahrnehmung der Organisationsbedingungen unterschiedlich stark auftritt.

Auch wenn erwerbstätige Personen in einem großen Umfang sozialstrukturellen Zwängen ausgesetzt sind, ist es vermutlich keineswegs so, daß sie deshalb einseitig determiniert werden. Aufgrund theoretischer Vorannahmen und auch der vorliegenden empirischen Daten ist eher davon auszugehen, daß die

Aufnahme des Fernstudiums eine bewußte Handlung darstellt, mit der das betreffende Individuum versucht, entweder selbst eine aktive Veränderung seiner Arbeitsbedingungen zu verwirklichen und damit Einfluß zu nehmen auf einen wichtigen Teil seiner allgemeinen Lebensbedingungen oder aber zumindest die Bedingungen subjektiv erträglicher zu machen („zu unterlaufen"). Die daraus abzuleitende Schlußfolgerung einer doppelten Rolle des Menschen als Objekt und Subjekt seiner (Arbeits-)Umwelt gilt für die Mensch-Umwelt-Beziehung in allen Lebensbereichen und entspricht der theoretischen Ausgangsposition dieser Arbeit.

Hinweise auf die Bedeutung des Berufes im Zusammenhang mit der Strukturierung aller übrigen Teilumwelten lassen sich auch in anderen Ergebnissen finden. Die stark fachspezifischen Ausprägungen des Studierverhaltens und der subjektiv erlebten Verzahnung von Theorie und Praxis bestätigen, daß auf seiten der Studierenden offensichtlich ein (bewußtes oder unbewußtes) „Suchverhalten" nach einem angemessenen Studiengang wirksam wird, der zur möglichst unmittelbaren Ergänzung der im beruflichen Alltag erworbenen Kenntnisse und Verhaltensstrukturen führt. Das, was an Präsenzhochschulen eher im Sinne einer antizipatorisch professionellen Sozialisation bei der Wahl eines Studienfaches wirksam wird, ist hier häufig die praktische Konsequenz aus real erlebten beruflichen Anforderungen und Aufforderungen. Hierzu wird dann eine Form der entpersonalisierten Kenntnisvermittlung gewählt, die unter den gegebenen Bedingungen ein Optimum an berufsbezogener Verwertung verspricht. Dort, wo dieses nicht in dem erwarteten Umfang gegeben ist, zeigt sich eine entsprechende Unzufriedenheit mit der Studiensituation.

Dieser Zusammenhang bestätigt noch einmal die Dominanz beruflicher Strukturen in bezug auf die anderen Teilumwelten. So ist das berufliche Verwertungsziel das oberste Kriterium für die Zufriedenheit mit dem Stoff. Für die Bewertung der sozialen Situation im Fernstudium ist dabei von Bedeutung, daß bei denen, die stärker personale Bezüge ausgebildet haben, die Inhalte offensichtlich für die Zufriedenheit und die Selbsteinschätzung nicht die zentrale Bedeutung haben wie für die anderen. Weit über den Arbeitsplatz hinaus läßt sich die Bedeutung der beruflichen Tätigkeit auch durch die Akzentuierung der psychosozialen Nebenprodukte der Arbeit noch unterstreichen. Seifert (1977, S. 4) und schon Jahoda, Lazarsfeld und Zeisel (1960) zählen einige solcher Wirkungen auf. Als die wichtigsten können dabei angesehen werden:

- die mit den Kollegen geteilte Erfahrung
- die soziale Interaktion mit Menschen außer Haus
- die Definition wichtiger Aspekte des Status und der Identität durch die Tätigkeit, die letztlich das Selbstbewußtsein (Selbstkonzept) beeinflussen
- die Befriedigung des Bedürfnisses nach Anerkennung des inneren Ichs durch Vergleich mit der äußeren Realität
- die Schaffung eines Lebensrhythmus und einer äußeren Struktur durch die Arbeit.

Jahoda et al. (1960) sprechen bei einem Wegfall der Arbeit (Arbeitslosigkeit) von einer Schrumpfung der psychologischen Umwelt. In neueren Untersuchungen weisen auch Häfeli, Frischknecht und Stoll (1981) oder Seifert & Bergmann (1983) darauf hin, daß neben den materiellen Einbußen die sozialen Verluste und Veränderungen eine hohe Relevanz besitzen. Auch dieses unterstreicht den hohen Stellenwert der Berufstätigkeit, die nach Berkel (1983) trotz einer vorherrschenden überwiegend funktionellen und instrumentellen Berufsauffassung - wie sie sich z. T. auch in der Bewertung des Fernstudiums widerspiegelt - nach wie vor offensichtlich einen grundlegenden Lebenswert darstellt.

So ist vermutlich die Lebenssituation vieler berufstätiger Fernstudenten ähnlich der von Abendgymnasiasten mit Beruf oder anderen Lernern des 2. oder 3. Bildungsweges, die in ihrer beruflichen Umwelt die Breite der Autonomie, der Abwechslung und der intellektuellen Stimulation höher bewerten als eine ausgedehnte Freizeit. Die subjektive (Um-)Deutung des Fernstudiums als Freizeitbeschäftigung - gerade bei verheirateten Berufstätigen - läßt die Vermutung aufkommen, daß der eigentliche Wunsch nach Selbstverwirklichung im Fernstudium der im Arbeitsprozeß angelegten Entfremdung zum Opfer fällt. Die im Arbeitsprozeß erworbenen Fähigkeiten zur Bewältigung von Aufgabenmustern und Rollenerwartungen zur Befriedigung materieller und geistiger Bedürfnisse werden auf das Studium übertragen und verhindern somit, daß das Fernstudium einer Bildung dient, die zu einem Identitätsgewinn führt.

6.2 Der Erwachsene im Fernstudium

Die aus den Ergebnissen dieser Arbeit abgeleiteten Überlegungen zu einer sozialpsychologischen Bestimmung des Erwachsenenalters beziehen sich primär auf die untersuchte Zielgruppe der Teilzeitstudenten. Die Ausführungen zu Beginn dieser Arbeit lassen den Schluß zu, daß einige charakteristische Merkmale bei vielen Erwachsenen unserer Gesellschaft vorzufinden sind (vgl. u. a. Below, Kucklick, Kurbjuhn und Molitor, 1986). Die Vielzahl der Ergebnisse verdeutlicht, daß eine ausschließlich auf Persönlichkeitseigenschaften zielende Definition des Erwachsenenalters viele Fragen und Problemstellungen unbeantwortet läßt und Gefahr läuft, das Individuum in seinen Handlungsmöglichkeiten zu überschätzen. Das aktive Handeln des einzelnen (hier die Aufnahme und Durchführung des Fernstudiums) kann vielmehr gesehen werden als eine Wechselwirkung zwischen dem subjektiv erlebten Aufforderungscharakter spezifischer Umweltbedingungen - insbesondere den beruflichen -, den individuellen Fähigkeiten und Fertigkeiten sowie der eigenen Biographie und den Erwartungen. Dieser funktionale Zusammenhang zwischen dem Individuum und den Feldkräften findet sich auch bei Lewin (1936)[24]. Der Rückgriff auf das Lebensraumkonzept liegt noch aus einem anderen Grund nahe. Durch die spezifischen Bedingungen des Fernstudiums sind Aspekte einer unabhängig vom Individuum objektiv zu bestimmenden geographischen Umwelt nur sehr bedingt gegeben. Das heißt, die psychologische Realität, nach der die Fernstudenten ihr Handeln ausrichten, muß sich weniger an physikalischen Realitäten orientieren als dieses bei Präsenzstudenten der Fall ist. Das bei den Erwachsenen auf diesem Weg entstehende subjektive Bild der Fernuniversität ist damit weniger auf eine realitätsangenäherte Objektabbildung ausgerichtet, sondern wird geprägt von der individuell verarbeiteten kulturellen und gesellschaftlichen Prägung.

---

[24] Zu beachten ist allerdings, daß die Verwendung des Lebensraumbegriffes zur einer partiellen Auflösung der definierten Teilumwelten führt, da diese vom Forscher vorgegebenen Umweltausschnitte (wie in der vorliegenden Untersuchung geschehen) nicht in jedem Fall mit den Strukturen des subjektiven Lebensraumes deckungsgleich sein müssen.

Damit wird auch der graduelle Unterschied zur Bestimmung des Erwachsenen in einer Psychologie der Lebensspanne deutlich. Diese öffnet zwar den Blick für langfristige Entwicklungen und eine allgemeine Dynamik menschlicher Alltagsrealität, bleibt aber letztlich stärker einer individuellen Sichtweise verhaftet. Wenn aber berücksichtigt wird, daß die Einrichtung eines Fernstudiensystems bereits in sich eine Manifestation bestimmter gesellschaftlicher Bildungsvorstellungen bedeutet, dann kann der Erwachsene, der den Aufforderungscharakter dieses Systems für sich erkennt, nicht ebenfalls ohne den für seine individuelle Entwicklung bedeutsamen gesellschaftlichen und kulturellen Hintergrund gesehen werden.

Das lebenslange Lernen stellt kein Persönlichkeitsmerkmal im originären Sinne dar, sondern ist ein Ergebnis der Internalisierung gesellschaftlicher Normen. Wobei die Aktualisierung dieses Verhaltens weniger abhängig ist von konkreten Altersgrenzen, sondern von spezifischen Lebenssituationen. Insgesamt zeigen die Ergebnisse der Untersuchungen an einer spezifischen Gruppe Erwachsener eine beachtliche Dynamik in der Zeit zwischen dem 30. und dem 60. Lebensjahr. Die Frage nach dem Sinn dieser Dynamik kann in einer sozialpsychologisch orientierten Untersuchung nicht unmittelbar beantwortet werden. Aus der Vielzahl der Äußerungen der Betroffenen sind allerdings einige Hinweise abzulesen.

Das, was unter dem Terminus „Differenzierung" in den theoretischen Vorüberlegungen in dieser Arbeit bereits diskutiert wurde, findet sich schon in der Weiterführung des Humboldtschen Bildungsbegriffes bei Dilthey (1934), wenn er von Bildung als einen auf Gleichgewicht hinstrebenden Anpassungsprozeß spricht. Genau dieser Prozeß der Differenzierung des Verstehens und aller seiner Voraussetzungen ist auch der Prozeß zu einer Integration der Identität. Er verläuft bekannterweise teils kontinuierlich und teils krisenhaft. Für einen großen Teil der Fernstudierenden werden wesentliche Identitätsaspekte im Zusammenhang mit dem angestrebten oder bereits ausgeübten Beruf ausgebildet. Dabei ist zu vermuten, daß das Streben nach beruflichem Erfolg und der damit verbundenen Anerkennung, auch außerhalb der beruflichen Umwelt, die Ausformung und Befriedigung nicht berufsbezogener Wünsche benachteiligt. Die Situation vieler älterer Studierender zeigt, daß erst gegen Ende des Arbeitslebens oder danach ein „Nachholen" alter Bildungswünsche möglich wird. Wenn die in den theoretischen Erörterungen angesprochene erlebte Diskrepanz zwischen Zielsetzung und Realität Auslöser für das individuelle Handeln im Erwachsenenalter ist, scheint das bei der hier betrachteten Zielgruppe allerdings darauf hinzudeuten, daß die Zielvorstellungen in der Jugend oder im frühen Erwachsenenalter bereits so konstruiert waren, daß nur über einen idealtypischen Beruf die Erfüllung aller Lebensträume realisiert werden kann.

Die Frage nach der Bedeutung des Fernstudiums für den einzelnen liefert, ergänzt um die Zeichnungen, auch Hinweise auf die Auslösebedingungen für die Aufnahme des Studiums. Wenn z. B. Frauen ein Fernstudium ergreifen, um ihre konkrete Lebenssituation in der Familie und im Beruf zu verändern - im subjektiven Sinne zu verbessern - kann dieses mit dem eingangs erwähnten Konzept der Entwicklungsaufgaben (Havighurst, 1963, 1972) erklärt werden. Auf den ideologischen Hintergrund des Konzeptes wurde bereits eingegangen. Zieht man Lehr (1972, 1978) hinzu, kann angenommen werden, daß wahrgenommene Diskrepanzen zwischen externen und internen Anforderungen sowie der Ist-Situation als Konflikt erlebt werden und zu aktiver Veränderung drängen. Bedeutsam dafür ist allerdings auch das von Ittelson u. a. (1977) dargestellte Maß der Zielerreichungswahrscheinlichkeit. Optimale Umwelten zeichnen sich dadurch aus, daß die Anregungsbedingungen den individuellen Fähigkeiten entsprechen und weitgehend stabil sind. Problematisch für eine Durchführung des Fernstudiums scheinen allerdings sowohl die schwindende Stabilität im privaten Bereich als auch die große zeitliche Diskrepanz zu sein, die zu einer Reduzierung der Zielerreichungswahrscheinlichkeit beitragen kann. Eine Veränderung der Umweltbedingungen, hier speziell im sozialen Bereich, kann zu „Umweltstreß" führen.

Die Bedeutung des Fernstudiums, d. h. seine Relevanzstrukturen, können auch als naive Theorien begriffen werden, die Individuen im Alltag, bezogen auf das Fernstudium entwickeln. Damit wären diese Bedeutungen aber Bestandteil der Persönlichkeit oder Identität. Als ein solches naives Konzept läßt es sich dann theoretisch mit anderen Persönlichkeitskonstrukten verbinden, wie etwa mit dem Selbstkonzept. In diesem Zusammenhang sind insbesondere die zeichnerischen Umsetzungen des „wie ich mich selbst sehe" von Bedeutung. Hier wird erkennbar, ob der Fernstudierende sich als Objekt oder als Subjekt seiner Umwelt - focussiert auf den Teilausschnitt Fernstudium - sieht. Dabei ist in Analogie zu dem von Rotter (1966) entwickelten Kontrollkonzept (locus of control) davon auszugehen, daß eine Veränderung der Selbstbewertung als Fernstudent nicht primär durch die Veränderung konkreter Studienbedingungen im Studienverlauf bedingt wird. Umgekehrt ist anzunehmen, daß die Selbstbeurteilung nicht unmittelbar durchwirkt auf das studentische (Arbeits-)Verhalten. Stattdessen ist davon auszugehen, daß die gegenseitigen Beeinflussungsprozesse mittelbar über die konkreten Vorstellungen des Individuums in bezug auf seine Möglichkeiten zur Einflußnahme auf seine Umwelt - hier Fernstudium - wirken. Die Zeichnungen zeigen unzweifelhaft eine außerordentlich geringe Selbsteinschätzung.

Neben den unmittelbar auf das Selbstbild als Fernstudent ausgerichteten Forschungsschritten können die Ergebnisse insgesamt zur Skizzierung verschiedener Typen studentischer Selbstbilder zusammengefaßt werden. Dabei ist das Selbstkonzept ein relationaler Begriff, der die Gesamtheit der Vorstellungen, die ein Mensch von sich selbst in bezug auf seine soziale Umwelt hat, beschreibt. Insgesamt weisen die Ergebnisse darauf hin, daß durch die erkennbar große Schaffenskraft der Erwachsenen im Alter von 30 bis 60 Jahren Bedingungen wirksam werden, die - bei oberflächlicher Betrachtung - als eine Bestätigung der Vielfalt der Fähigkeiten und Fertigkeiten eines biologisch und psychisch voll entwickelten Individuums gesehen werden können. Das, was als persönlicher Erfolg des einzelnen idealisiert wird und einen hohen Stellenwert bei der Stabilisierung seiner Ich-Identität besitzt, ist letztlich das Ergebnis einer bereits im Elternhaus begonnenen und in der Schule fortgesetzten Erziehung zur Leistung. Damit verbunden ist häufig die Unfähigkeit, solche Normen kritisch zu hinterfragen. Es ist davon auszugehen, daß bei einer Internalisierung dieser Normvorstellungen das Fernstudiensystem als besonders attraktiv anzusehen ist. Von daher erklärt sich auch das hohe Maß an relativer Zufriedenheit mit den Studienbedingungen. Die dadurch geschaffenen Bedingungen sind in ihren Auswirkungen auf das Individuum und letztlich auf die Gesellschaft erkennbar.

Vor dem Hintergrund dieser Sicht des Erwachsenen in einer spezifischen Situation der (Weiter-) Bildung sind die Funktionen der Differenzierung und Integration im Erwachsenenalter kritisch zu bewerten. Die Ergebnisse dieser Untersuchung verdeutlichen, daß durch die Aufnahme des Fernstudiums keine echte Differenzierung stattfindet. Bezogen auf die Modifikation der Identität im Erwachsenenalter bietet sich hier eher die Konzeption der „Kanalisierung" an. Die mehrfach angesprochene enge Verbindung zwischen Beruf und Studium zeigt wahrscheinlich, daß es eher um eine als notwendig angesehene Ergänzung partieller Identitätsaspekte geht, eine Modifikation in einem umfassenderen Sinne aber nicht beabsichtigt ist.

Insgesamt wird bei allen Altersgruppen und bei den Studierenden beider Geschlechter deutlich, daß es eine studentische Identität in dem hypothetisch gesetzten Sinne nicht gibt. Die Daten lassen erkennen, daß es diese unter den empirisch ermittelten Lebens- und Studienbedingungen wahrscheinlich auch nicht geben kann. Von Bedeutung ist in diesem Zusammenhang allerdings die Definition des Begriffes. Durch den nachgewiesenen geringen Stellenwert des Studiums im alltäglichen Leben kann es in dem positiven Sinne - wie bei den Präsenzstudenten - keine Identifikation mit dem Studium geben. Deutlich wird dagegen: Das Studium ist nur ein Mittel zum Zweck der Verbesserung der beruflichen Situation. D. h. es dient der Komplettierung einer durch berufliche Bedingungen definierten Identität. Von daher können sich die eher sozialen Aspekte einer studentischen Identität, die sich über den Einfluß Signifikanter Anderer mitgestalten (vgl. Miller, 1978), nur bedingt entwickeln. In einem anderen Sinne gibt es dann doch eine Identität als Fernstudent, die sich aus der problemlosen Einpassung in das System ableiten läßt. Es kann somit eher von einer „Nicht-Identität" als Fernstudent gesprochen werden, die auf die spezifisch sozialisierende Wirkung des Fernstudiums hinweist. In diesem Zusammenhang ist noch einmal kurz auf das erlebte Gefühl der Anonymität und Distanz einzugehen. Diese Aspekte wurden allerdings in den Ergebnissen der schriftlichen Befragung als nicht so bedeutsam herausgearbeitet. Das entspricht der eingangs dargestellten Situation, in der das Fehlen sozialer Kontakte zu Kommilitonen und Lehrenden im Fernstudium als nicht so beeinträchtigend empfunden wird. Möglicherweise wird dieses von vielen sogar als ein positives Systemelement gesehen. Lediglich in den Kommentaren und den Zeichnungen wird diesem Problem eine größere Bedeutung beigemessen. Es muß deshalb angenommen werden, daß die sozialisierende Wirkung des Fernstudiums eher darauf ausgerichtet ist, die Bereitschaft zu entpersonalisiertem Lernen und zum Umgang mit Medien positiv zu verstärken und solche Studierenden auszuscheiden, die Lernen als einen sozialen Prozeß verstehen.

Freiheit im Erwachsenenalter realisiert sich häufig physisch und psychisch über den Begriff der Freizeit. Bei der hier betrachteten Zielgruppe ist deutlich, daß diese „Freie-Zeit" nur in einem sehr eingeschränkten Umfang gegeben ist. Festzustellen ist dabei, daß nicht versucht wird, aktiv die geringen vorhandenen Freiräume zu erweitern, sondern daß häufig eher eine subjektive Umdeutung der Studienbelastungen in Freizeitaktivitäten stattfindet. Auch dieses bestätigt die Beeinflussung der Wertehierarchie durch auf die berufliche Weiterentwicklung ausgerichtete Notwendigkeiten. Die Wahrnehmung von Problemsituationen im Erwachsenenalter (Diskrepanzen) löst demnach häufig habitualisierte Verhaltensmuster aus, die seltener zu einer Veränderung der Lebensbedingungen führen, sondern eher zu deren Verfestigung. So verändert das Fernstudium in der Mehrzahl der Fälle nicht die Umweltbedingungen, in denen der Erwachsene lebt, sondern verlagert die Probleme bestenfalls auf eine andere Ebene.

Bei der Betrachtung der Heterogenität der Bedingungen im Erwachsenenalter ist zu fragen, ob eine allgemeine Theorie zur Bestimmung der zentralen Charakteristika sinnvoll erscheint und überhaupt entwickelt werden kann. Die individuellen Lebensbedingungen sind trotz eines allgemein und relativ verbindlich vorgegebenen gesellschaftlich-kulturell geprägten Rahmens in ihrem zeitlichen Auftreten und der Reihenfolge sowie in der subjektiv erlebten Qualität so unterschiedlich, daß übergreifende gemeinsame Merkmale nur sehr abstrakt definiert werden können. Einige wenige Schlüsselereignisse, wie z. B. Eheschließung, Berufseintritt oder -ende, reichen aber nicht aus, um die Fülle der Ereignisse auch nur annähernd erfassen zu können. So scheint es sinnvoller, eine auf jeweils relevante Umweltausschnitte bezogene Definition zu versuchen. Dringend geboten ist allerdings eine stärkere Differenzierung der Definitionsmerkmale nach dem Geschlecht. Aufgrund der herrschenden Alltagsbedingungen scheinen die meisten theoretischen Konzepte stärker an der Situation männlicher Erwachsener orientiert zu sein.

Es wurde versucht, das Spezifische der Erwachsenen der hier behandelten Zielgruppe herauszuarbeiten; dieses aber unter der Beachtung der unabdingbaren Wechselbeziehung zwischen den gesellschaftlich gegebenen Bedingungen und der individuellen Nutzbarmachung. Positiv ist anzumerken, daß die zunehmende Differenzierung der gesellschaftlichen Rahmenbedingungen, z. B. durch die Vergrößerung der Vielfalt der Angebote im Bildungsbereich, sich auch in der Vielfalt der „Bildungspersönlichkeiten" niederschlägt. Dieses fördert die Heterogenität der allgemeinen Bedingungen des Erwachsenenalters und ist ein Beleg für die enge Verknüpfung zwischen Individuum und Gesellschaft.

6.3 Bewertung der Konzeption

In den vorbereitenden theoretischen und methodischen Überlegungen zu der vorliegenden Arbeit wurde ausgeführt, daß es das Ziel der Untersuchung ist, eine erste Annäherung an einen äußerst komplexen Sachverhalt zu leisten. Die Analyse der vielschichtigen Verflechtungen des Handelns, Verhaltens und Empfindens eines Erwachsenen mit seiner Umwelt kann nach dem heutigen Wissensstand aus einer psychologischen Perspektive nur als eine breit angelegte Deskription erfolgen. Um ein möglichst breites Spektrum der Wirkungen der im Handeln einer Person zusammenfließenden Umwelteinflüsse abdecken zu können, muß theoretisch wie auch methodisch eine horizontale Betrachtung angestrebt werden. Damit stellt sich diese Arbeit z. T. in einen scheinbaren Widerspruch zu den gegenwärtig überwiegenden Untersuchungen der Sozialpsychologie. Die Diskussion über den Gegenstand der „main stream" Sozialpsychologie und ihre gesellschaftliche Relevanz ist schon älter, so kritisiert Graumann (1979) das nomothetische Selbstverständnis der Sozialpsychologie, das Vorherrschen der experimentellen Methodik sowie den mangelnden Bezug sozialpsychologischer Grundlagenforschung zur gesellschaftlichen Praxis. Diese berechtigte Kritik macht allerdings auch die Schwierigkeiten deutlich, die theoretisch begründete Forderung nach einer Erweiterung der psychologischen Betrachtungsperspektive in eine konkrete empirische Form umzusetzen. Stokols (1987) weist allerdings auf die zusätzlichen Möglichkeiten für sozialpsychologische Forschung und Theoriebildung hin, wenn es gelingt,

> die Einbeziehung multipler Umweltsettings und Lebensbereiche nutzbringend mit der Analyse des emotionalen und physischen Wohlbefindens von Menschen. (S. 238f.)

zu leisten. Zur Reduzierung der Komplexität des zu untersuchenden Sachverhaltes gilt es, Kriterien zur Auswahl der Konzepte und der empirischen Verfahren zu entwickeln.

> Die zentrale Aufgabe besteht bei kontextueller Forschung darin, aus der Unzahl aller möglicherweise relevanten Faktoren einer Situation diejenigen herauszusuchen, die am entscheidendsten das Verständnis von Form und Auftreten des Zielphänomens beeinflussen. (Stokols, 1987, S. 242)

Er nennt diese Teilmenge einflußreicher situationaler Faktoren den *effektiven Kontext* des Zielphänomens.

Die Analyse der Wechselwirkungen von Individuen und Umweltausschnitten ist in der Sozialpsychologie zwar nicht gänzlich unbekannt, steht aber eher am Rande. Erst mit einer stärkeren Ökologisierung einzelner Ansätze erscheinen auch Fragen, wie sie u. a. in dieser Arbeit untersucht werden, von größerem Interesse. Insbesondere unter der sozialisationstheoretischen Perspektive ist es von Bedeutung, auf welche Weise eine materielle Umwelt (Hochschule, Beruf oder Familie) durch ihre soziale und kulturelle Ausgestaltung die Identitätsbildung der Benutzer beeinflußt. Mit dem in dieser Arbeit gewählten Analyseansatz wird sicherzustellen versucht, daß die soziophysikalische Umwelt nicht allein zum Produkt menschlichen Handelns wird, sondern den Kontext bildet für die zu untersuchenden sozialpsychologischen Phänomene.

Trotzdem stellt sich die Frage nach der Sinnhaftigkeit des Konzeptes theoretisch begründeter und entsprechend operationalisierter Teilumwelten. So verstandene „Lokalisierungen" beinhalten neben den räumlich-physikalischen immer auch soziale Aspekte. Diese werden eher extrapersonal definiert und vom Forscher als wesentliche Bestimmungsgrößen für das Handeln und Verhalten vorgegeben. Dabei hat auch die physische Umwelt sozialen Charakter. Die Objekte dieser Umwelt vermitteln soziale Erfahrungen und bilden die Räume, in denen soziales Verhalten stattfindet. Das Individuum reflektiert diese externen Bedingungen in selbstbezogenen Kognitionen und ist damit Subjekt und Objekt zugleich. Die vielfältigen Bedeutungen, deren Relevanz im Rahmen der Untersuchung analysiert wurde, werden in dem nachfolgenden Zitat zusammengefaßt:

Aspekte der physikalisch-räumlichen Umwelt können verschiedene Funktionen für das Selbstkonzept haben. Zuallererst können sie selbstkonzeptrelevantes Verhalten erst ermöglichen, entweder als geographisches Setting oder als Werkzeug: Ein Skifahrer braucht einen Berg, ein Tennisspieler einen Schläger. Zum zweiten können sie selbstkonzeptrelevante Kognitionen anregen, z. B. Erinnerungen oder Projektionen zukünftiger Ziele. Beispiele wären die Orte der Kindheit oder Bilder der eigenen Person. Drittens können sie der Selbstdarstellung gegenüber anderen dienen. Manche tun dies durch den Stil des Hauses, in dem sie leben, oder die Bücher, die sie sich ins Regal stellen. Viertens kann die physikalisch räumliche Umwelt in sich Regeln sozialen Verhaltens tragen, und dadurch eine den Rollenvorschriften vergleichbare Rolle für das Selbstkonzept übernehmen. Beispiele wäre ein Gerichtshof oder eine Kirche, vergleichbar dem Konzept der „behavior settings" in Barkers (1968) ökologischer Psychologie. (Hormuth, 1987, S. 6)

Zum besseren Verständnis des Umweltbegriffes sei hier kurz auf die von Bronfenbrenner (1976, 1978) entwickelte Konzeption eines Mehrebenenmodells verwiesen. Die von ihm analytisch unterschiedenen vier Ebenen oder Systeme zur differenzierteren Auseinandersetzung mit der Entwicklung eines Individuums in Wechselwirkung mit seiner Umwelt werden in dieser Arbeit im wesentlichen auf die Beziehungsgefüge im Mikrosystem beschränkt. Die für die zu bearbeitende Fragestellung relevanten Bereiche sind dabei Hochschule, Familie und Beruf. Der theoretische Anspruch erstreckt sich darauf, durch die Analyse der möglichen Wechselbeziehungen empirisch abgesicherte Hinweise auf die Beziehungen zwischen den einzelnen Mikrosystemen zu finden. Die Terminologie Bronfenbrenners hat dabei den Vorteil, daß sie sich zu einer Operationalisierung der einzelnen Umwelten anbietet, da zum einen Merkmale angesprochen werden, die sich zur Definition von Lernumwelten eignen und zum anderen der Blick auf größere Systemzusammenhänge gerichtet wird.

Was Bronfenbrenner gerne als das Problem von „Interacting Systems in Human Development" bezeichnet ist ein Beitrag zur Entwicklung von Begrifflichkeit dort, wo sich Psychologie ungeachtet aller Bemühungen der sogenannten ökologischen Perspektive durch ziemliche Sprachlosigkeit auszeichnet: Wie überhaupt stellen wir uns die Prinzipien vor, nach denen das Wechselspiel von Personen und Umwelt erfolgt, als dessen Ergebnis wir nicht nur für den Augenblick handeln, sondern lebenslang zu immer neuen Anpassungen an immer neue Anforderungen fähig sind? Bis heute dominiert in der Forschung eine Strategie, deren Problematik von ihm immer wieder herausgestellt wird: Entweder begnügen wir uns, Veränderungen menschlichen Handelns zu erfassen, ohne die Kontexte zu beachten, oder wir studieren Kontexte, lassen aber die Entwicklung außer acht. Dabei ist es doch scheinbar so einfach: Beide verändern sich, Mensch und Umwelt, und zwar beständig und als Ergebnis wechselseitiger Einflußnahme - die Eltern erziehen nicht nur ihre Kinder, diese wiederum beeinflussen ihre Eltern und sind darin nicht selten sogar die Protagonisten kultureller Umwälzungen. (Silbereisen, 1986, S. 17f)

Ohne die von Bronfenbrenners Konzeption ausgehenden Impulse schmälern zu wollen, ist im Hinblick auf die in dieser Arbeit vertretenen Fragestellungen festzuhalten, daß diese nicht unmittelbar auf die Lebenssituation erwachsener Menschen übertragbar ist. Bronfenbrenners Forschungsinteresse richtet sich auf Kinder und Jugendliche. Ähnliches gilt ebenso für viele andere ökologische Untersuchungen aus dem Bereich der Entwicklungspsychologie, so daß eine Übertragung auf die Mensch-Umwelt-Interaktion unter den Bedingungen des Erwachsenenalters noch weitgehender theoretischer und empirischer Klärung bedarf.

Ähnlich wie in dem Mehrebenenmodell konten in dieser Arbeit die einzelnen Teilumwelten als sozialisations- bzw. entwicklungsrelevante Aspekte von Mikrosystemen definiert werden. Die Summe dieser Teilumwelten ist dann auf der Ebene des Mesosystems erfaßbar und ergibt sich aus dem Zusammenwirken dieser Teilumwelten, in denen die erwachsenen Fernstudierenden leben und handeln. Der Schwerpunkt in dieser Untersuchung liegt dabei auf den subjektiv erlebten und konstruierten Umwelten und weniger auf den objektiv vorgegebenen „ökologischen" Umwelten z. B. im Sinne Barkers. Lediglich anhand einiger „harter" Daten werden Rahmenbedingungen dieser Qualität ermittelt. Dabei wird davon ausgegangen, daß die Bedingungen der objektiven Umwelt den Rahmen bilden für die subjektiv wahrgenommene und verarbeitete Umwelt. Um Erkenntnisse zur Optimierung der Interaktionsprozesse im Mikrosystem zur Verfügung zu stellen, werden Variablenzusammenhänge oder Muster analysiert, die unmittelbar als auf die Lebenswelt der Fernstudenten bezogen erlebt werden. Optimierung wird dabei nicht verstanden als eine vordergründige Verbesserung der Zeit-Output-Relation im Studium, sondern eher als eine Veränderung der komplexen Wechselwirkungsprozesse zur Schaffung einer problemgruppenspezifischen Systemkonstellation, die Bildung und Wissen fördert. Bronfenbrenner spricht entsprechend seiner fachlichen Schwerpunktsetzung im Rahmen seiner Forschungsarbeiten von Entwicklung. In den theoretischen Vorüberlegungen zur Konzeption dieser Arbeit wurde die Berechtigung der synonymen Verwendung der Begriffe Sozialisation und Entwicklung diskutiert. Die erkennbare Annäherung zwischen Positionen und Disziplinen, die auch in den Ergebnissen dieser Arbeit ihre Berechtigung erfährt, führt dazu, daß der Entwicklungsbegriff nicht mehr organismisch auf die innere Dynamik der Person beschränkt (wird), unter Ausblendung einer aktiv Einfluß nehmenden, ihrerseits dynamischen sozialen Umwelt. Umgekehrt wird der Sozialisationsbegriff längst nicht mehr in soziologischer Analogie zu einem psychologisch-mechanistischen Verständnis von Reiz-Reaktions-Verknüpfungen als bloße Anpassung des Indivdiuums an Rollen, Normen und sonstige sozial-strukturelle Vorgaben verwandt, so daß die Person in ihrer Eigenart, mit ihrer inneren Dynamik und als aktiv handelnde aus dem Blick geriete. (Hoff, 1985, S. 19)

Daraus leitet sich die Notwendigkeit ab, zur Bestimmung der Wechselwirkung der beiden Begriffe Persönlichkeit und Umwelt „begrifflich-theoretisch" aufeinander zu beziehen. Zu erinnern ist in diesem Zusammenhang an die Diskussion über die Bedeutung von objektiver und subjektiver Umwelt. Die objektivistische Sicht geht dabei von einer Determination der Persönlichkeit durch die Umwelt (z. B. Beruf) aus, die subjektivistische von einer Beeinflussung z. B. des Berufes durch die individuellen Fähigkeiten und Interessen. Eine Verbindung beider Positionen im Sinne einer reziproken Interaktion geschieht auf einer ersten Stufe in der Regel empiristisch-deskriptiv und bedarf der weiteren Ausdifferenzierung.

Bei einer solchen Vorgehensweise bieten sich Rückgriffe auf das Setting-Konzept an (vg. Barker, 1955, 1978). In der konkreten Situation gibt es aber mindestens zwei Einwände. Zum einen geben solchermaßen pauschal definierte Verhaltens-Umwelt-Kongruenzen nur ein sehr oberflächliches Bild und zum anderen sind konkrete Settings im Fernstudium überwiegend identisch mit Settings anderer Umweltausschnitte (Arbeitsplatz, private Wohnung etc.). Bezogen auf die Fernuniversität als physikalischen Ort muß aufgrund der Untersuchungsergebnisse eher von einem „Non-Setting" gesprochen werden. Die Analyse der individuellen Situation (hier verstanden als Vergangenheit, Gegenwart und Zukunft) zeigt dann aber, daß ein strukturell gleiches Tun noch keine Hinweise auf ein gleiches Wollen und Erleben liefert. Aber genau das interessiert bei einer weitergehenden psychologischen Fragestellung. Die sich auf der Ebene eines Setting-Ansatzes anschließende Betrachtung ist die der Perspektive der Institution und der Organsiation von Verhaltensströmen. Dieses impliziert aber wieder eine Subjekt-Objekt-Beziehung, die für den Ansatz dieser Arbeit als nicht angemessen anzusehen ist.

Wie bereits angesprochen, beinhaltet der Begriff des Fernstudiums seiner Definition nach immer die wechselseitige Verschränktheit von Anbieterinteressen (Universität) und Abnehmerinteressen (Studierende). Idealtypisch wird dabei von einer Gleichgewichtigkeit ausgegangen, die faktisch nicht gegeben ist. Im Gegenteil lassen sich im Studiensystem viele Umweltbedingungen feststellen, die spezifische Verhaltensmuster erfordern (z. B. Prüfungen). Aufgrund der räumlichen und psychischen Distanz zwischen Student und Institution und der Multifunktionalität spezifischer Settings (damit ist der Begriff in seiner ursprünglichen Definition nicht mehr existent) erscheint dieses Konzept im Rahmen dieser Fragestellung als nicht sinnvoll und weitreichend genug. Die hier im Zentrum des Interesses stehenden Verhaltens-Umwelt-Beziehungen orientieren sich an weniger konkreten Umweltgegebenheiten und sind in ihrer Wirkungsrichtung weder theoretisch eindeutig noch empirisch umfassend zu bestimmen. Von daher liegt der Rückgriff auf das theoretische Konzept des Lebensraumes bei der Analyse der hier interessierenden Prozesse näher.

Da es nach dem jetzigen Kenntnisstand über die Lebensbedingungen der Fernstudierenden und der Begrenztheit des methodischen Inventars nicht gelingen kann, alle Einflußfaktoren und ihre Wirkungsverflechtungen zu definieren, wurde der Schwerpunkt stärker auf die weitreichende Erfassung von Strukturen der für das Studierverhalten relevanten Umweltausschnitte gelegt und weniger auf die Verfeinerung statistischer Daten. Dieses kann nicht der einzige Schritt bleiben, ist aber in der Logik der Sache der erste, um Hinweise für die Entwicklung detaillierterer Hypothesen zu bekommen. Die Konstruktion von Teilumwelten bezieht sich also auf die Strukturelemente, die nicht im strengen Sinne lokal gebunden sein müssen. Bei dieser Konstruktion werden Aspekte der Kultur und Gesellschaft in mindestens zweifacher Hinsicht thematisiert. Zum einen „personal" als Sozialisationsagenten und Sozialisationseffekte und „systemar" als Umweltbedingungen sozialer Art wie „Leistungsnormen" und materialer Art als Objektivierung durch die Institution und das Studienmaterial. Beschreibungsmethodisch ist damit ein Grad an Komplexität erreicht, der an die Grenzen der theoretischen und empirischen Verarbeitung führt. Damit wird aber auch Interdisziplinarität erforderlich, wie sie sich in dieser Arbeit in einem begrenzten Umfang andeutet. Bei der theoretischen Durchdringung des Problemfeldes wurde der Bogen von der Psychologie über die Soziologie bis zur Pädagogik gespannt. Die Notwendigkeit einer Zusammenführung unterschiedlicher Ansätze erklärt sich aus der komplexen Problemstellung dieser Arbeit. Alle dargestellten und diskutierten Konzeptionen beschränken sich aber letztlich auf das Individuum und vernachlässigen z. B. Aspekte der Bedeutung von Region, Sozialgeschichte oder Medizin.

Die Konzeption dieser Arbeit berücksichtigt weniger die extrapersonalen Bedingungen der Realität. Diese werden nur in bezug auf die Teilumwelt Fernstudium näher expliziert. Stärkere Beachtung finden dagegen die Ausprägungen einer subjektiven Wirklichkeit, wie sie auch im Lebensraumkonzept definiert ist. Der Blick richtet sich also weniger auf das, „was draußen ist", sondern mehr darauf, „was sich innen zeigt". Wie im Zusammenhang mit den Konstanzer Untersuchungen angesprochen wurde, sind es im wesentlichen die subjektiv erlebten Umweltbedingungen, die das individuelle Handeln, Verhalten und Empfinden beeinflussen. Gleichwohl war es das Ziel, sowohl objektivistische als auch subjektivistische Aspekte bei der Untersuchung der Problemstellung miteinander zu verbinden. Neben den im Zentrum stehenden sozialpsychologischen Dimensionen der Wechselbeziehungen zwischen den definierten Teilumwelten wurden ansatzweise die objektiven Aspekte der Alltagssituationen miterfaßt. Das ist sinnvoll und notwendig, weil die Strukturen der materiellen Umwelten durch ihre manifesten symbolischen Eigenschaften und durch die Verschachtelung mit anderen Umweltsegmenten über die Dynamik des sozialen Wandels einen Einfluß auf die in ihnen handelnden Individuen ausüben. Dieses wird in dieser Arbeit am deutlichsten an den Bedingungen des Fernstudiums thematisiert.

Der hier gewählte Weg durch das „Dunkel" der dem Forscher weitgehend unbekannten Alltagswelt der Fernstudierenden ähnelt dem Verfahren, das Kaminski (1976) als „phänographische Exemplifikation" beschreibt. Dabei werden die eher „weitwinkligen" Analysen der Teilumwelten und ihrer Wechselwirkungen mit Hilfe der quantitativen Analyse durchgeführt. Die „Nahaufnahmen" werden durch die jeweils individuell gestalteten qualitativen Elemente beigesteuert. Die problematische „Nahtstelle" dieser Arbeit ist die Verbindung beider Betrachtungspositionen. Diese kann theoretisch wie methodisch nur über die Einheit der Person erfolgen. Aus diesem Grund wird hier noch einmal an die Darstellung des auf die Spitze gestellten Kegels erinnert. Der Hintergrund einer solchen Vorgehensweise ist die Annahme einer für alle Beteiligten in wesentlichen Merkmalen gleichermaßen strukturierten Umwelt, so daß letztlich von einem ganzheitlichen Gebilde ausgegangen werden kann.

Dieses schließt individuelle Variationen nicht aus, d. h. mit dieser Vorgehensweise werden gleichgermaßen Aspekte der idiosynkratischen als auch der kollektiven Wahrnehmung verschiedener Teilumwelten untersucht. Der Schluß vom Einzelfall auf die Grundgesamtheit (der Teilzeitstudierenden) ist ohne den Zwischenschritt der Analyse der *Merkmalshäufigkeit* in spezifischen Subgruppen nicht möglich. Gleichwohl ist bekannt, daß bei einer Generalisierung wesentliche individuelle Komponenten verlorengehen. Der in dieser Arbeit eingeschlagene Weg ist der eines „sowohl als auch". So wurde auch auf die häufig übliche Stichprobenbereinigung verzichtet, da die Definition der Bestimmungsmerkmale einer Population vor einer explorativen Annäherung einer gewissen Willkürlichkeit unterliegt. Trotzdem können nach Abschluß dieser Untersuchungen aufgrund des Vergleichs mit der „offiziellen" Studentenstatistik einige Hinweise darauf gegeben werden, welches zentrale Merkmale der Grundgesamtheit Teilzeitstudenten sind.

Die Verbindung der verschiedenen Analyseschritte konnte in weiten Teilen nur interpretativ geleistet werden. Dabei wurde aber darauf geachtet, daß alle Schritte nachvollziehbar und somit überprüfbar sind. Das Ausmaß an ökologischer Validität der Ergebnisse kann letztlich im strengen Sinne nur von den an der Untersuchung beteiligten Personen bestimmt werden. Der eingeschränkte Empiriebegriff und die dadurch entstehende abstrakte Bezugsfigur eines kausal determinierten allgemeinen Durchschnittsstudenten wird in den Abschnitten deutlich, die sich mit der Prüfung der globalen Fragestellungen auf der Basis der Daten des Fragebogens befassen. Hier wurde bereits auf die unterschiedlichen Problemstrukturen hingewiesen, die sich aufgrund der einzelnen Teiluntersuchungen ergeben haben. Damit wird aber auch der Zusammenhang zwischen der Konzeption der Untersuchung und den Verwertungsstrategien erkennbar. In dieser Arbeit wurde versucht, beiden Aspekten des Problems, dem personalen und dem strukturellen, Rechnung zu tragen. Die Ergebnisse der quantitativen Analysen bieten eher einen Grund zur positiven Wertung des Studiensystems und gegebenenfalls zu Modifikationen, die den an diesem System „leidenden" Studierenden die Bedingungen noch weiter erschweren. Die Berücksichtigung der qualitativen Untersuchungsergebnisse erfordert dagegen eine Auseinandersetzung mit individuellen Schicksalen. Die daraus abzuleitenden Schritte entziehen sich der alleinigen Verantwortung des Forschers, entlassen ihn aber nicht aus der Verpflichtung, auf psychologisch relevante Problempunkte aufmerksam zu machen.

Die Diskrepanz zwischen dem theoretischen Anspruch und der empirischen Umsetzung bei der Analyse eines komplexen Problems ist auch in dieser Arbeit spürbar. Sie ist im übrigen überall dort anzutreffen, wo die Psychologie als empirische Wissenschaft versucht, zur Beantwortung komplexer, aus dem Alltag gewonnener Fragen, einen Beitrag zu leisten. Das Erkennen einer solchen Situation soll nicht mißverstanden werden als Aufforderung zu einer Beliebigkeit des Vorgehens. Diese Situation ist vielmehr als eine Ermutigung zu verstehen, immer wieder nach neuen Wegen zu suchen. Die so erlebte Situation ist die eines Aufbruchs mit der Vision eines Zieles, ohne die Beschwerden des Weges dorthin im einzelnen zu kennen.

7. Mögliche Konsequenzen für das Fernstudium

Die theoretische Begründung der Problemstellung als auch die Ergebnisse der Untersuchungen haben deutlich werden lassen, daß sich die im System des Fernstudiums praktizierten Formen entscheidend abheben vom Studiensystem an Präsenzhochschulen. Abgesehen von der geringen Zahl von Präsenzveranstaltungen und der vergleichsweise geringen Zahl von Studierenden, die an solchen Veranstaltungen teilnehmen (können) oder die Studienzentren frequentieren, kann als ein erstes Spezifikum das weitgehende Fehlen jedes direkten dialogischen Momentes festgehalten werden. Es ist allerdings anzumerken, daß für Fernstudienfachleute gerade der Dialog mit dem Studienmaterial im Mittelpunkt des Interesses steht (vgl. z. B. Bückmann et al., 1985; Graff, 1978 a/b oder Holmberg, 1982). Auch wenn die Studienkurse didaktisch so konzipiert sind oder zumindest sein sollen, daß die Selbstlerner angeregt werden, im Rahmen eines intrapersonalen Diskussionsprozesses die Argumentationslinien des Studienmaterials zu überprüfen und dem eigenen Urteil gegenüber zu stellen, sind einem solchen Verfahren Grenzen gesetzt, die nicht nur in den möglichen persönlichen Unzulänglichkeiten der Studierenden zu suchen sind. Schon der für eine reflexive Auseinandersetzung mit Studieninhalten notwendige zeitliche Rahmen scheint aufgrund der Befunde im privaten Bereich häufig nicht gegeben zu sein.

Was fehlt ist der interpersonale Bezug zu einem Dialogpartner (Lehrender und/ oder Kommilitonen), der insbesondere bei der Auseinandersetzung mit den Lehrinhalten Fehlentwicklungen unmittelbar aufweisen und zu vertiefender Auseinandersetzung anregen kann. Das verweist auf eine zweite spezifische Bedingung im Fernstudium allgemein. Eine Kontrolle der Richtigkeit einer Antwort oder Argumentationsfigur, wie sie in Seminaren an der Präsenzhochschule im Diskurs unmittelbar möglich ist, fehlt beim klassischen Alleinstudierenden. Auf die dadurch bewirkten verdeckten Fehlerquellen einerseits und wachsenden Unsicherheiten andererseits wurde bereits eingegangen. Auch in diesem Bereich wird versucht, durch die Weiterentwicklung des Systems fernstudienspezifische Alternativformen zu etablieren (vgl. Holmberg und Schuemer, 1985). Die Internalisierung der Fernstudieninhalte erfolgt in der Regel erst in einer Reflexionsphase - sofern durch das System nicht eine einfache Wiedergabe von Erlerntem verlangt wird. Fehlt diese Phase der Reflexion, kann der Studierende schnell davon ausgehen, alles gelernt und verstanden zu haben. Entweder sieht er die Schwierigkeiten nicht oder aber er erkennt sie und kapituliert vorschnell, weil ihm die direkte Hilfe durch andere fehlt. Erst durch die Auseinandersetzung mit den Inhalten im Gespräch mit anderen findet die eigentliche Umsetzung des Stoffes in Wissen und Bildung statt. Der in den Studienkursen oftmals gewählte Weg, die Studierenden anzuleiten, weiterführende und/oder erläuternde Literatur heranzuziehen, stellt für viele Studierende eher ein zusätzliches Erschwernis dar. So verweist auch der Bundesminister für Bildung und Wissenschaften (1986) darauf, daß ein weiterführendes Lesen bei den meisten Studierenden schon aus Zeitgründen nicht praktiziert wird und zudem eine spezifische Lernerfahrung voraussetzt, die im beruflichen Kontext meist nicht erworben wird.

Eine dritte Besonderheit des in dieser Arbeit analysierten Fernstudiensystems ist die Starrheit des Informationsflusses, d. h. die Taktung der Studienmaterialien, so daß auf die individuellen Lernfortschritte nicht eingangen werden kann. Gerade diese organisatorisch begründete Bedingung steht aber im Widerspruch zu den Anforderungen an eine erwachsenengerechte Bildung bzw. Weiterbildung. Anstatt durch geeignete didaktische Konzeptionen mehr Selbstverantwortung der Studierenden zu fördern, werden diese durch ein starres Studiensystem in einer durchgängigen Abhängigkeit gehalten. Dieses Moment wird von den wenigsten Studierenden in seiner psychologischen Wirkung erkannt, sondern artikuliert sich über die Probleme mit der „knappen Zeit". Das läßt auf entsprechende Sozialisationseffekte schließen und weist möglicherweise auf Rationalisierungen und Verdrängungen im psychoanalytischen Sinne hin. So wird der Faktor Zeit als ein Effektivitätskriterium generalisiert, ohne nach einer jeweils neu zu definierenden inhaltlichen Begründung zu suchen. Die somit im Verlauf der schulischen und beruflichen Sozialisation internalisierten Formen der Bewältigung von Problemen passen für eine Mehrzahl der Studierenden ohne Friktionen in die Anforderungen, die durch einen veränderten Bildungsbegriff und dessen praktische Umsetzung an den Studenten herangetragen werden. Die Chancen und die Gefahren, die in diesem Befund liegen, wurden diskutiert. Wenn in dieser Arbeit nach einer studentischen Sozialisation im Sinne einer akademischen Persönlichkeitsbildung im Fernstudium gesucht wurde, kann als Ergebnis festgehalten werden, daß diese schon deshalb nicht oder nur begrenzt stattfinden kann, weil das Bildungssystem sich den allgemeinen gesellschaftlichen Strukturen angepaßt hat und damit sowohl zur Verfestigung bestehender Strukturen als zu einer Akzeleration der Anpassung der Inhalte an die Anforderungen der Arbeitswelt beiträgt.

Vor einem solchen Hintergrund sind auch die Vorteile des Fernstudiums in einem anderen Licht zu sehen. Die größere zeitliche, räumliche und organisatorische Flexibilität ist zum einen nicht in dem Maße gegeben, wie idealtypische Formulierungen glauben machen wollen. Zum anderen ist aber gerade das Verharren in vertrauten Umwelten und die Eingliederung der (Weiter-) Bildung in die gewohnte Lebensorganisation in bezug auf eine Auseinandersetzung mit den Inhalten problematisch. Wie in vielen anderen Bereichen liegen auch hier mögliche Vorteile und individuell erlebte Nachteile eng beieinander. So ist der Vorteil, berufliche, familiäre und sonstige Verpflichtungen weiterführen zu können verbunden mit den oftmals als gravierend erlebten Konflikten, zwischen den unterschiedlichen Erwartungen und Bedingungen der verschiedenen Teilumwelten vermitteln zu müssen.

Die spezifische Form des eigenständigen Lernens erfordert ein erhebliches Maß an Planungsfähigkeit und Selbstdisziplin. Dabei greift der Studierende i. d. R. auf erfolgreich erprobte Handlungsstrategien zurück. So bestimmt er zwar die Lernzeit (die Untersuchungsergebnisse lassen allerdings einen hohen externen Einfluß vermuten), den Lernort und das Lerntempo (auch hier zeigen die Ergebnisse Friktionen zwischen den Forderungen durch das Studiensystem und den privaten Möglichkeiten), diese Eigenverantwortung setzt aber eine Kompetenz voraus, die, betrachtet man die Forschungsergebnisse, in vielen Fällen noch verbessert werden muß.

Die kritischen Hinweise auf Problemfelder im Fernstudiensystem sollen nicht die grundsätzliche Sinnhaftigkeit dieser Einrichtung in Frage stellen. Die Notwendigkeit einer qualifizierten Erwachsenenbildung begründet sich in der Anpassung an eine immer rascher voranschreitende Entwicklung neuer Technologien und die dadurch bewirkte Forderung nach Mobilität und Flexibilität. Aber genau dieses ist mit dem o. g. Begriff der Akzeleration bereits angesprochen. Die ursprünglich durch Entwicklungen in der beruflichen Umwelt entstandene Qualifikationsnorm hat sich über die berufliche Umwelt hinaus verselbständigt und ist weitgehend sinnentleert. Die Aufnahme eines Fernstudiums entspringt in der Mehrzahl der Fälle dem Wunsch, bei der sozialen und beruflichen Mobilität „dabei zu sein". Daraus leiten sich für ein Fernstudiensystem Forderungen nach der Realisierung mehrerer Ziele in den Studieninhalten ab:

Abbildung 15: Zielhierarchie im Fernstudium

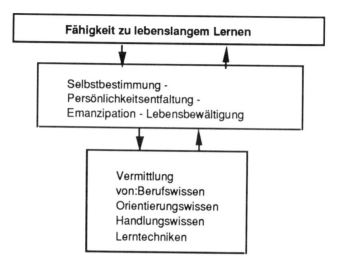

Die Einrichtung der Fernuniversität für sich allein genommen reicht noch nicht aus, den Regelkreis von geringer Schulbildung, weniger Lernbereitschaft und geringerer Qualifikation zu durchbrechen. Durch die vorrangige Betonung des *FERN*studierens und die Beibehaltung der Hochschulzulassungsberechtigung als notwendige Voraussetzung für ein Studium mit Abschluß verlagern sich die Probleme nur auf eine andere Ebene. Der richtige Schritt muß durch die Veränderung der Studieninhalte in allen Fächern sowie durch die bildungspolitische Begleitmaßnahme der Erweiterung der Möglichkeit von Bildungsurlaub für berufstätige Studierende zur häufigeren Teilnahme an Präsenzveranstaltungen noch intensiviert werden.

8. Literaturverzeichnis

Abels, H., Heinze, Th., Horstkemper, M. & Klusemann, H. W. (1977). Lebensweltanalyse von Fernstudenten. Qualitative Inhaltsanalyse - theoretische und methodologische Überlegungen. Hagen: Zentrales Institut für Fernstudienforschung (ZIFF).

Altman, I. (1975). The environment and social behavior. Privacy, personal space, territory, crowding. Monterey, Calif.: Brooks/Cole.

Anger, H. (1969). Befragung und Erhebung. In C. F. Graumann (Hrsg.), Handbuch der Psychologie, Bd. 7/1 (S. 567-617). Göttingen: Hogrefe.

Apenburg, E., Großkopf, R. & Schlattmann, H. (1977). Orientierungsprobleme und Erfolgsbeeinträchtigung bei Studierenden. Bericht über eine Befragung von 4.500 Studenten (1974). Saarbrücken: Saarbrücker Studien zur Hochschulentwicklung 28.

Astin, A. W. (1962). An empirical characterization of higher educational institutions. Journal of Educational Psychology, 53, 224-376.

Astin, A. W. (1968). The college environment. Washington: American Council on Education.

Baer, D. M. (1973). The control of developmental process. Why wait? In J. R. Nesselroade & H. W. Reese (Hrsg.), Life-span-developmental psychology: Methodological issues (S. 187-196). New York: Academic Press.

Ballstaedt, S.-P., Mandl, H., Schnotz, W. & Tergan, S.-O. (1981). Texte verstehen, Texte gestalten. München: Urban & Schwarzenberg.

Baltes, P. B. & Eckensberger, L. (1979). Entwicklungspsychologie der Lebensspanne. Stuttgart: Klett.

Baltes, P. B., Reese, H. W. & Lipsitt, L. P. (1980). Life-span developmental psychology. Annual Review of Psychology, 31, 65-110.

Bargel, T. & Framheim, G. (1976). Zur Bildungszieldiskussion und zur Leistungsmessung im Hochschulbereich. In W. Zapf (Hrsg.), Gesellschaftspolitische Zielsysteme (S. 126-161). Frankfurt: Campus.

Barker, R. G. & Wright, H. F. (1955). Midwest and its children. New York: Harper & Row.

Barker, R. G. et al. (1978). Habitats, environments and human behavior: Studies in ecological psychology and eco-behavioral science from the Midwest Psychological Field Station 1947-1972. San Francisco: Jossey Bass.

Bartels, J. & Fritsch, H. (1976). Empirische Analyse des Studienabbruchs von Vollzeit- und Teilzeitstudenten nach dem ersten Studienhalbjahr an der Fernuniversität. Hagen: Zentrales Institut für Fernstudienforschung (ZIFF), Nr. 11.

Bartels, J. (1986). Absolventen des Fachbereichs Wirtschaftswissenschaft. Eine empirische Untersuchung. Hagen: Zentrum für Fernstudienentwicklung (ZFE).

Bartels, J. (1982). Absolventen. Hagen: Zentrum für Fernstudienentwicklung (ZFE).

Bartels, J. (1983). Studienabbrecher. Hagen: Zentrum für Fernstudienentwicklung (ZFE).

Bartels, J., Helms, F., Rossie, U. & Schormann, J. (1984). Studienverhalten von Fernstudenten. Eine vergleichende Untersuchung von Studienabbrechern und Studienfortsetzern. Hagen: Zentrum für Fernstudienentwicklung (ZFE).

Bartels, J, & Hofmann, K. (1980). Analyse des Studienabbruchs im Studienjahr 1978/79. Hagen: Zentrum für Fernstudienentwicklung (ZFE).

Below, E., Kucklick, P., Kurbjuhn, P. & Molitor, S. (1987). Begleituntersuchung zum Funkkolleg Religion. Tübingen: Deutsches Institut für Fernstudien (DIF).

Bem, D. J. (1972). Self-perception theory. In L. Berkowitz (Ed.), Advances in experimental social psychology, Vol. 6 (S. 2-62). New York: Academic Press.

Berelson, B. & Lazarsfeld, P. F. (1948). The analysis of communication content. University of Chicago: Mineo.

Berger, P. L., Berger, B. & Kellner, Hj. (1975). Das Unbehagen in der Modernität. Frankfurt: Campus.

Berger, P. & Luckmann, Th. (1974). Die gesellschaftliche Konstruktion der Wirklichkeit. Eine Theorie der Wissenssoziologie. Frankfurt: Fischer.

Berkel, K. (1983). Wandel in der Einstellung zur Arbeit? Psychologie und Praxis, 27, 150-159.

Bertels, L., Stratmann, B. & Thielmann, H. (1978). Lebensweltanalysen von Fernstudenten. Methodischer Ansatz zur qualitativen vergleichenden Auswertung von Interviewprotokollen. Hagen: Zentrum für Fernstudienentwicklung (ZIFF).

Birren, J. E. (1959). Handbook of aging and the individual: Psychological and biological aspects. Chicago: University of Chicago Press.

Blumer, H. (1973) Der methodologische Standort des Symbolischen Interaktionismus. In Alltagswissen, Interaktion und gesellschaftliche Wirklichkeit, 2 Bde. (1. Bd., S. 80-146). Reinbek: Rowohlt.

Boesch, E. E. (1976). Psychopathologie des Alltags. Zur Ökopsychologie des Handelns und seiner Störungen. Bern: Huber.

Boesch, E. E. (1980). Kultur und Handlung. Bern: Huber.

Bommert, H. (1977). Grundlagen der Gesprächspsychotherapie. Stuttgart: Kohlhammer.

Brim, O. G. & Wheeler, St. (1974) Erwachsenensozialisation. Stuttgart: Enke.

Bronfenbrenner, U. (1976). Ein Bezugsrahmen für ökologische Sozialisationsforschung. Neue Sammlung, 16, 235-249.

Bronfenbrenner, U. (1978). Ansätze einer experimentellen Ökologie menschlicher Entwicklung. In R. Oerter (Hrsg.), Entwicklung als lebenslanger Prozeß (S. 33-65). Hamburg: Hoffmann & Campe.

Bruner, J. S. (1966). Studies in cognitive growth. New York: Wiley.

Brunswik, E. (1956). Perception and the representative design of psychological experiments. Berkeley, Calif.: University of California Press.

Bückmann, N., Holmberg, B., Lehner, H. & Weingartz, W. (1985). Arbeitsfeld „Lehren und Lernen" - Steuerung und Selbständigkeit im Fernstudium. Hagen: Zentrales Institut für Fernstudienforschung (ZIFF).

Bühler, Ch. (1933). Der menschliche Lebenslauf als psychologisches Problem. Leipzig: Hirzel.

Bundesminister für Bildung und Wissenschaft (1986). Selbstorganisiertes Lernen im Fernunterricht. Schriftenreihe Studien zu Bildung und Wissenschaft, 24. Bad Honnef.

Campbell , D. T. & Stanley, J. C. (1963). Experimental and quasi experimental designs for research on teaching. In N. L. Gage (Hrsg.), Handbook of research of teaching (S. 171-246). Chicago: Rand McNally.

Campus (1973). Comparative methods in Sociology. Berkley: University of California Press.

Cattell, R. B. (1973). Die empirische Erforschung der Persönlichkeit. Weinheim: Beltz.

Clayton, V. & Overton, W. F. (1976). Concrete and formal operational thought processes in young adhulthood and old age. Internat. Journal of Aging and Human Development, 7, 237-245.

Cooley, C. H. (1902). Human nature and the social order. New York: Scribner.

Dann, H. D., Cloetta, B., Müller-Fohrbrodt, G. & Helmreich, R. (1978). Umweltbedingungen innovativer Kompetenz. Stuttgart: Klett.

Degenhardt , A. & Trautner, H. M. (Hrsg.). (1979). Geschlechtstypisches Verhalten. München:

Dilthey , W. (1934). Pädagogik. Geschichte und Grundlinien des Systems. Gesammelte Schriften Bd. IX. Leipzig: Wirth.

Dippelhofer-Stiem, B. (1983). Hochschule als Umwelt. Weinheim: Beltz.

Döbert, R., Habermas, J. & Nunner-Winkler, G. (1977). Entwicklung des Ichs. Köln: Kiepenheuer & Witsch.

Doerner, K. (1967). Die Hochschulpsychiatrie. Stuttgart: Enke.

Doerner, D., Kreuzig, H. W., Reitner, F. & Staendel. T. (1981). Lohhausen. Vom Umgang mit Unbestimmtheit und Komplexität. Ein Forschungsbericht. Universität Bamberg.

Dohmen, G. (1983). Besonderheiten des Lernens Erwachsener und Konsequenzen für den Aufbau eines Fernstudiums im Bereich der Erwachsenenbildung. Hagen: Zentrales Institut für Fernstudienforschung (ZIFF).

Durkheim, E. (1977). Über die Teilung der sozialen Arbeit. Frankfurt: Suhrkamp.

Edelmann, W., Hage, R., Sieland, B. & Warns, C. (1982). Überlegungen zu einem Allgemeinen Lehr-Lern-Modell. Allg. Psychologie in Erziehung und Unterricht, 29, 343-352.

Erikson, E. H. (1959). Identity and the life cycle: Selected papers. Psychological Issues Monograph, 1.

Erikson, E. H. (1973). Identität und Lebenszyklus. Frankfurt: Suhrkamp.

Erikson, E. H. (1974). Kindheit und Gesellschaft. Stuttgart: Klett.

Eschenbach, U. (Hrsg.). (1978). Das Symbol im therapeutischen Prozeß. Fellbach: Bonn.

Festinger, L. (1957). A theory of cognitive dissonance. Ivanston Ill.: Row & Peterson.

Fetscher, R. (1978). Grundlinien der Tiefenpsychologie in vergleichender Darstellung. Stuttgart: Frommann-Holzboog.

Fietkau, H.-J. & Görlitz, D. (Hrsg.). (1981). Umwelt und Alltag in der Psychologie. Weinheim: Beltz.

Filipp, G. H. (1978). Aufbau und Wandel von Selbstschemata über die Lebensspanne. In R. Oerter (Hrsg.), Entwicklung als lebenslanger Prozeß (S. 111-135). Hamburg: Hoffmann & Campe.

Filipp, S.-H. (1982). Kritische Lebensereignisse als Brennpunkte einer Angewandten Entwicklungspsychologie des mittleren und höheren Erwachsenenalters. In R. Oerter & L. Montada (Hrsg.), Entwicklungspsychologie (S. 769-790). München: Urban & Schwarzenberg.

Filipp, S.-H. & Braukmann, W. (1983). Methoden der Erfassung bedeutsamer Lebensereignisse. Zeitschrift für Entwicklungspsychologie und Pädagogische Psychologie, 15, 234-263.

Fisch, R. & Daniel, H.D. (1987). Forschungsthemen der Sozialpsychologie. In D. Frey & S. Greif (Hrsg.), Sozialpsychologie. Ein Handbuch in Schlüsselbegriffen (S. 17-31). München: Psychologie Verlags Union.

Fischer, L. (1985). Struktur der Arbeitszufriedenheit und die Bedeutung des individuellen Bezugsrahmens. Universität zu Köln: Habilitationsschrift.

Fischer, L. & Lück, H. E. (1972). Entwicklung einer Skala zur Messung von Arbeitszufriedenheit (SAZ). Psychologie und Praxis, 64-72.

Fischer, M. (1979). Phänomenologische Analysen der Person-Umwelt Beziehung. In S. H. Filipp (Hrsg.), Selbstkonzeptforschung. Probleme, Befunde, Perspektiven (S. 47-73). Stuttgart: Klett.

Flade, A. (1987). Wohnen psychologisch betrachtet. Bern: Huber.

Freud, A. (1966). Einführung in die Technik der Kinderanalyse. München: Reinhardt.

Frey, D. & Greif, S. (Hrsg.). (1987). Sozialpsychologie. Ein Handbuch in Schlüsselbegriffen. 2. Auflg. München: Psychologie Verlags Union.

Fritsch, H. (1980). Nichtbewerber: Gründe von Interessenten, sich nicht an der Fernuniversität einzuschreiben. Hagen: Zentrales Institut für Fernstudienforschung (ZIFF).

Geulen, D. & Hurrelmann, K. (1980). Zur Programmatik einer umfassenden Sozialisationstheorie. In K. Hurrelmann & D. Ulich (Hrsg.), Handbuch der Sozialisationsforschung (S. 51-67). Weinheim: Beltz.

Gewirtz, J. L. (1979). Soziales Lernen. In H. Zeier (Hrsg.), Psychologie des 20. Jahrhunderts, Bd. IV: Pawlow und die Folgen, (S. 383-428). Zürich: Kindler.

Gibson, J. J. (1982). Wahrnehmung und Umwelt. Der ökologische Ansatz in der visuellen Wahrnehmung. München: Urban & Schwarzenberg.

Göttert, R. (1983). Fernstudieninteressenten. Ihr Selbstbild und weiterer Studienverlauf. Hagen: Zentrales Institut für Fernstudienforschung (ZIFF).

Goffman, E. (1959). The presentation of self in every day life. New York: Doubleday.

Gigerenzer, G. (1981). Implizite Persönlichkeitstheorien oder quasi implizite Persönlichkeitstheorien? Zeitschrift für Sozialpsychologie, 12, 65-80.

Graff, K. (1978). Der Systemansatz im Fernstudium II. Epistolodidaktika, 1, 9-19.

Graff, K. (1978). Kommunikative Kompetenz von und in Fernstudieneinrichtungen. Hagen: Zentrales Institut für Fernstudienforschung (ZIFF).

Graumann, C. F. (1979). Die Scheu des Psychologen vor der Interaktion. Ein Schisma und seine Geschichte. Zeitschrift für Sozialpsychologie, 10, 284-304.

Graumann, C. F. (1988). Der Kognitivismus in der Sozialpsychologie -Die Kehrseite der „Wende"-. Psychologische Rundschau, 39. Jahrg., 2, 83 - 90.

Groskurth, P. (Hrsg.). (1979). Arbeit und Persönlichkeit: Berufliche Sozialisation in der arbeitsteiligen Gesellschaft. Reinbek: Rowohlt.

Guattari, F. (1976). Psychotherapie. Politik und die Aufgaben der institutionellen Analyse. Frankfurt: Suhrkamp.

Gurman, A. S. & Kniskern, D. P. (Eds.). (1981). Handbook of familiy therapy. New York: Brunner/Mazel.

Habermas, J. (1968). Stichworte zur Theorie der Sozialisation. Kultur und Kritik, 118-194.

Häfeli, K., Frischknecht, E. & Stoll, F. (1981). Schweizer Lehrlinge zwischen Ausbildung und Produktion. Muri bei Bern.

Hafermalz, O. (1976). Schriftliche Befragung, Möglichkeiten und Grenzen. Wiesbaden:

Halpin, A. W. (1966). Theory and research in administration. New York: McMillan.

Hartmann, H. (1974). Die Sozialisation von Erwachsenen als soziales und soziologisches Problem. In O. G. Brim & S. Wheeler (Hrsg.), Erwachsenensozialisation (S. 126-162). Stuttgart: Enke.

Havighurst, J. R. (1963). Dominant concerne in life. In L. Schenk-Danziger & H. Thomae (Hrsg.), Gegenwartsprobleme der Entwicklungspsychologie. Göttingen: Hogrefe.

Havighurst, J. R. (1972). Developmental tasks and education. New York: McKay.

Heintel, P. (1981). Das Problem der sozialen Betreuung von Fernstudenten. Klagenfurt: Unveröffentlichtes Gutachten für den Arbeitsbereich Psychologie der Fernuniversität.

Heinz, W. R. (1980). Berufliche Sozialisation. In K. Hurrelmann & D. Ulich (Hrsg.), Handbuch der Sozialisationsforschung (S. 499-519). Weinheim: Beltz.

Heinze, Th. (1979). Lebensweltanalysen von Fernstudenten. Theoretische und methodologische Überlegungen zum Typus hermeneutisch-lebensgeschichtlicher Forschung. Hagen: Zentrales Institut für Fernstudienforschung (ZIFF).

Heinze, Th. & Klusemann, H. W. (Hrsg.). (1978). Lebensweltanalyse von Fernstudenten. Theoretische und methodenpraktische Überlegungen zur Interpretation narrativer Interviews. Hagen: Zentrales Institut für Fernstudienforschung.

Hermanns, H. (1981). Das narrative Interview in berufsbiographisch orientierten Untersuchungen. Kassel: Arbeitspapiere des wissenschaftlichen Zentrums für Berufs- und Hochschulforschung, Nr. 9.

Herrmann, Th. (1969). Lehrbuch der empirischen Persönlichkeitspsychologie. Göttingen: Hogrefe.

Herrmann, Th. & Lantermann, E. D. (1985). (Hrsg.). Persönlichkeitspsychologie. Ein Handbuch in Schlüsselbegriffen. München: Urban & Schwarzenberg.

Hess, R. D, & Handel, G. (1980). Die Familie als psychosoziale Organisation. In R. Döbert, J. Habermas & G. Nunner-Winkler (Hrsg.), Entwicklung des Ichs (S. 32-45). Meisenheim: Hain.

Hoff, E.-H. (1981). Sozialisation als Entwicklung der Beziehung zwischen Person und Umwelt. Zeitschrift für Sozialisationsforschung und Erziehungssoziologie, 1, 91-115.

Hoff, E.-H. (1982). Person und Situation. Interaktionspsychologische Untersuchungen. Göttingen: Hogrefe.

Hoff, E.-H. (1985). Berufliche Sozialisation. Zur Verbindung soziologischer und psychologischer Forschung. In E.-H. Hoff, L. Lappe & W. Lempert (Hrsg.) Arbeitsbiographie und Persönlichkeitsentwicklung (S. 15-40). Bern: Huber.

Hoffmann, L. (1982). Grundlagen der Familientherapie. Hamburg: ISKO.

Hofstätter, P. (1966). Einführung in die Sozialpsychologie. Stuttgart: Kröner.

Holmberg, B. (1982). Strukturierung und Gestaltung selbstinstruierender Lehrtexte in Fernkursen. Hagen: Zentrales Institut für Fernstudienforschung (ZIFF).

Holmberg, B. (1984). Adult Education: Students´independence and autonomy as foundations and as educational outcomes. Hagen: Zentrales Institut für Fernstudienforschung (ZIFF).

Holmberg, B. & Schümer, R. (1985). Erste Ergebnisse zum Arbeitsfeld „Beratung, Betreuung und Leistungskontrolle". Hagen: Zentrales Institut für Fernstudienforschung (ZIFF).

Holsti, O. R. (1969). Content analysis for the social sciences and humanities. Reading/mass.: Addison-Wesley.

Holzkamp, K. (1973). Sinnliche Erkenntnis. Historischer Ursprung und gesellschaftliche Funktion der Wahrnehmung. Frankfurt: Fischer-Athenäum.

Holzkamp, K. (1977). Die Überwindung der wissenschaftlichen Beliebigkeit psychologischer Theorien durch die Kritische Psychologie. Zeitschrift für Sozialpsychologie, 8, 1-22 und 78-97.

Hormuth, St. E. (1987). Ein ökologischer Ansatz zur Selbstkonzeptforschung: Grundlagen und Ergebnisse. Vortrag im Sozialwissenschaftlichen Kolloquium zum 250-jährigen Jubiläum der Georg-August-Universität Göttingen.

Huber, L. (1975). Hochschule als Umwelt. In T. Bargel u.a. (Hrsg.), Sozialisation in der Hochschule. Hamburg: Arbeitsgemeinschaft für Hochschuldidaktik.

Huber, L. (1980). Sozialisation in der Hochschule. In K. Hurrelmann & D. Ulich (Hrsg.), Handbuch der Sozialisationsforschung (S. 521-550). Weinheim: Beltz.

Huber, L. (1985). Studiensituation heute und Wandel der Studentenrolle. Hochschuldidaktische Stichworte. Hamburg: Interdisziplinäres Zentrum der Universität Hamburg.

Humboldt, W. v. (1903). Schriften zur Politik und zum Bildungswesen. Berlin: De Gruyter (1982). Gesammelte Werke, hrsg. von A. Flitner. Stuttgart: Klett-Cotta.

Hund, W. D. (1968). Zur Sprache der NPD. Eine Analyse des Parteiorgans „Deutsche Nachrichten". Blätter f. dt. und intern. Politik, 13, 183-189.

Hurrelmann, K. & Ulich, D. (Hrsg.). (1980). Handbuch der Sozialisationsforschung. Weinheim: Beltz.

Ittelson, W.. H., Proshansky, H. M., Rivlin, Leanne, G. & Winkel, G. H. (1977). Einführung in die Umweltpsychologie. Stuttgart: Klett.

Jahoda, M., Lazarsfeld, P. F. & Zeisel, H. (1960). Die Arbeitslosen von Marienthal. Bonn: Allensbach.

Janis, J. L. (1943). Meaning and the study of symbolic behavior. Psychiatry, 6, 425-439.

Janowitz, M. (1948). Content analysis - a new evidentiary technique. Univ. of Chicago Law Review, 15, 920-925.

Jaspers, K. (1973). Allgemeine Psychopathologie. Berlin: Springer.

Jüttemann, G. (Hrsg.). (1985). Qualitative Forschung in der Psychologie. Grundfragen, Verfahrensweisen, Anwendungsfelder. Weinheim: Beltz.

Jüttemann, G. & Thomae, H. (Hrsg.). (1987). Biographie und Psychologie. Berlin: Springer.

Kagan, J. (1980). Perspectives in continuity. In O. G. Brim Jr. & J. Kagan (Hrsg.), Constancy and change in human development (S. 26-74). Cambridge, Mass.: Harvard University Press.

Kaminski, G. (1976). Umweltpsychologie. Perspektiven, Probleme, Praxis. Stuttgart: Klett.

Kaminski, G. (1978). Behavior and environment: Ökologische Fragestellungen in der allgemeinen Psychologie. In C. F. Graumann (Hrsg.), Ökologische Perspektiven in der Psychologie (S. 83-97). Bern: Huber.

Kellerhals, J. (1979). Fragen und Vorschläge zum soziologischen Studium der Krise der Familie. In M. Perez (Hrsg.), Krise der Kleinfamilie (S. 50-81). Bern: Huber.

Kern, H. & Schuhmann, M. (1970). Industriearbeit und Arbeiterbewußtsein, 2 Bde. Frankfurt: EVA.

Koffka, K. (1935). Principles of gestalt psychology. London: Routledge & Kegan.

Kohlberg, L. (1974). Zur kognitiven Entwicklung des Kindes. Frankfurt: Suhrkamp.

Kohlberg, L. (1980). Eine Neuinterpretation der Zusammenhänge zwischen der Moralentwicklung in der Kindheit und im Erwachsenenalter. In R. Döbert, J. Habermas & G. Nunner-Winkler (Hrsg.), Entwicklung des Ichs (S. 225-252). Königstein/Ts.: Athenäum.

Kohli, M. (Hrsg.). (1978). Soziologie des Lebenslaufs. Damstadt: Luchterhand.

Kohn, M. L. (1985). Arbeit und Persönlichkeit. Ungelöste Probleme der Forschung. In E.-H. Hoff, L. Lappe & W. Lempert (Hrsg.), Arbeitsbiographie und Persönlichkeitsentwicklung (S. 41-73). Bern: Huber.

König, R. (1976). Soziologie der Familie. In R. König & L. Rosenmayr (Hrsg.), Handbuch der empirischen Sozialforschung, Bd. 7 (S. 1-217). Stuttgart: Enke.

Krappmann, L. (1975). Soziologische Dimensionen der Identität. Stuttgart: Klett.

Krappmann, L. (1979). Die problematische Wahrung der Identität. In Psychologie des 20. Jahrh., Bd. VIII (S. 413-423). Zürich: Kindler.

Krüger, H. & Müller, W. (1978). Studenten des zweiten Bildungsweges: Studium zwischen zwei Berufsphasen. Hamburg: Hochschuldidaktische Materialien 64, AHD.

Krüger, H, Maciejewski, F. & Steinmann, I. (1982). Studentenprobleme - Psychosoziale und institutionelle Befunde. Frankfurt: Campus.

Krüger, H. J., Steinmann, I., Stetefeld, G., Polkowski, M. & Haland-Wirth, T. (1986). Studium und Krise. Eine empirische Untersuchung über studentische Belastungen und Probleme. Frankfurt: Campus.

Kuhn, Th. (1967). Die Struktur wissenschaftlicher Revolutionen. Frankfurt: Suhrkamp.

Lalli, M. (1989). Stadtbezogene Identität. Theoretische Präzisierung und empirische Operationalisierung. Institut für Psychologie der Technischen Hochschule Darmstadt, Bericht Nr. 89-1.

Lasswell, H. D. (1927). Propaganda-technique in the world war. New York: Knopf.

Lehr, U. (1972). Psychologie des Alterns. Heidelberg: Quelle & Meyer.

Lehr, U. (1977). Die Thematik der Bildung in der Gerontologie. actuelle gerontologie, 7, 343-361.

Lehr, U. (1978). Kontinuität und Diskontinuität im Lebenslauf. In L. Rosenmayer (Hrsg.), Die menschlichen Lebensalter: Kontinuität und Krisen (S. 315-339). München: Piper.

Lehr, U. (1978). Das mittlere Erwachsenenalter - ein vernachlässigtes Gebiet der Entwicklungspsychologie. In R. Oerter (Hrsg.), Entwicklung als lebenslanger Prozeß (S. 147-172). Hamburg: Hoffman & Campe.

Lehr, U. & Thomae, H. (1979). Altersstörungen. In U. Baumann, H. Berbalk & G. Seidenstücker (Hrsg.), Klinische Psychologie: Trends in Forschung und Praxis, Bd. 2 (S. 227-266). Bern: Huber.

Leontjew, A. N. (1977). Tätigkeit, Bewußtsein, Persönlichkeit. Stuttgart: Klett.

Lewin, K. (1936). Principles of topological psychology. New York: McGraw-Hill.

Lienert, G. A. (1969). Testaufbau und Testanalyse. Weinheim: Beltz.

Linschoten, J. (1959). Auf dem Wege zu einer phänomenologischen Psychologie. Berlin: de Gruyter.

Lisch, R. & Kriz, J. (1978). Grundlagen und Modell der Inhaltsanalyse. Reinbek: Rowohlt.

Looft, W. R. (1979). Sozialisation und Persönlichkeitsentwicklung über die gesamte Lebensspanne hinweg. Eine Überprüfung gegenwärtiger psychologischer Ansätze. In P. Baltes & L. H. Eckensberger (Hrsg.), Entwicklungspsychologie der Lebensspanne (S. 333-359). Stuttgart: Klett.

Lück, H. E. & Miller, R. (1981). Selbstorganisation des Lernens im Fernstudium. In F. Palank (Hrsg.), Fernstudium und Kommunikation (S. 393 - 402). Zeitschrift für Hochschuldidaktik. Beiträge zu Studium, Wissenschaft und Beruf, 5, Nr. 3-4. Wien: OGHD.

Lynch, K. (1965). The image of the city. Cambridge, Mass.: MIT Press.

Maccoby, E. E. & Jacklin, C. N. (1974). The psychological sex differences. Stanford: Stanford University Press.

Marcia, J. E. (1966). Development and validation of ego-identity status. Journal of Personality and Social Psychology, 3, 551-558.

Maslow, A. H. (1970). Motivation and personality. New York: Harper & Row.

Mayring, Ph. (1985). Qualitative Inhaltsanalyse. In G. Jüttemann (Hrsg.), Qualitative Forschung in der Psychologie (S. 187-211). Weinheim: Beltz.

Mead, G. H. (1934). Mind, Self and Society. Chicago. Deutsch: (1975). Geist, Identität und Gesellschaft - aus der Sicht des Sozialbehaviorismus. Frankfurt: Suhrkamp.

Merten, K. (1983). Inhaltsanalyse. Einführung in Theorie, Methode und Praxis. Opladen: Westdeutscher Verlag.

Miller, R. (1978). Aspekte studentischer Sozialisation an Gesamthochschulen. Der Einfluß Signifikanter Anderer während des Studiums. Bad Honnef: Bock & Herchen.

Miller, R. (1980). Motive und Erwartungen von Studierenden im Studiengang Magister der Erziehungswissenschaften. Berichte aus dem Arbeitsbereich Psychologie, herausg. von H. E. Lück. Hagen: Fernuniversität.

Miller, R. (1986). Einführung in die Ökologische Psychologie. Opladen: Leske und Budrich.

Miller, R. & Rechtien, W. (1981). Zur Evaluation integrierter Studiengänge an Gesamthochschulen in Nordrhein-Westfalen. Duisburg: Abschlußbericht des Modellversuchs, unveröffentl..

Mischel, W. (1973). Toward a cognitive social learning reconceptualization of personality. Psychological Review, 80, 252-283.

Mitchell, J. C. (1969). Social networks in urban institutions. Manchester: Manchester University Press.

Molitor, S. & Schnotz, W. (1987). Begleituntersuchung zum Funkkolleg Politik.Tübingen: Deutsches Institut für Fernstudien (DIF).

Mooney, L. & Gordon, R. (1950). The syptom checklist. New York: Psychological Corporation.

Moore, M. (1983). Self directed learning and distance education. Hagen: Zentrales Institut für Fernstudienforschung (ZIFF).

Moos, R. H. & Gerst, M. S. (1974). University residence environment scale manual. Palo Alto, Calif.: Consulting, Psychologists Press.

Müller, R. (1974). Qualifikationsentwicklung als Herrschaftstechnik. Hamburg: Arbeitsgemeinschaft für Hochschuldidaktik.

Mummendey H.-D. (1987). Selbstkonzept. In D. Frey & S. Greif (Hrsg.), Sozialpsychologie. Ein Handbuch in Schlüsselbegriffen (S. 281-285). München: Psychologie Verlags Union

Mummenday, H.-D. (1987). Die Fragebogen Methode. Göttingen: Hogrefe.

Murray, H. A. (1938). Explorations in personality. Cambridge: Harward University Press.

Murray, H. A. (1943). Thematic-Apperception-Test. Cambridge, Mass.: Harvard University College.

Murray, H. A. & Morgan, C. D. (1935). A method of investigating phantasies: The thematic apperception test. Neurol. and Psychiatry, 34.

Nave-Herz, R. (Hrsg.). (1981).Erwachsenensozialisation. Ausgewählte Theorien und empirische Analysen. Weinheim: Beltz.

Newcomb, T. M. (1943). Personality and social change. New York: The Dryden Press Inc..

Nie, N. H., Bent, D. H. & Hull, C. H. (1970). Statistical package for the social sciences (SPSS). New York: McGraw Hill.

Nunner-Winkler, G. (1987). Selbstkonzeptforschung und Identitätskonstrukt - Ein Vergleich sozialpsychologischer und soziologischer Ansätze. München: Paper, Max-Planck-Institut für Psychologische Forschung.

Oerter, R. (Hrsg.).(1978). Entwicklung als lebenslanger Prozeß. Hoffmann & Campe.

Offe, C. (1975). Bildungssystem, Beschäftigungssystem und Bildungspolitik. In H. Roth & D. Friedrich (Hrsg.), Bildungsforschung, Teil 1 (S. 215-255). Stuttgart: Klett.

Olechowski, R. (1976). Psychologie des Erwachsenen. In H. Zdarzil & R. Olechowski (Hrsg.), Anthropologie und Psychologie des Erwachsenen (S. 111-239). Stuttgart: Kohlhammer.

Orne, M. T. (1969). Demand characteristics and the concept of quasi-controls. In R. Rosenthal & R. Rosnow (Hrsg.), Artifact in behavioral research (S. 143-179). New York: Academic Press.

Osgood, C. E. (1952). The nature and measurement of meaning. Psych. Bulletin, 49, 197-237.

Osgood, C. E., Suci, G. J. & Tannenbaum, P. H. (1957). The measurement of meaning. Urbana: University of Illinois Press.

Ostner, I. (1981). Frauen und Öffentlichkeit. Versuche einer Ortsbestimmung. ARCH : 60, 21-30.

Papalia, D. (1972). The status of several conservation abilities across the life-span. Human Development, 15, 229-243.

Pawlik, K. (1976). Ökologische Validität: Ein Beispiel aus der Kulturvergleichsforschung. In G. Kaminski (Hrsg.), Umweltpsychologie (S. 59-72). Stuttgart: Klett.

Personal und Kursverzeichnis (1986/87). Hagen: Fernuniversität.

Peters, O. (1989). Anmerkungen zum Studienabbruch. Hagen: Fernuniversität.

Peters, O. (1973). Die didaktische Struktur des Fernunterrichts. Untersuchungen zu einer industrialisierten Form des Lehrens und Lernens. Weinheim: Beltz.

Peterson, R., Wekerle, G. R. & Morley, D. (1978). Women and environments. An overview of an emerging field. Environment and Behavior, 10, (4), 511-534.

Pfundtner, R. (1985). Der Bedarf ist da. Interessenten an einem Studium neben dem Beruf. Ergebnisse einer Umfrage. In „Studium neben dem Beruf" - Tagungsbericht (S. 15-26). Hagen: Fernuniversität.

Piaget, J, & Inhelder, B. (1974). Gedächtsnis und Intelligenz. Olten: Walter 1974.

Piaget, J. & Inhelder, B. (1977). Von der Logik des Kindes zur Logik des Heranwachsenden. Essay über die Ausformung der formal-operativen Strukturen. Olten: Walter.

Pongratz, L. (1984). Klinische Psychologie. In H. E. Lück, R. Miller & W. Rechtien (Hrsg.), Geschichte der Psychologie (S. 157-153). München: Urban & Schwarzenberg.

Popper, K. R. (1973). Logik der Forschung. Tübingen: Mohr.

Portele, G. (1974). Lernen und Motivation. Ansätze zu einer Theorie intrinsisch motivierten Lernens. Weinheim: Beltz.

Portele, G. & Huber, L. (1983). Hochschule und Persönlichkeitsentwicklung. in L. Huber (Hrsg.), Ausbildung und Sozialisation in der Hochschule (1983). Enzyklopädie Erziehungswissenschaft, Bd. 10. Stuttgart: Klett-Cotta.

Prim, R. & Tillmann, H. (1973). Grundlagen einer kritisch-rationalistischen Sozialwissenschaft. Heidelberg: Meyer & Quelle.

Proshansky, H., Ittelson, W. & Rivlin, L. (1970). (Hrsg.). Environmental psychology. Man and his physical setting. New York: Holt, Rinehart & Winston.

Proshansky (1978). The city and self-identity. Environment and Behavior 10, 147-169.

Prümmer, Ch. v. & Rossié, U. (1987). Frauen im Fernstudium 2. Geschlechtsspezifische Aspekte der Fachwahl. Hagen: Zentrum für Fernstudienentwicklung (ZFE).

Rahn, H. (1982). Studieren heute. Studium und Universität im Spiegel der Semesterberichte 1981 (S. 9-25). Bonn-Bad Godesberg: Studienstiftung des deutschen Volkes. Jahresbericht 1981.

Rappaport, L. (1972). Personality development: The chronology of experience. Glenview III: Scott/Foresman.

Reese, H. W. & Overton, W. F. (1970). Modells of development and theories of development. In L. R. Goulet & P. B. Baltes (Eds.), Life-span-developmental psychology: Research and theory (S. 115-145). New York: Academic Press.

Revenstorf, D. (1980). Faktorenanalyse. Stuttgart: Kohlhammer.

Rimbach, G. (1977). Zur Qualifizierung von Ingenieuren. Hochschuldidaktische Forschungsberichte, 5. Hamburg: Arbeitsgemeinschaft für Hochchuldidaktik.

Rogers, C. R. (1959). A theory of therapy, personality and interpersonal relationsship, as developed in the client-centred framework. In S. Koch (Hrsg.), Psychology; A study of a science, Bd. 3 (S. 184-256). New York: McGraw-Hill.

Rotter, J. B. (1966). Generalized expectancies for internal vs. external control of reinforcement. Psychological Monographs, 80, 1-28.

Rumpf, H. (1979). Inoffizielle Weltversionen. Über die subjektive Bedeutung von Lehrinhalten. Zeitschrift für Pädagogik, 25, 209-230.

Rust, H. (1980). Struktur und Bedeutung. Studien zur qualitativen Inhaltsanalyse. Berlin: Spiess.

Rust, H. (1983). Inhaltsanalyse. Die Praxis der indirekten Interaktionsforschung in Psychologie und Psychotherapie. München: Urban & Schwarzenberg.

Saldern, v. M. (1987). Sozialklima von Schulklassen. Überlegungen und mehrebenenalaytische Untersuchungen zur subjektiven Wahrnehmung von Lernumwelten. Frankfurt: Lang.

Sander, K. & Lück, H. E. (1974). Psychische Konflikte bei Studenten. Eine empirische Erhebung an der psychologischen Beratungsstelle für Studierende der Universität zu Köln. Köln: ASTA der Universität zu Köln.

Schaie, K. W. (1965). A general model for the study of developmental problems. Psychological Bulletin, 64, 92-107.

Scharfenberg, J. & Kämpfer, H.: Mit Symbolen leben. Soziologische, psychologische und religiöse Konfliktberatung. Freiburg: Olten & Walter.

Scheer, J. W. & Zenz, H. (1973). Studenten in der Prüfung. Frankfurt: Aspekte.

Schmidt, R. (1984). Psychodiagnostik. In H. E. Lück, R. Miller & W. Rechtien (Hrsg.), Geschichte der Psychologie (S. 141-146). München: Urban & Schwarzenberg.

Schreiner, G. (1973). Schule als sozialer Erfahrungsraum. Frankfurt: Fischer Athenäum.

Schütz, A. (1971). Gesammelte Aufsätze, Bd. 1. Den Haag: Nijhoff.

Schultz-Gambard, J., Balz H.-J. & Winter, G. (1987): Arbeitslosigkeit: Folgen und Einflußfaktoren. In J. Schulz-Gambard (Hrsg.), Angewandte Sozialpsychologie. Konzepte, Ergebnisse, Perspektiven (S. 189-214). München: Psychologie Verlags Union.

Sehringer, W. (1983). Zeichnen und Spielen als Instrumente der psychologischen Diagnostik. Heidelberg: Schindele.

Seifert, K. H. (1977). Einführung in das Aufgabengebiet der Berufspsychologie. In K. H. Seifert (Hrsg.), Handbuch der Berufspsychologie (S. 3-27). Göttingen: Hogrefe.

Seifert , K. H. & Bergamnn, C. (1983). Deutschsprachige Adaptation des Work Values Inventury von Super. Psychologie und Praxis, 27, 160-172.

Seifert, F. & Seifert, R. (1965). Bilder und Urbbilder. München: Reinhard Verlag.

Silbereisen, R. K. (1986). Laudatio auf Urie Bronfenbrenner. Technische Universität Berlin. TU Dokumentation, Heft 31, 13-23.

Simmel, G. (1890). Über soziale Differenzierung. Leipzig: Duncker & Humblodt.

Skinner, B. F. (1937). Two types of conditioned reflex: A reply to Konoski and Miller. J. Gen. Psychol., 16, 272-279.

Snyder, B. R. (1971). The hidden curriculm. New York: Knopf.

Soeffner, H. G. (1982). Statt einer Einleitung. Prämissen einer sozialwissenschaftlichen Hermeneutik. In H. G. Soeffner (Hrsg.), Beiträge zu einer empirischen Sprachsoziologie (S. 9-48). Tübingen: Gunter Narr.

Spitz, R. (1945). Hospitalism. Psychoanalytic study of the Child, 1, 53-74.

Steinert, H. (1972). Die Strategien sozialen Handelns. München: Juventa.

Stern, G. G. (1970). People in context. Measuring person-environment congruence in education and industry. New York: Wiley.

Stokols, D. (1987). Theoretische Beiträge der Umweltpsychologie zur Analyse von sozialem Verhalten. In J. Schultz-Gambard (Hrsg.), Angewandte Sozialpsychologie. Konzepte, Ergebnisse, Perspektiven (S. 235-250). München: Psychologie Verlags Union.

Studium neben dem Beruf. (1987). Schriftenreihe Hochschule. Der Bundesminister für Bildung und Wissenschaft, 26.

Thomae, H. (1968). Das Individuum und seine Welt. Eine Persönlichkeitstheorie. Göttingen: Hogrefe.

Thomae, H. (1977). Fallstudie und Länggschnittuntersuchung. In G. Stube (Hrsg.), Die Psychologie des 20. Jahrh., Bd.5 (S. 213-235). Zürich: Kindler.

Thomae, H. (1979). 5o Jahre Längsschnittforschung: Ein Beitrag zur Trendanalyse in der Entwicklungspsychologie. In L. Montada (Hrsg.), Brennpunkte der Entwicklungspsychologie (S. 31-41). Stuttgart: Kohlhammer.

Thomae, H. & Lehr, U. (1968). Altern - Probleme und Tatsachen. Frankfurt: Akademische Reihe. Akademische Verlagsgesellschaft.

Thomae, H. & Lehr, U. (1973). Veränderungen der beruflichen Leistungsfähigkeit im mittleren und höheren Alter. Göttingen: O. Schwarz.

Thomas, W. I. & Thomas, D. S. (1928). The child in America. New York: Knopf.

Titzmann, M. (1977). Strukturelle Textanalyse. München: Fink.

Treinen, H. (1965). Symbolische Ortsbezogenheit. Kölner Zeitschrift für Soz. und Soz. Psychologie, 73-97 und 254-297.

Trudewind, C. (1975). Leistungsmotivgenese und Umwelt: Probleme, Strategien und erste Ergebnisse. In H. Walter (Hrsg.), Sozialisationsforschung, Bd. 3 (S. 55-71). Stuttgart: Frommann-Holzboog.

Überla, K. (1968). Faktorenanalyse. Berlin: Springer.

Uexküll, J. v. (1921). Umwelt und Innenwelt der Tiere. Berlin.

Vogel, H. & Vogel, I. (1977). Projektive Verfahren und ihre Anwendung. In Psychologie des 20. Jahrh., Bd. V (S. 383-465). Zürich: Kindler.

Walter, H. (1972). Schulökologie. In D. Hoffmann & H. Tütken (Hrsg.), Realistische Erziehungswissenschaft. Festschrift für Heinrich Roth. Hannover: Schroedel.

Weber-Kellermann, I. (1974). Die deutsche Familie. Fankfurt: Suhrkamp.

Weingartz, M. (1981). Lernen mit Texten. Zur Gestaltung schriftlichen Studienmaterials. Bochum: Kamp.

Werner, H. (1926). Einführung in die Entwicklungspsychologie. Leipzig: Barth.

Werner, H. (1948). Comparative psychology of mental development. New York: International Universities Press.

Werner, H. (1957). The concept of development from a comparative and organismic point of view. In D. B. Harris (Hrsg.), The concept of development (S. 125-148). Minneapolis: University of Minnesota Press.

Whitbourne, S. K. & Weinstock, C. S. (1982). Die mittlere Lebensspanne. Entwicklungspsychologie des Erwachsenenalters. München: Urban & Schwarzenberg.

Wiedemann, P. M. (1985). Deutungsmusteranalyse. In G. Jüttemann (Hrsg.). Qualitative Forschung in der Psychologie (S. 212-226). Weinheim: Beltz.

Wildlöcher, D. (1974). Was eine Kinderzeichnung verrät. München: Kindler.

Willems E. P. & Raush. H. L. (Eds.) (1969). Naturalistic viewpoints in psychological research. New York: Holt, Rinehart & Winston.

Willey, M. (1926). The country newspaper: A study of socialization and newspaper content. Chapel Hill, London: University of North Carolina Press/ Oxford University Press.

Zinnecker, J. (Hrsg.). (1975). Der heimliche Lehrplan. Weinheim: Beltz.

9. Anhang

9.1 Verzeichnis der Tabellen

9.2 Verzeichnis der Abbildungen

9.3 Codeplan zu den Themennennungen

1   Studiensystem
1.1   Organisation des Studiums
1.2   Freiheitsspielraum
1.3   Transparenz des Systems
1.4   Prüfungen und Klausuren
1.5   Dauer des Studiums
1.6   Zielsetzung der Fernuni
1.7   Studentenvertretung
1.8   Sonstiges

2.   Kontaktsituation
2.1   Räumliche Distanz
2.2   Anonymität
2.3   Beratung und Betreuung
2.4   Verständn. f. Studienprobleme
2.5   Qualifikation der Lehrenden
2.6   Qualifikation der Studierenden
2.7   Kommilitonenkontakte
2.8   Sonstiges

3   Studienmaterial
3.1   Theorie-Praxis-Bezug
3.2   Didaktik und Konzeption
3.3   Schwierigkeitsgrad der Kurse
3.4   Schwierigkt. von Prüfungen u. Klausuren
3.5   Sonstiges

4   Studienstrategien
4.1   Optimieren/Minimieren
4.2   Allein lernen
4.3   Planungsflexibilität
4.4   Angemessener Studienaufwand
4.5   Sonstiges

5.   Zeitbudget
5.1   Termindruck durch Uni